Mosaik
bei GOLDMANN

Buch

Zennis ermöglicht es sowohl Anfängern als auch erfahrenen Spielern, ihre Technik und Leistungsfähigkeit auf effektive und ungewöhnliche Weise zu steigern. Diese von Peter Spang entwickelte Methode kommt der Erkenntnis entgegen, daß Tennisspielen nicht nur mit Kondition, sondern auch mit Konzentration und geistiger Stärke zu tun hat. Sieben außergewöhnliche Zennis-Übungen sowie spezielle Meditationen verbessern einzelne Schläge, Atmung, Beintechnik sowie Spieltaktik und mentale Kraft. Sie führen zur persönlichen Höchstleistung und vermitteln darüber hinaus eine neue Lust am Spiel.

Autor

Peter Spang ist Tennisspieler, der Gegnern wie Ivan Lendl und Boris Becker gegenüberstand. In den letzten Jahren arbeitete er als Coach. Er war der erste, der Zen-Sport in Europa etablierte und leitet heute erfolgreich Zennis-Gruppen.

PETER SPANG

Zennis

Verbessern Sie
Ihr Tennis-Spiel mit Zen

Aus dem Amerikanischen
von Franz Janowitz

Mosaik
bei GOLDMANN

Umwelthinweis:
Alle bedruckten Materialien dieses Taschenbuches
sind chlorfrei und umweltschonend.

Deutsche Erstausgabe Dezember 1999

Originaltitel: Zennis
Originalverlag: Perigee Book published by The Berkley
Publishing Goup, a member of Penguin Putnam Inc., N.Y.
Umschlaggestaltung: Design Team München
unter Verwendung folgender Fotos:
Umschlag und Umschlaginnenseiten:
The Image Bank, John P. Kelly
Redaktion: Bettina Trantow
Druck: Elsnerdruck, Berlin
Verlagsnummer: 16239
Kö · Herstellung: Max Widmaier
Made in Germany
ISBN 3-442-16239-4

1 3 5 7 9 10 8 6 4 2

Inhalt

Danksagungen

Dieses Buch wäre ohne die Begegnung mit folgenden Menschen niemals entstanden. Mein Dank gilt Osho für seine mutige Vision, Meditation mit der Liebe zum Leben zu verbinden. Anando, die zuerst auf die Idee kam, ein Buch über Zennis zu schreiben, für ihre Liebe und Inspiration. Subhuti, meinem »Ghostwriter«, für seinen Humor, seine Geduld und sein Talent, genau zuzuhören und die richtigen Fragen zu stellen. Meiner Lektorin und Redakteurin Sheila Curry für ihre souveräne Leistung.

Allen meinen Freunden, die Kraft und Zeit auf eine bessere Zukunft der Menschheit verwenden – Larry, Andy, Stefan, Mick, Thomas, Gabi, Aja, Micki, Martin und Vasu.

Dem Hunger-Projekt und allen Menschen, die sich für eine Welt ohne Hunger einsetzen.

Allen Spielern und Freunden, denen ich auf zahllosen Tennisplätzen begegnet bin, vor allem Axel, Stefan Hermann, Gustl, Harald, Sylvia, Stefan Schaffelhuber, Niki, Damir, Boris, Karina, Horst, Dietmar, Maik, Sepp, Werner, den Augsburg Old Boys, Panthen, KP, Mario und Torsten Park.

Freya und Andrea für die erwiesene Freundschaft.

Ein spezielles Dankeschön geht an meine Eltern Helma und Wolfgang sowie meinen Bruder Michael.

Vorwort

Mit diesem Buch versuche ich nicht, Zen ins Tennis einzuführen. Für mich ist Zen im Tennis. Die Erfahrung stiller und glückseliger Momente beim Tennisspielen ist bereits Zen, und diese Erfahrung in unser Alltagsleben zu übertragen ist eigentlich ganz natürlich.

Tennis kann für jeden der Ausgangspunkt zu meditativer Erfahrung werden; Sie brauchen sich keinen langen Bart wachsen lassen, im Himalaya herumwandern oder jahrelang mit einem Guru zusammensitzen. Sie müssen also nicht Ihr Leben äußerlich verändern, um zur Meditation zu finden.

Dieses Buch wird Ihnen mit seinen Einblicken, Übungen und Techniken helfen, Tennis und andere Sportarten mit mehr Freude und Lebendigkeit auszuüben. Es wird Ihnen auch helfen, Entspannung zu erleben, Ihre innere Welt zu entfalten und Ihre Mitte zu finden. Kurz gesagt, ermutigt dieses Buch Tennisfans zur Meditation und Meditierende dazu, das Tennisspiel als Meditation auszuprobieren.

Als ich noch Tennisprofi war und jeden Tag stundenlang auf dem Platz stand, hatte ich keine Ahnung, wie dieses tägliche Training einen Menschen darauf vorbereiten konnte, ein spiritueller Sucher zu werden. Als Profi schlägt man so viele Bälle, treibt sich zu immer besseren Leistungen an und spielt mit einer solchen Intensität, daß man irgendwann einmal das Gefühl erlebt, über sich hinausgelangt zu sein – in die *zone* gerutscht zu sein, diesen seltsamen Zustand, in dem man großartig spielt, ohne sich Mühe zu geben, und sein Potential ausschöpft, ohne sich dies vorgenommen zu haben.

Solche Erlebnisse flößen Ehrfurcht ein. Man verläßt den Tennisplatz und fragt sich: »Was ist da mit mir geschehen? Bin ich noch von dieser Erde?« Dann vergeht dieser schwer faßbare innere Zustand so plötzlich wie er gekommen war, und man kratzt sich am Kopf und will nicht so recht glauben, daß es ihn je gab.

Hat man öfter solche Erlebnisse, dann sucht man nach anderen Wegen, in diesen Seinszustand zu gelangen. Ein Same wurde gepflanzt, und ich möchte Sie dazu ermutigen, diesen Samen zu finden, den Schritt zur Meditation zu wagen und sich als spiritueller Spieler auf den Weg zu machen.

Was ist das?

Ein Zen-Meister ging eines Morgens mit einem Schüler durch einen Wald, als plötzlich ein Hase aus einem Busch hervorschoß und blitzschnell ihren Weg kreuzte.

»Was ist das?« fragte der Meister.

»Ein Hase«, antwortete der Schüler.

Der Meister ergriff die Nasenspitze des Schülers und drehte sie unsanft um.

»Au, du tust mir weh!« jammerte der überraschte Schüler.

»Das muß sein«, erwiderte der Meister und fügte hinzu: »Sonst wirst du nie erkennen, was vor deiner Nase ist.«

Plötzlich ging dem Schüler ein Licht auf.

Tennis, mit anderen Augen gesehen

»Diesmal schafft Chang ein Break gegen Becker.«

»Das glaube ich nicht.«

»Was wettest du?«

»Drei zu eins, daß Becker seinen Aufschlag gewinnt.«

»O.K., die Wette gilt.«

Michael Chang spielte gegen Boris Becker im Finale der Australian Open. Die beiden Favoriten Pete Sampras und Andre Agassi sowie Mark Philippoussis, die große Hoffnung des Gastgeberlandes, waren in früheren Runden ausgeschieden.

Wir schrieben das Jahr 1996, und ich sah mir mit einigen Tennisfreunden eine Live-Übertragung der Begegnung an. Mein Freund Tom nahm die Gelegenheit wahr, seine beiden Lieblingshobbies, Wetten und Tennis, miteinander zu verbinden. Er schnitt dabei nicht besonders gut ab, hatte aber das Glück, daß wir nicht wie in Las Vegas um 100 $-Chips, sondern nur um Tennisbälle spielten.

Tom hielt zu Chang, ich zu Becker. Während der ganzen ersten zwei Sätze meinte mein Freund dauernd: »Diesmal schafft Chang ein Break gegen Becker.« Doch Becker entschied diese Sätze überlegen für sich, so daß meine Tennisbälle immer mehr wurden, obwohl ich Tom eine Quote von drei zu eins zugestand.

Zu Beginn des dritten Satzes wendete sich dann plötzlich das Blatt. Chang lag innerhalb sehr kurzer Zeit mit 3:0 vorn und hatte eindeutig das Spiel an sich gerissen. Die selbsternannten Tennisexperten um mich herum waren sich schnell einig:

»Jetzt ist Becker erledigt.«

»Er ist geschafft... zu alt... zu langsam... nicht in Form.«

»Chang ist jetzt am Zug.«

Ich widersprach, aber nicht etwa, weil ich für meinen Landsmann eingenommen war, sondern weil ich Beckers Spiel in den ersten beiden Sätzen ausgezeichnet fand. Er spielte sehr variantenreich, versuchte gar nicht erst ein reines Powerplay von der Grundlinie aus. Das war klug, denn Chang ist ein Meister des Konterspiels. Mit seiner Kraft und Schnelligkeit erwischt er die gefährlichsten Bälle und bringt sie wieder ins Feld, auch wenn er weit aus dem Platz getrieben wird. Gegen ihn macht man nicht auf die Schnelle den Punkt.

Deshalb hatte Agassi im Halbfinale gegen Chang verloren. Obwohl es heiß und windig war, versuchte es Agassi ausschließlich mit kraftvollen Schlägen. Doch jeder Ball, den er übers Netz jagte, kam zurück. Schließlich wurde er ungeduldig und machte Fehler.

Wenn man gegen Chang antritt, muß man immer wissen, welcher Schlag taktisch klug ist. Um Chang von der Grundlinie, wo er sich am sichersten fühlt, wegzulocken, spielte Becker viele kurze Bälle und ging außerdem oft ans Netz, wo er mit tödlicher Präzision seine Volleys anbringen konnte.

Als Becker im dritten Satz 0:3 zurücklag, änderte er plötzlich seine Spielweise und wagte riskantere Schläge. Er versuchte, den Ball näher an die Linien zu setzen, und machte daher mehr unerzwungene Fehler. Die anderen meinten, daß er sich nun geschlagen gab, aber ich sah auf dem Spielfeld einen erfahrenen Kämpfer, der weiß, daß es manchmal wichtiger ist, Energien zu sammeln, als um jeden Preis einen Satz zu gewinnen.

So wie ich es sah, spielte Becker fortan nach dem Motto: Beende den Ballwechsel so schnell wie möglich. Bei dieser Taktik will man bei der erstbesten Gelegenheit einen gewinnträchtigen Schlag anbringen. Man versucht bei jedem Aufschlag ein As, und wenn dem Gegner ein Return gelingt, setzt man den nächsten Schlag so nah an die Linie, daß man entweder einen direkten Punkt erzielt oder der Ball eben im Aus landet.

Wenn der Gegner am Aufschlag ist und man den Ball gut erwischt, versucht man einen Return, bei dem der Ball möglichst nah an die Linien gelangt, so daß der Ballwechsel kurz gehalten wird. Auf ebendiese Weise vermied es Becker, sich durch Nachjagen nach jedem Ball und lange Ballwechsel mit dem jüngeren und kräftigeren Gegner zu sehr zu verausgaben.

Dies ist eine äußerst riskante Taktik, bei der selbst den besten Spielern von fünf Schlägen meist nur zwei gelingen, so daß Becker mehr Fehler machte und somit Punkte abgeben mußte. Dabei ging es aber immer nur um wenige Zentimeter, weshalb ich mir sicher war, daß er weder nachlässig wurde noch daran dachte aufzugeben.

Zu Beginn des dritten Satzes wurden keine Wetten abgeschlossen. Wir hatten erst einmal genug vom Fernsehen, kochten Kaffee, bedienten uns aus dem Kühlschrank und gingen aufs stille Örtchen. Als wir es uns wieder vor dem Fernseher bequem gemacht hatten, lag Becker bereits 0:3 zurück. Ich ging erst dann wieder auf Toms Wetten ein, als der dritte Satz in seine kritische Phase trat: Chang führte mit 5:2.

Becker hatte Aufschlag, und wenn Chang ein Break gelang, gehörte ihm der Satz. Ich dachte mir, daß ich an Beckers Stelle diesen Satz so schnell wie möglich hinter mich bringen würde, um meine Energie für den vierten Satz aufzusparen. In dieser australischen Sommerhitze würde ich bei einem Rückstand von 2:5 keine Zeit darauf verschwenden, gegen einen jüngeren Mann, dessen eiserne Kondition außer Frage stand, mein Aufschlagspiel durchzubringen.

Also meinte ich zu Tom, daß Chang diesmal Becker das Aufschlagspiel abnehmen würde, obwohl ich vorher auf Bekker gesetzt hatte.

Der eifrige Wetter schüttelte den Kopf. »Auf gar keinen Fall. Becker muß alles tun, um diesen Satz für sich zu entscheiden. Bei dieser Hitze steht er nicht noch mehr Sätze durch.«

Als guter Sportsmann bot mir Tom, wie ich ihm zuvor, eine Quote von drei zu eins an, und wie ich erwartet hatte, nahm Chang Becker das Aufschlagspiel ab und verbuchte den dritten Satz für sich. Meine Tennisballpyramide wurde merklich höher.

Ich wußte bereits, worauf ich als nächstes wetten würde. Die beste Chance, den vierten Satz zu gewinnen, bestand für Becker darin, gleich im ersten Spiel gegen Chang das Break zu schaffen. Wie jeder andere Tennisspieler würde Chang aus Freude darüber, im Spiel geblieben zu sein, einen Moment lang weniger konzentriert spielen. Er würde sich erleichtert fühlen, da er erst einmal eine Blamage abgewendet hatte. Auch wenn er nicht gewann, würde er nicht mit völlig leeren Händen vom Platz gehen. Schlagzeilen wie »Becker spielt Chang an die Wand« bräuchte er nicht mehr zu befürchten. Dies ist für den Gegner dann oft der beste Zeitpunkt für das Gelingen eines frühen Break.

Zu Beginn des vierten Satzes behauptete ich daher: »Jetzt schafft Becker ein Break.«

Tom lachte. »Du spinnst! Chang hat jetzt seinen Rhythmus gefunden«, sagte er und bot mir wieder drei zu eins an.

Becker wandte von Anfang an wieder die Taktik an, die ihm in den ersten beiden Sätzen Erfolg gebracht hatte. Er schien einem Jungbrunnen entstiegen zu sein, spielte variantenreich, verzichtete weitgehend auf riskante Schläge – und nahm Chang das Aufschlagspiel ab. Das brachte ihn im vierten Satz auf die Straße des Sieges, wodurch er nach fünf Jahren wieder einmal einen Grand-Slam-Titel holte.

Man könnte fast meinen, Becker habe Chang durch Abgabe des dritten Satzes eine Falle gestellt, indem er sich einer Strategie aus Sun Yat-sens *Kunst der Kriegsführung* bediente. Sein Gegner mußte den Eindruck gewinnen, daß er am Abbauen war. In Wirklichkeit bereitete Becker sich nur auf den richtigen Augenblick zum Zurückschlagen vor.

Tom war von meinen wahrsagerischen Fähigkeiten sehr beeindruckt. Ich muß jedoch zugeben, daß ich mit meinen Voraussagen Glück hatte. Es gibt keine Garantie dafür, daß das Wahrscheinliche auch eintritt. Becker hätte mit der gleichen Strategie verlieren können, wenn Changs Spiel inspiriert gewesen wäre; oder Becker hätte mit seinen Ideen scheitern können, wenn einige seiner Bälle weniger genau plaziert gewesen wären.

Trotzdem möchte ich Sie mit diesem Beispiel dazu anregen, eine eigene Sichtweise der Vorgänge auf dem Tennisplatz zu entwickeln. Es kann Spaß machen, sich eine eigene Meinung zu einem Match zu bilden und diese zu verteidigen, anstatt auf die Kommentatoren und die anderen Zuschauer zu hören. Es gibt nicht nur eine Art, ein Match anzuschauen und Einblicke in das Tennisspiel zu gewinnen.

Partei ergreifen

Man empfindet oft ein unmittelbares Gefühl der Symphatie oder Bewunderung für einen Spieler. Ohne zu wissen warum, ist einem beispielsweise Monica Seles lieber als Steffi Graf. Dann ist man natürlich nicht mehr unparteiisch. Man möchte mit Monica gewinnen, freut sich über ihre erfolgreichen Schläge und ist enttäuscht, wenn sie Fehler macht.

Ich glaube, daß es fast jedem von uns so geht, da wir dazu neigen, bei einem sportlichen Wettkampf Partei zu ergreifen. Machen Sie folgendes Experiment: Suchen Sie sich im Fernsehen ein Sportereignis aus und schauen Sie einige Minuten lang zu. Auch wenn Sie kein Anhänger der Teilnehmer sind oder die Spieler bzw. die Mannschaft überhaupt nicht kennen, werden Sie bald feststellen, daß Sie einen der Gegner bevorzugen. Das scheint in der menschlichen Natur zu liegen.

Die technische Sichtweise

Bei der technischen Sichtweise beobachtet man, welcher Spieler den stärkeren Aufschlag, die bessere Rückhand, den präziseren Volley spielt, etc. Im Fernsehen werden einem diese Informationen zum Spiel meist von ehemaligen, als Gastkommentatoren agierenden Profispielern geliefert. So erfährt man, wo die Stärken und Schwächen der Spieler liegen. Die Kommentatoren können einem zum Beispiel sagen, ob Steffi Graf in letzter Zeit ihr Netzspiel verbessert hat und wie gut es Andre Agassi durch größere Selbstdisziplin gelungen ist, in seinem Grundlinienspiel sicherer zu werden.

Graf gegen Seles

Man kann beim Mitverfolgen eines Spiels auch Hintergrundinformationen einbeziehen, den Druck, unter dem ein Spieler steht, die Spannungen, die sich im Umfeld aufgebaut haben, etc.

Als beispielsweise Steffi Graf 1995 an den U.S. Open in Flushing Meadows teilnahm, ging die vorherrschende Meinung dahin, daß sie es diesmal nicht schaffen würde, da sie mit zu vielen persönlichen Problemen zu kämpfen habe. Ihr Vater stand wegen Steuerhinterziehung vor Gericht, ihr selbst wurde vorgeworfen, in diese Affäre verwickelt zu sein, sie hatte chronische Rückenschmerzen, die Beanspruchung durch die Massenmedien zerrte an ihren Nerven und sie trat zum Turnier nicht so gut trainiert und vorbereitet an, wie sie es gewohnt war.

Wer all dies wußte, verfolgte Steffis Spiel mit stärkerer Intensität und sah ihre Reserven, ihre Entschlossenheit und ihren Mut, insbesondere bei dem Match in der ersten Runde, in dem sie gegen die Südafrikanerin Amanda Coetzer antreten mußte, der sie kurz zuvor in den Canadian Open unterlegen war. Steffi verlor wie in Kanada den ersten Satz an Amanda Coetzer, lief dann aber zu großer Form auf und gewann das Match durch 6:4 im dritten Satz.

Für den, der über die Hintergrundinformation verfügte, daß Monica Seles zum erstenmal wieder in einem Grand-Slam-Turnier antrat, nachdem ihr der geistig verwirrte Günther Parche im April 1993 in Hamburg mit einem Messer in den Rücken gestochen hatte, war das Finale ein besonders faszinierendes Erlebnis.

Monica hatte zwar keine bleibende Verletzung davongetragen, aber schweren seelischen Schaden erlitten, so daß sich die Tenniswelt fragte, ob sie jemals wieder in den Profizirkus zurückkehren werde. Sie fand aber in Jerry May, einem sportorientierten Psychologen aus Nevada, eine Person ihres Vertrauens und konnte nach 18 Monaten Therapie wieder in der internationalen Tennisarena auftreten.

Der emotionale und psychologische Einsatz dieser beiden

Frauen und die Leistungen, durch die sie das Finale erreichten, waren enorm. Nach ihrem Sieg sagte Steffi Graf spontan, daß ihr dieser Sieg sogar mehr bedeute als ihr erster Grand-Slam-Triumph – und ich kann ihr das nachempfinden. Wenn man den Hintergrund kannte, wußte man, daß dieses Turnier für beide die härteste Willensprüfung war, die sie je zu bestehen hatten.

Agassi gegen Becker

Im gleichen Jahr war die Rivalität zwischen Andre Agassi und Boris Becker eine gute Gelegenheit, mit dieser Hintergrundsichtweise Wettkämpfe zu verfolgen. Becker hatte fünf Jahre lang keine Chance gegen Agassi gehabt. Auch als Agassi noch das junge Talent im Tenniszirkus war und häufig gegen andere Spitzenspieler verlor, gelang es ihm gegen Becker immer, sein wirkliches Potential auszuschöpfen. Oft schlug er Becker sogar haushoch. Zuerst machte sich Becker nichts daraus, es schien ihn manchmal sogar zu amüsieren, aber allmählich wurde ihm Agassi immer mehr zu einem Dorn im Auge.

1995 erhielt diese Geschichte eine neue Wendung, da Andre Agassi und Pete Sampras die Weltrangliste anführten und beide beim Sportartikelhersteller Nike, dem dominierenden Sponsor im Weltklassetennis, unter Vertrag standen.

Nike hatte dieses Jahr große Erwartungen in das Wimbledon-Finale gesetzt. Seine beiden Champions sollten sich im Kampf um die begehrteste Grand-Slam-Trophäe ein spannendes Duell auf dem Centre Court liefern und in den Pausen auf der ganzen Welt in Werbespots erscheinen, um junge Leute zum Kauf von Nike-Tennisschuhen zu animieren.

Dies hatte insofern Auswirkungen auf die Rivalität zwischen Becker und Agassi, als ein großer Sponsor die Macht hat, den Turnierplan zu diktieren. Bei Profiturnieren wird der Centre Court auch in den frühen Runden meist für die Spieler reserviert, die jeder sehen will – und das sind nun mal die Topspieler. Wie jeder andere Sponsor versuchte Nike, seine Spieler ins Rampenlicht zu stellen, was mit Sampras und Agassi, die an der Spitze der Weltrangliste standen, kein Problem war.

Diese Vorgehensweise bereitet aber den übrigen Spielern ein Problem, da jeder Platz anders ist. Der Centre Court kann sich beispielsweise durch einen schnelleren oder langsameren Boden, durch das Licht, durch die Atmosphäre, die Anzahl der Zuschauer etc. von Court Eins oder Zwei unterscheiden. Wer alle Matches auf dem Centre Court spielt, hat daher einen deutlichen Vorteil gegenüber jemandem, der dort erst im Halbfinale erscheint.

Becker hatte sich mehrmals beschwert, daß diese Bevorzugung der Topspieler unfair sei. Er hatte zwar früher das gleiche Privileg genossen, erklärte nun aber lautstark, Agassi erlange durch diese Bevorzugung zu viele Vorteile.

Vor diesem Hintergrund wurde das Wimbledon-Halbfinale zwischen Agassi und Becker zu einem faszinierenden Wettkampf – auch weil niemand Becker die geringste Chance zugestand. Am Ende gelang es ihm aber doch, Agassi nach fünf Jahren wieder einmal zu besiegen. Er freute sich natürlich über diesen Sieg; man konnte ihm aber außerdem ansehen, daß es ihm einen Heidenspaß machte, das »Nike-Finale« in Grund und Boden gespielt zu haben.

Für Becker war das bereits der Höhepunkt des Wimbledon-Turniers. Als er im Finale Pete Sampras unterlag, schien ihm das überhaupt nichts auszumachen. Becker lachte sogar am Ende des Matchs, sehr zum Ärger seines Coachs Nick Bollettieri, der später in einem Kommentar meinte, wer nach einer Niederlage im Wimbledon-Finale lachen kann, dem müsse eine ernsthaftere Einstellung zum Spiel eingebleut werden.

Agassi rächte sich an Becker im darauffolgenden Turnier, den U.S. Open, wo er den Deutschen im Halbfinale in einem erbarmungslosen Kampf bezwang. Beide Spieler boten Spitzentennis. Vom technischen Standpunkt her war an dem Spiel nichts auszusetzen, aber auf dem Platz war ein Krieg erklärt worden. Sie waren angetreten, einander zu vernichten.

Als Agassi gewonnen hatte, wandte er sich mit einer großartigen Siegesgeste seinen Fans auf den Rängen zu, sah Becker aber nicht an und berührte nur leicht dessen Hand, als sie sich am Netz zum »Shakehand« trafen. Agassi stieß im Finale auf Sampras, womit Nike letztendlich sein Ziel erreicht hatte.

Die Agassi-Becker-Story endet freilich nicht hier. Als Agassi ein Jahr später in der ersten Runde aus dem 1996er Wimbledon-Turnier flog, machte er dafür Becker verantwortlich. Der Grund dafür war, daß Beckers Beschwerde über unfaire Turnierplanung nachgegeben wurde und Agassi in der ersten Runde auf Court Zwei spielen mußte, wo er angeblich kaum die Linien sehen konnte. Ich bin sicher, diese Geschichte wird in zukünftigen Turnieren noch um einige Kapitel erweitert werden.

Medien und Sponsoren

Die Erstellung von Turnierplänen wird nicht nur von mächtigen Sponsoren wie Nike beeinflußt, sondern auch von den großen Fernsehsendern, die ein heftiges Interesse daran haben, die beliebtesten Spieler dann auf die Mattscheibe zu bringen, wenn möglichst viele Zuschauer Gelegenheit haben, das Turnier zu verfolgen. Dies führte bei den 1996er U.S. Open zu einem ausgewachsenen Streit. Mehrere Spieler beschwerten sich, daß Agassi höher gesetzt worden sei, als dies seiner Position in der Weltrangliste entspräche. Einige verärgerte Insider erklärten, CBS-TV wolle damit erreichen, daß Agassi und Sampras am Wochenende, also zur besten Sendezeit, aufeinandertreffen.

Becker war nicht unter den Beschwerdeführern, da er gerade eine Verletzung auskurierte. Aber Jewgeni Kafelnikow, der Russe, der einige Wochen zuvor bei den French Open sowohl im Einzel als auch im Doppel den Titel geholt hatte, war so verärgert – er selbst war von der fünften zur siebten Position zurückgesetzt worden –, daß er seine Koffer packte und heimflog.

Das Fernsehen hat zweifellos einen bedeutenden Einfluß auf den Stil und die Präsentation internationaler Tennisturniere, insbesondere in den Vereinigten Staaten, wo vor allem über amerikanische Sportler und deren Erfolge berichtet wird. Wenn man weiß, um wieviel Geld es dabei geht, ist das aber verständlich. Man sollte auch nicht vergessen, daß erst durch Fernsehübertragungen von Spielen, an denen Stars wie Billie Jean King und Jimmy Connors teilnahmen, das Interesse der amerikanischen Öffentlichkeit an Tennis geweckt wurde und Tennis sich zu einem Volkssport entwickelte.

Für Sponsoren und Fernsehanstalten ist es riskant, sich von vornherein auf bestimmte Spieler festzulegen, aber manchmal treffen sie das große Los. Einmal wurde für Nike sogar ein Traum wahr, als Agassi und Sampras nicht nur ins Finale der 1995er U.S. Open gelangten, sondern dort auch einen Nike-Werbespot Wirklichkeit werden ließen.

In dem Spot entwickelt sich zwischen den beiden Spielern ein Ballwechsel, der überhaupt nicht mehr zu enden scheint.

Beide erlaufen jeden Ball und schicken ihn wieder übers Netz zurück. Die Jahreszeiten vergehen, Schnee fällt, auf dem Platz bilden sich Risse, aus denen bald Pflanzen hochschießen – doch der Ball fliegt immer noch hin und her.

Im Finale selbst konnte man beim Satzball im ersten Satz einen der faszinierendsten Ballwechsel der Turniergeschichte erleben. Der Ball ging 28mal über das Netz – und normalerweise wäre jeder zweite Schlag von Sampras und Agassi ein klarer Winner gewesen.

Beide Spieler schienen den anvisierten Zielpunkt des Gegners zu ahnen und erreichten so die unglaublichsten Bälle. Manchmal war der Platz total offen. Sampras befand sich beim Rückschlag von Agassi oft weit hinten in einer Ecke – fast im Publikum –, rannte aber genau auf die Stelle zu, an der er den nächsten Ball optimal zurückschlagen konnte.

Erkennen der *zone*

Bei diesem Ballwechsel befanden sich die beiden Spieler »in the zone«, womit englisch sprechende Sportler in aller Welt das bezeichnen, was wir Deutschen »einen Lauf haben« nennen. In diesem Zustand scheint alles wie von selbst zu gehen. Der Körper reagiert bereits, bevor das Gehirn mit der Verarbeitung mentaler Eindrücke beginnt. Wenn ein Spieler die *zone* erreicht, gewinnt sein Spiel auf geheimnisvolle Weise eine neue Dimension, in der es zu einem harmonischen, das ganze Leistungspotential ausschöpfenden Energiefluß wird.

Dies bringt mich zur vierten und, wie ich meine, interessantesten Art und Weise, Tennisspiele zu verfolgen. Nämlich nach der *zone* Ausschau zu halten, d. h. zu erkennen versuchen, welcher Spieler aus einem Bewußtseinszustand, einem inneren Raum heraus spielt, der das normalerweise durch mentale Konzentration und körperliche Fitness erreichbare Niveau überschreitet.

Da die *zone* kein alltägliches Phänomen ist, wird man ihr in vielen Matches nicht begegnen. Aber man kann auch bei mittelmäßigen Matches die Wahrnehmung des inneren Raums oder Zustands eines Spielers üben, so daß man schließlich in der Lage ist, bei anderen Gelegenheiten das Eintreten in die *zone* zu erkennen.

Wenn Sie sich diese Sichtweise aneignen wollen, müssen Sie unvoreingenommen an ein Spiel herangehen. Sie sollten für keinen der Spieler Partei ergreifen und auch vergessen, wer wieviele Punkte gemacht hat, und was die Kommentatoren zum besten geben.

Wenn Sie das tun, werden Sie allein schon dadurch, daß Sie ihr Augenmerk auf das Gesicht eines Spielers – den Ausdruck, die Falten um Mund und Unterkiefer – richten, erkennen können, ob der Akteur geistig entspannt ist und aus einem Raum innerer Harmonie heraus spielt, oder einen Konflikt durchlebt, einen inneren Kampf, der ihn verkrampft macht und seine eigentliche Leistungsfähigkeit herabsetzt.

Auch die Bewegungsweise und die für das Tennis so wichtigen Reflexe der Spieler geben Aufschluß darüber, wer mit sich eins ist und wer nicht zu seinem Spiel gefunden hat. Das oben beschriebene Chang-Becker-Match sah ich mir im wesentlichen unter diesem Blickwinkel an. Ich betrachtete beide Spieler als Energien, die entweder weich dahinflossen oder eben durch Selbstbezogenheit gebremst wurden.

In diesem Zusammenhang bedürfen die Begriffe *Entspannung* und *Energie* einer näheren Erläuterung. Mit *entspannt* meine ich nicht eine nachlässige oder gar träge Haltung. Ich möchte damit einen Zustand bezeichnen, in dem ein Spieler – bei totaler Geistesgegenwart und unter vollem Einsatz – eine Leichtigkeit und einen Fluß bei seinen Schlägen an den Tag legt, die allein durch Bemühung und Willenskraft nicht zu erreichen sind.

Als *Energie* sehe ich die innere Kraft an, die durch den Organismus eines Spielers strömt und sich in diesem zum Ausdruck bringt. Wenn ich der Energie ansichtig werden will, schaue ich nicht auf das Gesicht, den Schlag oder die Taktik. Ich versuche die Situation mehr mit meiner Intuition zu erfühlen, ohne mentale Analyse. Versuchen auch Sie, weniger voreingenommen zu sein und erst einmal wahrzunehmen, welche Zeichen von den Spielern auf dem Platz ausgehen. Stellen Sie fest, welcher Spieler genervt und welcher Spieler die Ruhe selbst ist.

Wenn Sie Tennis auf diese Weise sehen, werden Sie Spiele ganz anders erleben. Sie werden sich nicht in dem augenblicklichen Geschehen verlieren, sondern sich selbst näherkommen und schließlich einen Zen-Zugang zu Tennis finden.

Das Spiel von innen fühlen

Diese Geisteshaltung läßt sich aber auch einfacher herbeiführen. Versuchen Sie das nächste Spiel – ganz gleich ob Sie es im Fernsehen oder auf dem Centre Court mitverfolgen – von innen zu fühlen und in Erfahrung zu bringen, was es in Ihnen auslöst. Machen Sie es sich in einem Stuhl bequem, sehen Sie sich das Spiel einige Minuten lang an und schließen Sie dann die Augen. Sie werden bemerken, daß das Match und die Spieler in Ihnen diverse Gefühle erzeugen. Versuchen Sie, diesen Gefühlen auf den Grund zu gehen.

Sie werden dadurch zu ungewöhnlichen Einsichten gelangen. Als ich zum Beispiel 1996 Steffi Grafs Spiel im Finale der German Open in Berlin verfolgte, empfand ich, daß sie – trotz ihrer hervorragenden Leistung – traurig war. Ihre Gegnerin Karina Habsudova ließ sich jedoch auch durch die Niederlage nicht ihre gute Laune verderben.

Durch Einfühlung wird Ihnen vielleicht die Eleganz oder der Mut und Kampfgeist eines Spielers bewußt. Das kann nur dadurch geschehen, daß es in Ihnen einen Ort gibt, der mit solchen Qualitäten mitschwingt. Anders könnten Sie diese in einem anderen Menschen gar nicht erkennen. Mit dem Verständnis, daß die Spieler etwas widerspiegeln, das in Ihnen selbst vorhanden ist, kann Ihnen das Beobachten eines Matches helfen, die in Ihnen schlummernden Fähigkeiten stärker wahrzunehmen.

Sampras gegen Courier

Das meistbeachtete und aufsehenerregendste Match der 1995er Saison war das Viertelfinale der Australian Open, in dem Pete Sampras auf Jim Courier traf. Courier hatte zwei schlechte Jahre hinter sich, war aber kurz vor einem Comeback – und hatte die ersten zwei Sätze für sich entschieden.

Dann rief jemand von der Tribüne aus Sampras zu »Gewinne es für Gulli!«, woraufhin Sampras in Tränen ausbrach. Der Anlaß dafür war, daß Sampras' Coach, Tim Gullikson, aufgrund eines bösartigen Gehirntumors nicht mehr lange zu leben hatte. Mit diesem Zuruf sollte also Sampras dazu angespornt werden, für seinen sterbenden Coach das Spiel zu gewinnen.

Daraufhin trat eine bemerkenswerte Veränderung ein. Zuerst begann Sampras durch seine Tränen hindurch Asse zu schlagen, obwohl er mit dem Abwischen seiner Tränen gar nicht mehr nachkam. Dabei muß man bedenken, daß im Profitennis nur eine Pause von 25 Sekunden bis zum nächsten Aufschlag gewährt wird. Sampras mußte also seine Aufschläge halbblind ausführen – und schlug doch immer wieder Asse.

Courier war natürlich klar, daß er nur den Ball übers Netz zurückbringen mußte, um einen Punkt gegen den »blinden« Sampras zu machen. Aber als er all die Asse kassierte, stand er nur lächelnd da, als ob er es genießen würde, an diesem außergewöhnlichen Erlebnis teilzuhaben.

Courier hatte anfangs wie ein Stier gekämpft, geriet aber in mildere Stimmung, als er Sampras weinen sah. Womöglich verhalf er unbewußt Sampras sogar zum Wiedereintritt in das Match, das dann zu einem wirklich sehenswerten und erinnerungsträchtigen Ereignis wurde. Sampras spielte auf einmal wie ein Gott und gewann das Match. Er hatte seinen Schmerz weggeweint und die Knoten, die sein Bewußtsein einschnürten, gelöst.

In diesem Match wollten Sampras und Courier einander nicht »vorführen«, wie es im Tennisjargon heißt. Sie erwiesen einander Achtung und Zuneigung, ohne jedoch deswegen weniger Druck zu machen – das Spiel bewegte sich auf höchstem Niveau. Dies ist ein eher seltenes Phänomen, und für denjenigen, der daran teilhat, eine Inspiration, da es die gewöhnlich bei Wettkämpfen erlebten Erfahrungen transzendiert.

Der Wettbewerb gibt Athleten die Gelegenheit, ihre Kräfte und ihr Können zu messen, und verleiht vielen Sportarten erst die richtige Würze. Es gibt jedoch verschiedene Ebenen des Wettkampfs. Wenn man allein auf den Spielstand sieht oder mit seinen Lieblingen miteifert, kratzt man nur an der Oberfläche. Dabei hat der Sport so viel mehr zu bieten. Je tiefer Sie sich – ob als Mitwirkender oder Zuschauer – in ein Spiel hineinversetzen, umso tiefere Schichten Ihres Selbst werden sich Ihnen erschließen. Und früher oder später werden Sie eine Erfahrung machen, wie sie in der Tradition des Zen angestrebt wird.

Das Wesen des Zen

Ein Student sah einen Zen-Mönch in einem Straßenlokal sitzen, wo dieser aus einer Schüssel Reis aß. Da er annahm, dies sei eine gute Gelegenheit, die Kunst der Argumention zu üben, begrüßte er den Mönch, nahm neben ihm Platz und stellte nach einer Weile die Frage: »Was ist dein wesentliches Verständnis des Zen?«

»Wenn ich dir das sagen könnte«, antwortete der Mönch, »wäre das mein nicht wesentliches Verständnis des Zen.«

Das brachte den Studenten zuerst in Verwirrung, aber nachdem er sich wieder gefaßt hatte, fragte er : »Na gut, was ist dann dein nicht wesentliches Verständnis des Zen?«

»Wenn es nicht wesentlich ist«, gab der Mönch zurück, »ist es nicht Zen.«

Der Student suchte schleunigst das Weite.

Zen: Der Spieler auf dem Weg

1986 bat mich mein Freund Thomas, der als Tenniscoach arbeitet, einer seiner Schülerinnen, einem 15-jährigen Mädchen, Hilfestellung zu leisten. Das interessierte mich auf Anhieb, da ich bisher wenig Erfahrung im Coachingbereich hatte. Sich zu einem guten Spieler zu entwickeln ist *eine* Sache; jemandem bei der Verbesserung seines Spiels zu helfen, ist eine ganz *andere* Sache, eine große Herausforderung, bei der man nicht nur für sich selbst, sondern auch für den anderen Verantwortung trägt.

Thomas wußte mit dem Mädchen nicht mehr weiter; sobald es zu einem Match antreten mußte, geriet es völlig aus dem Gleichgewicht. So stand ich also da auf dem Platz mit Ingrid, einem schüchternen und unsicheren Teenager, dem bei jedem Match die Nerven flatterten und den jetzt der Fremde, der ihr helfen sollte, völlig verunsicherte.

Nachdem ich fünf Minuten mit Ingrid gesprochen hatte, war mir klar, daß sie so unter Leistungsdruck stand, daß die klugen Bemerkungen, die mir auf der Zunge lagen, einfach an ihr vorbeigehen würden. Ich spürte, daß dieses Mädchen keine technischen Belehrungen, sondern praxisnahe Hilfestellung benötigte.

Ingrid erzählte mir, daß ihr Netzspiel, insbesondere ihr Volley, in entscheidenden Phasen eines Matches nicht gelingen wollte. Daher schlug ich ihr vor, sich ans Netz zu stellen, wo ich ihr von der Grundlinie aus die Bälle zuspielen würde.

Tatsächlich mißlangen ihr viele Volleys, selbst wenn ich ihr den Ball schön vorlegte. Bald erkannte ich, daß sie zu verbissen war. Sie spannte ihre Muskeln an und verzog ihr Gesicht, als ob sie damit beschäftigt sei, Nägel in Beton zu schlagen.

Es dauerte nicht lange und sie begann, sich Vorwürfe zu machen: »Wie konnte ich so einen einfachen Volley verschlagen?« Das steigerte sich zu »Ich glaub', ich kann einfach nicht vollieren... ich bin ein hoffnungsloser Fall.« Was sie damit ausdrücken wollte, aber nicht sagte, war: »Ich bin eine Versagerin.«

Innerhalb von fünf Minuten waren wir an ihrem wunden Punkt angelangt. Sie war völlig verängstigt und sah mich mit einem Blick an, in dem zu lesen war, daß sie am liebsten im Erdboden versinken möchte.

Experimentieren beim Trainieren

Wie viele Spieler hatte ich Tim Gallweys Klassiker *Tennis und Psyche. Das innere Spiel* gelesen, in dem er vorschlägt, beim Trainieren nicht technisch, sondern bildhaft vorzugehen. Ich dachte mir, nun sei die Gelegenheit, das einmal auszuprobieren.

Also schlug ich vor: »Schlag den Ball so, als ob du eine an der Wand sitzende Mücke totschlagen möchtest.«

»Wie bitte?« entfuhr es ihr.

Ich wiederholte meinen Vorschlag und erklärte, daß man dabei wenig Kraft aufwendet und nicht weit ausholt. Daß es sich um einen schnellen Schlag aus nächster Nähe handelt.

Dann spielte ich Ingrid wieder Bälle zu. Nach einer Weile hatte sie es erfaßt und spielte viel gelöster, was erheblich dazu beitrug, daß ihr die Flugbälle immer häufiger gelangen.

Als ich sie fragte, ob sie bei einem Experiment mitmachen möchte, erklärte sie sich einverstanden. Die Übung, die ich mir ausgedacht hatte, bestand ganz einfach darin, jedesmal, wenn der Schläger mit dem Ball in Berührung kam, »peng« zu sagen. Ich trug Ingrid auf, nur darauf zu achten, daß sie genau in dem Moment, in dem der Ball auf die Besaitung ihres Schlägers auftraf, »peng« sagte, ohne sich darum zu kümmern, wie ihr Volley ausfiel.

Ich spielte Ingrid etwa zwanzig Bälle zu. Manchmal gelang es ihr, genau beim Aufprall »peng« zu sagen; aber meistens kam ihr »peng« zu spät. Sie verschlug immer noch ziemlich viele Bälle.

Dann begann ich zu fragen. Nach jedem Volley stellte ich ihr eine Frage wie: »Wie war das beim letzten Ball? Hast du da genau zu dem Zeitpunkt ›peng‹ gesagt, zu dem du den Ball geschlagen hast, oder erst danach?«

Indem sie sich auf die Beantwortung dieser Fragen konzentrierte, vergaß Ingrid völlig ihr Vollier-Problem. Ich stellte ihr auch dann Fragen, wenn sie zum richtigen Zeitpunkt »peng« sagte. Als ihr dann bei zehn Bällen in Serie ihre Volleys gelangen, brach sie plötzlich in Begeisterung aus.

Das war das erste Mal, daß sich auf ihrem Gesicht ein Lächeln zeigte.

»Was ist los?« fragte ich.

Sie erwiderte begeistert: »Dieser Trick ist echt genial.«

»Warten wir's ab.«

Ich spielte ihr weitere zwanzig Bälle zu, ohne ihr Fragen zu stellen, und wie ich erwartet hatte, ließ ihre Konzentration auf die Übung merklich nach. Sie sprach »peng« fast nur noch mechanisch aus und machte viel mehr Fehler als kurz zuvor.

Also begann ich wieder mit meinen Fragen, was zur Wirkung hatte, daß sie sich völlig in die Übung vertiefte und mit weniger Anstrengung mehr gute Bälle schlug. Ingrid lernte dadurch, bei der Sache zu bleiben, und war schließlich nicht mehr auf meine Fragen angewiesen, um ihre Volleys zu verbessern.

Irgendwann fragte ich sie: »Welche Erfahrung hat dir diese Übung vermittelt?«

»Das das Vollieren eigentlich ganz einfach ist«, gab sie etwas verlegen zurück.

Ich war über den durchschlagenden Erfolg dieser Methode ebenso überrascht wie Ingrid. Alles was ich getan hatte, lief im Grunde darauf hinaus, Ingrids Aufmerksamkeit so sehr auf physische Wahrnehmungen zu richten, daß mentale Prozesse keinen störenden Einfluß mehr hatten. Ich hatte Ingrid keinen einzigen technischen Ratschlag gegeben und auch nicht versucht, sie mit Bemerkungen zu motivieren wie: »Na los, das kriegst du schon hin.... Streng dich ein bißchen an.« Ich hatte sie nicht gelobt und auch nicht kritisiert. Im Grunde hatte ich ihr – in der einen oder anderen Form – immer nur die Frage gestellt: »Sagst du ›peng‹ genau dann, wenn der Ball auf deinen Schläger trifft, oder zu früh oder zu spät?«

Manchmal hatte ich das Gefühl, ich müßte mit Ratschlägen wie »Nimm den Ball früher an« oder »Leg mehr Gewicht in deinen Schlag« in diesen einfachen Ablauf eingreifen, um mein Trainer-Image aufrechtzuerhalten. Ich entschloß mich aber, das lieber bleiben zu lassen, da ich wissen wollte, was diese Methode letztendlich bewirken kann.

In nicht mehr als einer Stunde hatten Ingrids Volleys an Kraft und Beständigkeit erstaunlich zugenommen; ich kam mir vor, als hätte ich einem Wunder beigewohnt. Am Ende der Übungsstunde fragte ich Ingrid, ob sie sich zutraue, mit der erworbenen Einstellung in ihre kommenden Matches zu gehen, und sie antwortete ganz offen: »Weiß nicht, aber ich werd's versuchen.«

Nachdem Ingrid gegangen war, kam mein Trainerfreund

Thomas – er hatte sich unsere Übung aus gewisser Entfernung angesehen, um sich rauszuhalten – und wollte wissen: »Was hast du ihr gesagt? So gute Volleys hat sie noch nie geschlagen.«

»Nichts«, gab ich zurück.

»Erzähl mir keinen Unsinn«, entrüstete er sich. »Du hast ihr bestimmt eine ganze Menge kleiner Tricks beigebracht.« Dieses Lob tat mir gut. Ich wollte aber nicht auf meinem Erfolg herumreiten und bekannte also, daß ich Ingrid schlicht und einfach geraten hatte, »peng« zu sagen, wenn der Ball auf die Besaitung ihres Schlägers traf.

Als ich zwei Wochen später von Thomas erfuhr, daß Ingrid ihr erstes Turnier in der Klasse der unter 18jährigen gewonnen hatte – und dabei erst fünfzehn war – konnte ich mir ein Gefühl der Genugtuung nicht verkneifen. Als ich sie ein paar Tage nach ihrem Sieg traf, gratulierte ich ihr und fragte: »Wie ist dir das gelungen?«

Und sie antwortete: »Ich blieb dabei, bei jedem Ball ›peng‹ zu sagen. Nicht nur bei den Volleys, sondern bei jedem Schlag.« Sie lachte und fügte hinzu: »Im Finale hab' ich mich so auf diese Übung konzentriert, daß ich das Ende des Matches gar nicht mitgekriegt hab'. Erst als ich mitbekam, wie der Schiedsrichter, meine Gegnerin und meine Freunde reagierten, war mir klar, daß ich gewonnen hatte.«

Neue Einsichten

Diese Erfahrung mit meiner ersten »offiziellen« Trainerstunde brachte mich auf den Pfad des Zen. Für mich war das eine wichtige Etappe auf meiner Suche nach Antworten, nicht nur in bezug auf Tennis, sondern in einem viel weiteren Sinn, nämlich dem Versuch, die Beziehung zwischen der inneren und der äußeren Realität zu erfassen.

Damals faßte ich das noch nicht als Streben nach Spiritualität auf. Ich war nur neugierig zu erfahren, woher es kam, daß unsere innere Einstellung eine so entscheidende Wirkung auf unsere Leistungen und Erfolge hatte. Ich interessierte mich vor allem für die Funktionsweise des Verstandes und des Körpers, da ich erlebt hatte, daß die Einmischung des Verstandes der körperlichen Entfaltung oft hinderlich ist.

Was das Coaching betraf, hatte ich das Gefühl, den Stein der Weisen gefunden zu haben, genau das, was mir selbst als junger Spieler fehlte. Bei meinem eigenen Training ging es vor allem um Technik und Körperhaltung: wie man sich richtig bewegt, wie man den Schläger hält, wie man vor dem Schlag in die Knie geht, etcetera, etcetera.

Der Körper wurde wie ein Mechanismus behandelt, der technisch aufgerüstet werden müsse, um in optimale Form zu kommen. Bei meinem Versuch, Ingrid zu trainieren, wurde ich aber gleich auf etwas ganz anderes gebracht. Ingrid verbesserte ihre Volleys gerade dadurch, daß sie ihren Geist zur Ruhe kommen ließ. Sobald ihr der Verstand, das Nachdenken über die Technik, nicht mehr in die Quere kam, brauchte ihr Körper keinen weiteren Ansporn, um die erforderlichen Bewegungen ganz natürlich und perfekt auszuführen.

Eine neue Karriere

Durch meine Erfahrung mit Ingrid traute ich mir eine neue Karriere zu. In den drei darauffolgenden Jahren widmete ich mich ganz dem Coaching. Ich arbeitete mit Spitzenprofis, die ich auf Wimbledon, die U.S. Open und auf die French Open vorbereitete, aber auch mit Spielern, die nur bei ihren Clubspielen etwas besser abschneiden wollten.

In den ersten sechs Monaten entwickelten mein Partner Stefan und ich Dutzende von Übungen, die die Wahrnehmung der Spieler schärfen sollten: den Flug des Balls verfolgen, zu fühlen, wie der Schläger in der Hand liegt, die Gewichtsverlagerung von einem Fuß auf den anderen zu spüren etc. Meine Aufgabe bestand hauptsächlich darin, Fragen zu stellen, durch die sich die Spieler auf ihre Körpergefühle und Wahrnehmungen konzentrieren konnten, während der Körper einfach weiterhin Tennis spielte.

»Was fühlst du?«

»Wo war dein Schläger, als der Ball in deinem Feld aufkam?«

»Wie hoch flog dein Ball über das Netz?«

Ich muß zugeben, daß ich manchmal über das Ziel hinausschoß, indem ich durch zu viele Fragen den natürlichen Rhythmus des Spielers störte. Ich mußte erst noch lernen, wann es besser ist, still zu sein und Geduld zu üben.

Unterricht in Stille

Dies führte zu einer weiteren Entdeckung. Manche meiner Schüler spielten am besten, wenn ich einen Vorschlag machte und dann über längere Zeit hinweg schweigend mit ihnen spielte. So hatten sie Gelegenheit, ungestört in sich hineinzuhören.

Zuerst konnte ich das nur schwer akzeptieren, da es nicht zum Bild eines guten Trainers paßt, wenn dieser bei einer Tennisstunde schweigt. Die Schüler nehmen gewöhnlich eine Stunde, um etwas zu lernen. Die meisten erwarten deshalb, daß sie gesagt bekommen, was zu tun ist und wie die Anweisungen auszuführen sind. Außerdem hängt das Selbstwertgefühl des Trainers meist von der Menge des ihm zur Verfügung stehenden Wissens ab, und wie er dieses Wissen seinen Schülern vermitteln kann.

Viele Schüler spielten zwar ein schönes Tennis, wenn sie sich selbst überlassen wurden. Sobald sie allerdings wieder mehr Fehler begingen und ihr Spielfluß stockte, wollten sie, daß ich ihr Spiel analysiere und ihnen technische Ratschläge gebe. Und mein Dilemma war zu wissen, daß mein aktives Eingreifen ihren Spielfluß unmittelbar noch mehr behindern würde.

Wenn es nötig war, erteilte ich natürlich einen Rat. Ich redete aber nicht über Technik, sondern ging lieber praktisch vor. Wenn z. B. jemand seinen Schläger völlig verkehrt in der Hand hielt, änderte ich den Griff fast beiläufig und fragte: »Fühlt sich das besser an? Meinst du, du könntest eine Weile so spielen?«

Zunehmend erkannte ich die Grenzen der herkömmlichen Lehrer-Schüler-Beziehung, bei der davon ausgegangen wird, es gäbe nur eine Art und Weise, richtig Tennis zu spielen. Heute weiß ich, daß – wie sonst im Leben auch – viele Wege nach Rom führen.

Ich erklärte meinen Schülern, daß ein Coach sich nicht vor der Arbeit drückt oder sein Interesse verloren hat, wenn er schweigt, sondern daß er damit etwas Bestimmtes im Sinn hat. Wenn er still ist, will er einen Freiraum schaffen, in dem der Schüler seine Fähigkeiten völlig unbeeinflußt erforschen kann.

Jeder, der den Führerschein gemacht hat, kennt die Unterteilung in theoretischen und praktischen Unterricht. Vor der ersten Fahrstunde hat man sich die Verkehrsregeln und auch einiges Wissen über Kraftfahrzeugtechnik angeeignet. Wenn man dann hinter dem Steuer sitzt, möchte man von Theorie nichts mehr hören, sondern endlich einmal Auto fahren. Man möchte ein Gefühl für die Größe der Karosserie, die Straßenlage und die Gangschaltung entwickeln. Das kann nur gelingen, wenn sich der Fahrlehrer mit seinen Kommentaren zurückhält. Er sollte nur eingreifen, wenn es gefährlich wird. Das schweigende Unterrichten wird ihm allerdings viel schwerer fallen als einem Tennislehrer, da er in der potentiellen Schrottkiste mit drin sitzt. Der Tennistrainer hat es da viel leichter, da auf dem Tennisplatz – nicht zuletzt wegen der strengen Regeln – kaum mit einem Unfall zu rechnen ist.

Viele meiner Schüler genossen es, schweigsam – aber mit dem Rückhalt ihres Trainers – zu spielen. Sie boten dabei ihr bestes Tennis, waren völlig entspannt und schienen sich kaum anzustrengen. Das Training intensivierte sich durch den Verzicht auf Worte und führte oft zu einem Punkt, an dem die Zeit stillzustehen schien.

Ich hatte als Profispieler solche stillen zeitlosen Momente in Wettkampfspielen erfahren, wenn ich die *zone* betrat. Aber als Coach hatte ich mehr dieser intensiven Erlebnisse. Ich meinte oft, gerade mal fünf Minuten lang gespielt zu haben – dabei war in Wirklichkeit eine halbe Stunde vergangen. In diesen Momenten hatte ich das Gefühl, mit dem Ball, dem Court und dem Schüler eine Einheit zu bilden. Ich konnte mit meinem eigenen Körper beinahe spüren, wie sich die Bewegungen der Arme und der Beine meines Schülers anfühlten.

»Laß diesen Unsinn bleiben und denk nicht mehr darüber nach« – habe ich mir oft gesagt. Aber dieses Gefühl gab mir so viel Ruhe und Frieden, daß ich mehr darüber wissen wollte.

Herrigel in Japan

Da geriet mir *Zen in der Kunst des Bogenschießens* in die Hand, ein wundervolles Buch, in dem der Philosoph Eugen Herrigel beschreibt, wie er durch das Erlernen des Bogenschießens auf den Weg zur Meditation gebracht wurde. Herrigel ging in den 20er Jahren nach Japan. Er folgte einem Ruf an die Kaiserliche Universität in Sendai und nahm diese Gelegenheit wahr, sich von einem Zen-Meister im Bogenschießen unterrichten zu lassen. Herrigel war ein guter Pistolenschütze und ging davon aus, daß ihm auch diese Disziplin leichtfallen würde.

Herrigels Bericht liest sich über weite Strecken wie eine Leidensgeschichte. Er erhielt von seinem Meister nie einen Zuspruch; im Gegenteil, oft nahm ihm der Meister einfach wortlos den Bogen weg. Der Lehrer gab so gut wie keine technischen Anleitungen, sondern erklärte Herrigel, der Zen-Schütze müsse ziellos und ichlos sein. Gelegentlich ließ er eine kryptische Bemerkung fallen wie »Der Schuß muß vom Schützen abfallen wie die Schneelast vom Bambusblatt« oder »Mit dem oberen Ende des Bogens durchstößt der Bogenschütze den Himmel, am unteren Ende hängt, mit einem Seidenfaden befestigt, die Erde«.

Mit solchen Aussagen konnte Herrigel lange Zeit nichts anfangen, wurde immer frustrierter und wollte schon aufgeben. Im vierten Unterrichtsjahr geriet er in eine Phase, in der es ihn nicht mehr kümmerte, ob er den Zugang zum Zen fand oder nicht. Er lebte in den Tag hinein und wurde schließlich sogar seiner Gleichgültigkeit gegenüber gleichgültig, übte aber weiter.

In einer Unterrichtsstunde geschah es dann, daß sich der Meister nach einem Schuß verbeugte und ausrief: »Soeben hat

›Es‹ geschossen.« Als Herrigel begriffen hatte, was damit gemeint war, kam in ihm ein Gefühl der Freude auf. Daraufhin tadelte ihn der Meister: »Das war kein Lob, nur eine Feststellung, die Sie nicht berühren darf. Ich habe mich auch nicht vor Ihnen verbeugt, denn Sie sind ganz unschuldig an diesem Schuß. Sie verweilten diesmal völlig selbstvergessen und absichtslos in höchster Spannung; da fiel der Schuß von Ihnen ab wie eine reife Frucht. Nun üben Sie weiter, wie wenn nichts geschehen wäre!«

Tennis als Zen-Meditation?

Nachdem ich Herrigels Buch gelesen hatte, fragte ich mich, ob im Tennis – wie im Bogenschießen – ein Potential zur Zen-Meditation lag. Vor dem Aufschlag stellte ich mir z. B. die Frage: »Besteht die Möglichkeit, daß nicht ich ein As schlage, sondern das As sich selbst schlägt?«

Damals konnte ich nicht in Worte fassen, was in mir vorging, merkte aber, daß es etwas mit der Fähigkeit zu tun haben muß, aus sich heraustreten und sich selbst beobachten zu können. Je bewußter ich bin, umso mehr kann ich ein Beobachter meiner selbst und meiner Umgebung sein. Dies ist meinem Verständnis nach das Wesen des Zen-Wegs zur Meditation.

Viele denken, daß Meditation etwas vom Alltag völlig Abgehobenes ist, daß man sich dabei in ein stilles Zimmer begibt, die Beine im Lotussitz kreuzt, die Augen schließt und in sich hineingeht. Meist trifft das auch zu. Man versucht auf diese Weise, seinen körperlichen Empfindungen und im Kopf herumschwirrenden Gedanken so lange nachzuspüren, bis sich diese in nichts auflösen und ein Zustand der Ruhe und Seligkeit einkehrt.

Die Attraktivität des Zen-Wegs zur Meditation liegt darin, daß er allumfassend ist. Im Zen werden alltägliche Tätigkeiten wie z. B. Tee trinken, Reis waschen, Blumen arrangieren, den Boden wischen – oder eben Tennis spielen – als Gelegenheit für Meditation angesehen. Man kann jede Tätigkeit so still und bewußt ausüben, als ob man allein im Himalaya in einer Höhle säße.

Ich merkte bald, daß ich bei dem Versuch, Prinzipien des Zen auf mein Spiel anzuwenden, einer grundlegenden Einführung in die Kunst der Meditation bedurfte. Ich konnte nicht einfach über Nacht ein Zen-Spieler werden.

Ich zog einige Möglichkeiten in Betracht: in ein japanisches Zen-Kloster zu gehen, an einem Meditationsretreat der tibetanischen Buddhisten in dem nordindischen Ort Dharmsala teilzunehmen oder ein buddhistisches Kloster in Sri Lanka oder Thailand aufzusuchen. Eines Tages riet mir eine Freundin, die schon mehrere Jahre meditierte, nach Poona zu fahren, wo Osho, ein Erleuchteter, ein Meditationszentrum gegründet hatte.

In der östlichen Welt

Zu dem Zeitpunkt – das war 1991 – war Osho bereits tot, das hielt mich jedoch nicht ab, da ich nicht auf der Suche nach einem spirituellen Lehrer war. Mir ging es mehr darum, in einer Atmosphäre, in der ich auf Gleichgesinnte treffen würde, praktische und wirksame Methoden der Meditation zu erlernen. Also packte ich das Nötigste zusammen und machte mich auf den Weg nach Indien.

Am Anfang kamen mir die Meditationsübungen, die in dem Zentrum praktiziert wurden, außerordentlich mühsam vor.

Jeden Morgen nahm ich an einer sehr aktiven Meditation teil, die mehr Ähnlichkeit mit einem Fitneßtraining als mit einer spirituellen Übung hatte.

Ich wollte aber das, was ich mir vorgenommen hatte, unbedingt zu Ende bringen. Ich führte jede Meditation so gründlich und intensiv aus, wie es mir möglich war. Selbst die Abendmeditation, bei der man nur ruhig dasitzen mußte, war ein Test meiner Willenskraft, da wir eine Mückenplage hatten. Wer hat sich schon so in der Gewalt, daß er keinen Muskel rührt, wenn ihm eine Mücke auf der Nase sitzt?

Trotzdem begann ich mich allmählich zu entspannen. Die leichten Momente, in denen jede Tätigkeit aufhörte, wurden immer häufiger. In diesen Momenten erlebte ich ein Gefühl tiefer Ruhe und der Nähe zu mir selbst.

Ich bemerkte einen Zusammenhang zwischen den entrückten Phasen, die ich als Coach erlebt hatte, und dem ruhigen Dasitzen im Meditationsraum. Zwar war ich auf dem Tennisplatz in voller Aktivität und saß im Meditationsraum einfach nur da, aber in beiden Situationen hatte ich in meinem Inneren die gleiche Harmonie und Zeitlosigkeit verspürt.

Ich erkannte, daß ich in meinen schönsten und seligsten Momenten auf dem Tennisplatz in einem meditativen Zustand – ohne Gedanken, ohne Gefühle, nur mit kristallklarem Bewußtsein – gespielt haben mußte. Und als ich mir die auf Ton- und Videobändern aufgezeichneten Reden Oshos anhörte, wurden mir meine Erfahrungen durch seine Einsichten bestätigt.

Meditative Erfahrungen gehörten für mich bald zum Alltag. Ich hatte auf meine eigene Weise – über Tennis – an die Tür meines inneren Bewußtseins angeklopft und nun eine Methode gefunden, durch diese Tür hindurchzugehen.

Die Entstehung von Zennis

Der Zeitpunkt meines Ankommens im Meditationszentrum war insofern günstig, als eine Gruppe von Sportfreunden, unter anderem ein professioneller Tenniscoach aus Italien, gerade damit begann, das Programm um sportliche Aktivitäten zu erweitern. Ich beteiligte mich sofort am Aufbau eines meditativen Tennis-Workshop, den irgendjemand mal scherzhaft »Zennis« nannte. Diese Bezeichnung wurde von allen sogleich übernommen.

Unser Workshop dauerte drei bis fünf Tage. Jeder Tagesplan umfaßte drei Stunden auf den Tennisplätzen, die wir zuvor erst anlegen mußten, eine seminarähnliche Stunde, in der die Gruppenteilnehmer ihre Erfahrungen austauschen konnten, sowie drei verschiedene Meditationen.

Wir halfen den Teilnehmern, die innere Ruhe, die sie durch die Meditation gewonnen hatten, auf ihr Spiel auf dem Platz zu übertragen. Ob ihnen das gelang, testeten wir manchmal dadurch, daß wir zu mehreren auf dem Feld hin- und herliefen, schrien, lachten und die Spieler anfeuerten oder mit störenden Kommentaren eindeckten. Diejenigen Spieler, die sich davon nicht ablenken ließen, teilten uns später mit, daß sich die Wirkung dieser Übung auf ihr Alltagsleben übertrug, daß sie in hektischen Situationen, in denen sie sonst aus dem Gleichgewicht geraten wären, entspannt und unabgelenkt bleiben konnten.

Ein wesentlicher Bestandteil des Programms waren die seminarartigen Treffen, in denen viele Teilnehmer die Erkenntnisse wiedergaben, die sie durch die Aktionen auf dem Platz gewonnen hatten. Daraus ging das vorletzte Kapitel (S. 213 ff.) dieses Buches hervor, in dem ich beschreibe, wie Sie Ihre eigene Zennis-Gruppe bilden können, um Gelegenheit zu erhalten, Ihre Erfahrungen mit anderen Spielern auf dem Zen-Pfad regelmäßig auszutauschen. Ich finde, daß der Austausch von Erkenntnissen eines der wirksamsten Mittel für persönliches Wachstum ist.

Zurück in die westliche Welt

Bei der Entwicklung des Zennis-Programms habe ich viel dazugelernt, mir war jedoch klar, daß all das seinen Härtetest erst noch außerhalb des indischen Ashrams bestehen mußte. Würde ich in der Lage sein, meine Entdeckungen Menschen nahezubringen, die sich noch nie für Meditation interessiert hatten? Ich war an dem Punkt angelangt, an dem ich das unbedingt herausfinden wollte. Also packte ich wieder alle meine Sachen zusammen und kehrte in die westliche Welt zurück.

Nach meiner Rückkehr aus Indien leitete ich Zennis-Workshops in den USA, Europa und Australien und machte dabei die Erfahrung, daß mit Zen jedem Spieler, auf jeder Ebene des Spiels, weitergeholfen werden kann – unter zwei Bedingungen. Erstens müssen die Teilnehmer dazu bereit sein, ihrer selbst, ihrer Gedanken, ihrer Gefühle und ihrer Einstellungen gewahr zu werden, damit Tennis als Spiegel ihrer inneren Realität dienen kann. Zweitens sollten sie das, was in ihnen vorgeht, mit mir oder einer Gruppe Gleichgesinnter teilen.

Wenn diese Bereitschaft vorhanden ist, erfährt nicht nur die Technik eine deutliche Verbesserung; es wird dadurch auch die Freude am Spiel selbst gesteigert. Gleichzeitig und sozusagen als Nebenprodukt gewinnt der Spieler eine neue Einstellung zum Leben, die ihm Wege zu Kreativität und Erfüllung eröffnet.

Grundregeln der Meditation

In dieser Zeit erkannte ich auch einige wichtige Grundregeln der Meditation, die ich Ihnen an dieser Stelle mitteilen möchte, bevor wir uns ins Reich der Spiritualität begeben. Dies erscheint mir schon deshalb wichtig, weil wir uns dabei unweigerlich mit den althergebrachten Vorstellungen zu Spiritualität und Religion auseinandersetzen müssen.

Erstens hat niemand ein Copyright auf Meditation. Jeder große Meister hat seine eigene Meditationstechnik entwickelt, aber alle authentischen Techniken führen zu dem inneren Erleben von Stille, Zeitlosigkeit, Frieden und Seligkeit.

Zweitens haben alle Menschen – unabhängig vom Einkommen, der Religionszugehörigkeit oder der Hautfarbe – ein Recht auf dieses innere Erlebnis. Kein religiöses Glaubenssystem kann darauf Exklusivrechte geltend machen, und die Zen-Meister versuchen das gar nicht erst. Sie reden nicht über meditative Erfahrungen, sondern geben nur die grobe Richtung an und ermutigen die Schüler, ihren eigenen Weg zu gehen. Der Meister ist wie ein auf den Mond gerichteter Finger. Es geht darum, den Mond zu erreichen, und nicht darum, sich an den Finger zu klammern und ihn zu verehren.

Drittens ist Selbsterfahrung eine persönliche Angelegenheit. Der Austausch mit Gleichgesinnten und eine der Meditation zuträgliche Atmosphäre mag zwar hilfreich sein; letzten Endes muß aber jeder seinen eigenen Weg gehen. Der Weg kann nicht von anderen vorgegeben werden, sondern erschließt sich erst dann, wenn Sie ihn mit eigenen Schritten gehen.

Dies sind die elementaren Erkenntnisse, die sich mir aus meinen persönlichen Erfahrungen aufgedrängt haben. Wenn Sie diese Prinzipien beherzigen, wird es Ihnen nicht schwerfallen, meiner Einladung zur Erforschung des Zen und des Zen-Tennis nachzukommen und ein Spieler auf dem Zen-Pfad zu werden.

Wie machst du das?

Ein Frosch saß an einem sonnigen Morgen auf seinem Stammplatz am Ufer seines Weihers. Da kam ein großer Tausendfüßler angekrochen. Der Frosch beobachtete fasziniert dieses Wesen und sagte schließlich: »Macht es dir was aus, wenn ich dir eine Frage stelle?«

»Nein, überhaupt nicht«, antwortete der Tausendfüßler und blieb stehen.

»Ich kann mir nicht vorstellen, wie du mit so vielen Beinen laufen kannst«, sagte der Frosch. »Kannst du mir erklären, wie du sie so regelmäßig bewegst?«

Der Tausendfüßler mußte kurz überlegen. »Ich muß dir sagen, darüber hab' ich noch nie nachgedacht. Vielleicht kann ich es dir vorführen?« Er ging wieder weiter und konzentrierte sich darauf, wie er ein Bein vor das andere setzen mußte. Dabei fiel er hin und hatte erhebliche Schwierigkeiten, sich wieder hochzurappeln.

»Du weißt nicht, was für ein Miststück du bist!« schrie er dem Frosch ins Gesicht. »Wenn du meinen guten Rat haben willst, stell nie wieder eine solche Frage.«

Die Zennis-Sequenz

Eine der sinnvollen Neuerungen, die das Fernsehen dem Sport gebracht hat, ist die Zeitlupenwiedergabe. Sie ermöglicht die Wahrnehmung winziger, aber entscheidender Momente eines Spiels, gibt aber auch – in fast poetischer Weise – die Kraft, Eleganz und Schönheit des sich in Aktion befindenden Sportlers wieder.

Die in diesem Kapitel beschriebene Zennis-Sequenz gibt Ihnen Gelegenheit, sich selbst in Zeitlupe zu erleben. Dabei handelt es sich um eine Folge von Tennisbewegungen, die ganz langsam und mit Bedacht ausgeführt werden – so als ob Sie sich nicht in Luft, sondern in einem dichteren Medium, wie Wasser oder Honig, bewegen würden.

Durch die Verlangsamung einer Bewegung erlangen Sie nicht nur ein intensiveres Empfinden, sondern auch ein gesteigertes Bewußtsein Ihres Tuns. In Zeitlupe werden Sie sich der subtilen Bewegungsabläufe in Ihren Körper bewußt, ganz gleich, ob Sie sich nur auf einen Stuhl setzen oder eine Straße entlanggehen.

Die Wurzeln der Zennis-Sequenz

Bevor ich die Zennis-Sequenz beschreibe, möchte ich jedoch erst auf deren Ursprung zu sprechen kommen. Ich habe die Zennis-Sequenz nicht aus dem Nichts entwickelt, sondern von der alten chinesischen Kunst des Tai Chi abgeleitet, die als Form der Selbstverteidigung entwickelt wurde und erst später als meditative Bewegungsabfolge – als Kunst der Langsamkeit – Bedeutung erlangte. Man könnte die Zennis-Sequenz also auch Tennis-Tai-Chi nennen.

Beim Tai Chi handelt es sich um eine Folge von Bewegungen, die ursprünglich dazu erdacht waren, es einem Einzelkämpfer zu ermöglichen, mit mehreren, von allen Seiten kommenden Angreifern fertig zu werden. Diese Bewegungen werden in Zeitlupe ausgeführt, wie man es vom Ballett und von manchen Pantomimen kennt, und sollten ihren Ausgangspunkt im HARA, dem sich drei Fingerbreit unter dem Nabel befindenden Körperschwerpunkt, haben.

Tai Chi dient dazu, geistige Ruhe zu erlangen, gesund zu bleiben und der durch den Körper strömenden Lebensenergie gewahr zu werden. Diese Energie wird CHI genannt.

Das Fließen der Chi-Energie

Als ich mit Tai Chi begann, machte ich einfache Aufwärmübungen, die dazu vorgesehen sind, CHI zu erzeugen und es durch den Körper strömen zu lassen. Dabei mußte ich erfahren, daß in manchen Körperteilen Blockaden vorhanden waren, die das Weiterfließen der Energie verhinderten. Beispielsweise gelangte sie in meinem rechten Bein nicht bis unter das Knie. Ich stieß aber auf eine Übung, mit der sich diese Blockaden beseitigen lassen. Diese Übung, die Sie unbedingt ausprobieren sollten, ist weiter (S. 52) unten ausführlich beschrieben.

Nachdem ich diese einfache Übung einige Tage ausgeführt hatte, fühlte ich das CHI gleichmäßig durch meinen Körper strömen und sogar aus meinen Händen hinausschießen. Tatsächlich ist meine nachhaltigste Erinnerung an diese anfänglichen Erfahrungen mit Tai Chi das Gefühl, wie warm meine Hände waren.

Da beim Tennis die Hand entscheidend beteiligt ist, dachte ich mir, daß diese CHI-Energie mein Spiel kraftvoller und auch kräftesparender gestalten könne, wenn es mir gelänge, sie auch auf dem Platz zu nutzen. Außerdem konnte ich mir vorstellen, daß ein Spieler, dessen Energie ungehindert in die Hände strömt, nicht so schell an einem Tennisarm leiden würde.

Der Tennisarm entsteht durch den falschen Einsatz der Muskelkraft. Starke, heftige Armbewegungen führen zu winzigen Rissen im Fasergewebe der Sehnen. Wenn diese Risse heilen, wird die Sehne etwas kürzer und verliert ihre ursprüngliche Elastizität, so daß jeder Tennisschlag mit Schmerz verbunden ist.

Ein Spieler, der spürt, wie das CHI durch seinen Körper strömt, läuft weniger Gefahr, sich Sehnen- und Muskelschäden zuzulegen. Das liegt daran, daß der gleichmäßige Strom der Energie zu besserer Fitneß und Gesundheit führt und der Spieler seine gesteigerte Energie auf Leistungen verwenden kann, die ansonsten ganz von den Muskeln erbracht werden müßten.

Mit der Erde verbunden sein

Durch Tai Chi lernte ich, wie wichtig es ist, »geerdet« zu sein, d. h. in gefühlsmäßiger Verbindung zur Erde zu stehen. Dies wird dadurch erreicht, daß man seinen Schwerpunkt senkt, indem man die Knie abwinkelt, den Bauch entspannt und dabei mit dem ganzen Fuß auf dem Boden steht.

Gewohnheitsmäßig stehen wir mit geraden Beinen, rausgedrückter Brust, eingezogenem Bauch und zusammengepreßten Gesäßbacken da – wie ein Soldat bei einer Parade, der Stärke demonstrieren muß. Diese Haltung erlaubt unter anderem keine Bauchatmung – lediglich der Brustkorb wird bewegt. Beim Tai Chi ist die starke Haltung eine ganz andere. Es lohnt sich, diese Haltung näher kennzulernen, weil wir dadurch zu einer ganz anderen Vorstellung von Stärke und Schwäche gelangen.

Wenn Sie die Knie lockern und durch Anwinkeln Ihrer Beine etwas absenken, entspannen sich Ihre Gesäßbacken, so daß Ihr Bauch nach vorn kommt und Ihre Schultern und Arme locker an den Seiten herunterhängen. Dann kann Ihr Atem durch den Brustkorb in den Bauch strömen. Übrigens meine ich das nicht in physiologischem Sinn – die Luft gelangt natürlich nicht in den Bauch, sondern in die Lunge. Aber das Gefühl des Einatmens in den Bauch unterscheidet sich deutlich von dem des Einatmens in den Brustkorb. Brust- und Bauchatmung unterscheiden sich außerdem in ihrer Wirkung auf Geist und Körper.

Aus dieser entspannten Haltung heraus werden Ihre Handlungen viel flexibler und intensiver. Sie werden dabei erfahren, daß Sie sich Ihrer Mitte nähern und nicht so leicht aus Ihrem Gleichgewicht gebracht werden können. Sie werden lernen, sich blitzschnell – auf Angriff oder Erwiderung eines Angriffs – umzustellen.

Energie aufnehmen und zurückgeben

Man wehrt beim Tai Chi nicht einfach nur Angriffe ab, sondern versucht, die Energie des herankommenden Angreifers aufzunehmen und so umzuwandeln, daß sie sich gegen den

Gegner richten läßt. Man nutzt die auf sich gerichtete Energie, um seinen Gegenangriff zu verstärken. Dies entspricht der östlichen Weisheit von Yin und Yang. Mit diesen Begriffen wird zum Ausdruck gebracht, daß entgegengesetzte Energien, wie z. B. Angriff und Verteidigung, Austeilen und Zulassen, einander ergänzen.

Indem ich dieses Prinzip auf das Tennisspiel übertrug, erkannte ich, daß Spieler, die mit der Annahme kraftvoller Bälle, wie z. B. dem ersten Aufschlag des Gegners, Schwierigkeiten haben, nicht wissen, daß sie die Energie des heranfliegenden Balls in sich aufnehmen und in den Rückschlag legen können. Stattdessen stehen sie mit eingezogenem Bauch stocksteif da und verlassen sich ganz allein auf ihre Armmuskeln. Dies führt meist zu einem kraftlosen und wenig erfolgreichen Return und erhöht auch die Gefahr von Verletzungen wie dem bereits erwähnten Tennisarm.

Als ich mit Tai Chi als Methode des Umgangs mit aggressiver Energie experimentierte, sagte ich mir immer: »Je härter der Aufschlag kommt, umso lockerer und nachgiebiger werde ich sein.« Ich ließ nicht das Gefühl hochkommen, ich müsse mich gegen den Ball verteidigen. Statt dessen stellte ich mir vor, daß die Energie des heranfliegenden Balls ein Geschenk war, eine Energie, die ich nicht selbst erzeugen mußte, sondern einfach wieder übers Netz zurückschicken konnte.

Was ich gerade beschrieben habe – das Aufnehmen, Absorbieren und Zurückschicken von Energie – mag wissenschaftlich betrachtet wenig plausibel sein. Bei Spitzenprofis dauert der Flug des Balls zwischen dem Moment, in dem er vom Schläger des Servierenden getroffen wird, und dem Moment, in dem er auf der Besaitung des Retournierenden aufprallt, gerade mal eine halbe Sekunde. Beim Aufprall bleibt der Ball nur eine hundertstel Sekunde lang mit der Besaitung in Berührung. Daher habe ich bei einem heranfliegenden Aufschlag nicht die Zeit, mir zu sagen »Jetzt werde ich den Ball als Geschenk annehmen«. Und die Dauer des Aufpralls des Balls auf meinen Schläger ist viel zu kurz, um daran zu denken »Jetzt werde ich die Energie aufnehmen und zurückschicken«.

All dies geschieht spontan bzw. intuitiv und kann nicht mit Willenskraft herbeigeführt werden. Was da abläuft, beruht eher auf einem inneren Bild, einer inneren Haltung. Mit dem Bild der Aufnahmefähigkeit im Hintergrund fühlt sich der Körper beim Absorbieren von Energie von selbst ein, vor allem, wenn er entspannt ist. Er ist nicht darauf angewiesen, vom Verstand eingeflüstert zu bekommen, was er zu tun hat. Er ist wie ein Baum im Sturm, der nicht bricht, weil er nachgibt.

Parallelen zwischen Tai Chi und Tennis

In jedem Tai-Chi-Kurs geht es vor allem darum, eine Folge von Bewegungen einzustudieren, die dazu dienen, von allen Seiten und aus jeder Höhe kommende Attacken abzuwehren. Dabei ändert man fortwährend seine Position – man bewegt sich vorwärts, zieht sich wieder zurück und tritt zur Seite –, um zu erreichen, daß die Gegner keinen Angriffspunkt finden.

Als ich Tai Chi praktizierte, merkte ich, daß viele der Bewegungen denen im Tennis glichen. Auf dem Platz rückt man zum Netz vor und läuft wieder zur Grundlinie zurück. Man führt beiderseits des Körpers Bewegungen aus und muß blitzschnell entscheiden, ob man besser die Vor- oder Rückhand einsetzt. Man muß hohe Schmetterbälle schlagen und auch mit niedrigen Bällen zurechtkommen, die oft aufgrund ihres

Dralls ziemlich unberechenbar vom Boden aufspringen. Jederzeit ist mit der einen oder anderen Spielvariante zu rechnen. Von hinten wird der Tennisspieler glücklicherweise nicht angegriffen (außer er spielt beim Davis Cup in Rom gegen Italien, wo einem manche Zuschauer Münzen auf den Rücken werfen).

Bei der vom Tai Chi abgeleiteten Zennis-Sequenz handelt es sich um eine Bewegungsfolge, in der alle elementaren Tennisschläge integriert sind: Ausgehend von einer Grundstellung bewegt sich der Spieler in eine Vor- und Rückhand hinein, führt die Bewegungen für einen Vorhand-Volley und einen Rückhand-Volley aus und schließt das Ganze mit einem Schmetterball ab.

Wie das Tai Chi hebt die Zennis-Sequenz besondere Einzelheiten hervor: die Verlagerung des Gewichts von einem Fuß auf den anderen, die Konzentration auf den Körperschwerpunkt, das Gefühl im Becken während der Bewegung, wie mehr Energie freigesetzt werden kann, etc. Die Zennis-Sequenz wird sehr langsam ausgeführt, so als ob der Spieler Unterwasser-Tennis oder in Zeitlupe spielen würde.

Unterrichten der Zennis-Sequenz

In der Tradition des Zen wird es fast als faux pas angesehen, wenn der Lehrer Vorträge hält. Der Zen-Meister, der Unterricht im Bogenschießen oder einer anderen Kampfsportart erteilt, hilft einem zwar manchmal mit einigen Worten auf den Sprung, zieht es aber vor, den Schüler ohne jede weitere Erklärung am Arm zu nehmen und in die angemessene Körperhaltung zu bringen. Durch diese außersprachliche Kommunikation wird das Verständnis vertieft und die Erinnerung an diese Haltung bei jedem erneuten Versuch wieder wachgerufen.

Manchmal tut der Meister überhaupt nichts, da er der Überzeugung ist, sein Schüler müsse bestimmte Bewegungen so lange wiederholen, bis sie ihm zur zweiten Natur werden. Wenn er merkt, daß sein Schüler zu verbissen ist und zu viel nachgrübelt, wird er ihn vielleicht dazu auffordern, die Aufmerksamkeit auf die Atmung zu richten, um den Verstand von den Bewegungen des Körpers abzulenken.

Da in einem Buch diese feinsinnige Form des Unterrichtens nicht möglich ist, kann ich hier nur versuchen, die Zennis-Sequenz möglichst genau zu beschreiben. Ich möchte Sie jedoch an dieser Stelle schon dazu auffordern, sich bei der Ausführung der Zennis-Sequenz auch auf Ihr natürliches Gefühl zu verlassen und Ihre eigene Spielweise einzubringen. Meine Anleitungen sind nicht als starre Regeln gedacht.

Erwarten Sie bitte keine millimetergenauen Angaben zu Körper- und Schlägerhaltung. Solche Dinge sind in diesem Zusammenhang nicht so wichtig. Es geht vor allem darum, *die Schläge zu verlangsamen und sich des Körpers und seiner Bewegungen bewußt zu werden.* Sie werden auf diese Weise zu Ihrem eigenen Schwung und Rhythmus finden. Denken Sie immer daran, daß im Zen der Weg selbst das Ziel ist. Es geht nicht um die perfekte Ausführung der Zennis-Sequenz, sondern darum, daß Sie sich bewußt werden, was in jedem einzelnen Moment in Ihnen vorgeht.

Sie können die Zennis-Sequenz an jedem x-beliebigen Ort ausführen. Mancher mag dafür einen Tennisplatz, ein anderer seine eigenen vier Wände vorziehen. Sie können sie allein oder mit Freunden ausführen. In Gegenwart einer anderen Person können Sie sich die Anweisungen laut vorlesen lassen und dann die Rollen tauschen. Bei der Beschreibung der Bewegungen gehe ich davon aus, daß Sie mit einem Tennisschläger üben; es genügt aber auch, wenn Sie sich einfach vorstellen, Sie hielten einen Schläger in der Hand. Die Wirkung bleibt die gleiche.

Die Aufwärmübung

Diese Übung, die ich bereits weiter oben erwähnte, dient der Beseitigung eventuell vorhandener Blockaden. Dadurch kann das CHI durch den gesamten Körper strömen.

Ziehen Sie weite, bequeme Kleidung an. Ihr Bauch sollte nicht durch einen engen Gürtel oder ein starkes Gummiband eingeengt sein.

Nehmen Sie, mit schulterbreit gegrätschten Beinen, eine entspannte Stellung ein. Gehen Sie ein wenig in die Knie und halten Sie dabei Ihre Wirbelsäule gerade. Lassen Sie das Bekken nach unten und vorne fallen, aber passen Sie auf, daß die Lendenwirbelsäule nicht zu stark gekrümmt ist. Also kein Hohlkreuz machen!

Bleiben Sie einige – erst zwei, dann bis zu fünf – Minuten in dieser Stellung. Atmen Sie dabei tief und langsam ein und aus, und zwar so, daß sich nicht nur Ihre Brust, sondern auch Ihr Bauch bewegt.

Es wird nicht lange dauern, bis einige Teile Ihres Körpers, insbesondere Ihre Beine, zu zittern beginnen und womöglich sogar Schmerzen auftreten. Dies ist ein Zeichen dafür, daß Sie CHI erzeugen, der Energiefluß aber durch Muskelanspannung blockiert ist.

Wenn Sie diese Übung jeden Tag fünf Minuten lang ausführen, werden Sie fühlen, wie das CHI die Energieblockaden aus dem Weg räumt. Bald werden sich Ihre Muskeln entspannen und das CHI hindurchströmen lassen. Sie werden Empfindungen von Wärme, Lebendigkeit und zirkulierender Energie verspüren und sich wie neugeboren fühlen.

Machen Sie diese Übung zehn Tage hintereinander.

Die Grundstellung

Beim Tai Chi ist der Ort, auf den Sie sich fokussieren, während Sie Energie aufnehmen und zurückschicken, das HARA, das, wie bereits erwähnt, im Bauch lokalisiert ist. In Japan gilt das HARA seit Jahrhunderten als Gleichgewichtspunkt des Körpers, als Quelle von Lebensenergie und sogar als Sitz instinktiver Intelligenz.

Im Westen gibt es diese Vorstellung nicht. Wir bringen aber Ähnliches zum Ausdruck, wenn wir z. B. sagen »Er spielt aus dem Bauch heraus«, und damit meinen, daß sich der Spieler vor allem auf seinen Instinkt verläßt. Wenn wir von etwas überzeugt sind, das wir rational nicht erklären können, sagen wir oft »Das hab' ich im Urin« und legen damit den Ursprung unserer Überzeugung in die untere Bauchhälfte.

Bei der Zennis-Sequenz ist es wichtig, nach jedem Schlag wieder die Grundstellung einzunehmen, damit Sie im Gleichgewicht bleiben und nicht Ihre Konzentration auf das HARA verlieren. Diese Stellung wird in Ihnen außerdem das Gefühl hervorrufen, daß Ihr Körper, Ihr Geist und Ihre Empfindungen eine Einheit bilden und harmonisch zusammenarbeiten.

Wenn Sie diese Übung auf einem Tennisplatz ausführen, sollten Sie sich auf die Mitte der Grundlinie stellen. Zu Hause müssen Sie darauf achten, daß Sie um sich herum genügend Platz für Ihre Schläge haben.

Und nun zur Grundstellung. Stellen Sie sich mit schulterbreit gegrätschten Beinen gerade hin. Dabei sollten die Außenseiten Ihrer Füße parallel zueinander sein, so daß Ihre Fußspitzen leicht einwärts gerichtet sind. Beugen Sie die Beine im Kniegelenk. Dabei werden Sie bemerken, wie sich Ihr Bauch automatisch entspannt. Achten Sie darauf, daß auch Ihre Gesäßbacken entspannt sind, Ihre Lendenwirbelsäule nicht zu sehr gekrümmt ist (kein Hohlkreuz!) und Ihr Becken nach vorne gekippt ist. Richten Sie Ihren Blick gerade nach vorn, so als ob Sie einen hinter dem Netz stehenden Gegner ins Auge fassen wollten.

Lassen Sie die Schultern völlig locker – aber auch den Kiefer, den Mund und die Zunge (letzteres mag merkwürdig klingen, aber bei vielen Champions, wie Sampras, Becker und McEnroe, kam in Momenten der vollen Konzentration die Zunge zum Vorschein). Agassi gab nach einer Niederlage gegen Sampras einmal den Spruch zum besten, es sei ein Jammer, daß der Weltranglistenerste so aussehe, als sei er gerade erst »vom Baum geklettert« – was die Medien natürlich sofort dankbar aufnahmen. Dabei zeigt dies nur, wie gut sich Sampras entspannen kann. Schließlich kostet das Schließen des Munds Muskelkraft.

Richten Sie das Racket von Ihrer Körpermitte aus in einem Winkel von 45° nach vorn. Der Schlägerkopf ist dabei höher als der Griff. Ihre Schultern sind entspannt. Ihre Ellbogen sind zum Körper hin leicht abgewinkelt.

Ihre rechte Hand hält den Griff des Schlägers nur mit der Kraft, die zur Führung des Schlägers erforderlich ist. Ihre linke Hand liegt kurz unterhalb des Schlägerkopfs am Schlägerherz an. Viele Spieler machen den Fehler, zu fest zuzugreifen. Stellen Sie sich den Schläger als einen kleinen Vogel vor, den Sie nicht auskommen lassen, aber auch nicht erdrücken möchten.

Achten Sie darauf, daß Sie tief und langsam atmen. Richten

Sie Ihre Aufmerksamkeit auf Ihr HARA. Spüren Sie den Kontakt Ihrer Fußsohlen mit dem Boden. Vielleicht gelingt es Ihnen sogar, die Vorstellung zu entwickeln, daß durch Ihre Füße hindurch Wurzeln in den Boden wachsen und Sie sich somit geerdet fühlen.

Bewegen Sie Ihren Oberkörper und Ihr Becken leicht nach rechts und links. Dabei werden Sie bemerken, daß der Ausgangspunkt für diese Bewegungen Ihr Unterbauch ist. Bleiben Sie immer einige Minuten lang in der Grundstellung, bis Sie sich in dieser Stellung wohlfühlen.

Die Vorhand

Wie bei allen im folgenden beschriebenen Schlägen sollten Sie beim Vorhandschlag alle Bewegungen sehr langsam ausführen und darauf achten, wie sich Ihr Körpergewicht von einem Fuß auf den anderen verlagert. Kümmern Sie sich nicht zu sehr um die Einzelheiten; der Schlag muß nicht hundertprozentig gelingen. Denken Sie eher daran, wie Sie sonst Ihre Vorhand schlagen.

Stellen Sie sich in der Grundstellung entspannt hin und stellen Sie sich vor, Sie wären auf dem Platz und blickten zu einem hinter dem Netz stehenden Gegner. Ihre Füße stehen parallel, mit leicht einwärts gerichteten Fußspitzen. Ihr Körpergewicht ist gleichmäßig auf beide Füße verteilt. Ihre Knie sind leicht gebeugt.

Verlagern Sie Ihr Gewicht auf den linken Fuß und machen Sie mit dem rechten Fuß im 45°-Winkel einen Schritt nach rechts. Verlagern Sie Ihr Gewicht langsam auf den rechten Fuß. Dabei dreht sich der Rumpf Ihres Körpers nach rechts. Durch diese Drehbewegung wird der Schläger nach rechts bewegt. Die linke Hand hält den Schläger nach wie vor am Herz.

Nun verlagern Sie Ihr Gewicht noch stärker auf den rechten Fuß und bewegen den Schläger nach unten-hinten. Dabei löst sich die linke Hand vom Schlägerherz. Ihre Augen sind nach vorn gerichtet, als ob Sie einen heranfliegenden Ball beobachteten.

Machen Sie mit dem linken Fuß einen geraden Schritt nach vorn. Setzen Sie zuerst die Ferse auf dem Boden auf, so als ob Sie die Tragfähigheit der Eisdecke eines Sees oder Flusses prüfen wollten. Ihr Gewicht ruht nun zu etwa 80 Prozent auf dem hinteren (dem rechten) Fuß.

Verlagern Sie Ihr Gewicht langsam vom hinteren auf den vorderen Fuß. Ihre rechte Hüfte dreht sich zum Netz hin. Führen Sie gleichzeitig den Schläger langsam von seinem niedrigsten Punkt hinter Ihnen nach vorne-oben zu dem sich seitlich vor Ihnen befindenden Treffpunkt mit dem Ball.

Lassen Sie den Schläger durch den Aufprallpunkt hindurch bis über die linke Schulter schwingen, so daß er schließlich nach hinten gerichtet ist. Stellen Sie Ihren rechten Fuß neben den linken. Damit befinden Sie sich wieder in der Grundstellung und sind für den nächsten Ball des Gegners bereit.

Die Rückhand

Wie bei der Vorhand sollten Sie sich um die technische Genauigkeit bei der Ausführung des Rückhandschlags nicht allzuviele Gedanken machen. Bewegen Sie sich langsam, und achten Sie auf die Gewichtsverlagerung von einem Fuß auf den anderen.

Begeben Sie sich in die Grundstellung. Ihre Knie sind leicht gebeugt, Ihre Füße stehen parallel. Entspannen Sie sich, indem Sie tief ein- und langsam ausatmen.

Verlagern Sie Ihr Gewicht auf den rechten Fuß und setzen Sie den linken Fuß in einem 45°-Winkel zur Seite. Belasten Sie allmählich den linken Fuß. Dabei dreht sich Ihr Oberkörper nach links. Der Schläger befindet sich durch die Oberkörperdrehung ebenfalls auf der linken Seite und wird von der linken Hand am Schlägerherz unterstützt. Ihr Blick ist nach wie vor zum Netz gerichtet. Verlagern Sie Ihr Gewicht noch mehr auf den linken Fuß. Machen Sie mit dem rechten Fuß einen geraden Schritt in Richtung Netz. Setzen Sie zuerst die Ferse auf dem Boden auf. In dieser Stellung ruht Ihr Gewicht zu 80% auf dem linken Fuß. Ihr Schläger befindet sich jetzt hinten-unten. Verlagern Sie das Gewicht vom hinteren (dem linken) Fuß auf den vorderen (den rechten) Fuß. Führen Sie dabei den Schläger langsam von hinten-unten nach vorne-oben durch den Treffpunkt mit dem Ball hindurch.

Der linke Arm bleibt hinter dem Körper. Dies bewirkt, daß Ihr Brustkorb nach dem Schlag weit ausgedehnt ist. Beim Ausschwingen des Schlägers sollte sich ein Gefühl der Freiheit und Erleichterung einstellen.

Am Ende des Rückhandschlags befindet sich Ihr Schläger weit über der rechten Schulter. Um wieder in die Grundstellung zu gelangen, stellen Sie den linken Fuß neben den rechten und bringen den Schläger zurück zur Mitte.

Der Vorhand-Volley

Beim Vorhand-Volley sind die Bewegungen weniger ausladend, da man für diesen Schlag nicht so viel Zeit hat. Der Ball wird aus der Luft angenommen, was oft nur mit einer Reflexbewegung gelingt. Umso wichtiger ist es, diesen Schlag »zu verinnerlichen«. Die Gesamtbewegung fühlt sich kompakt an.

Beginnen Sie mit der Grundstellung. Gehen Sie dabei aber etwas tiefer in die Knie. Halten Sie die Arme, insbesondere die Ellbogen, vor dem Körper – näher aneinander als bei der Vor- und Rückhand.

Verlagern Sie das Gewicht langsam auf den linken Fuß und machen Sie mit dem rechten Fuß im 45°-Winkel einen kleinen Schritt nach rechts. Drehen Sie den Oberkörper ebenfalls nach rechts.

Verlagern Sie das Gewicht auf den rechten Fuß. Halten Sie den Schläger vor dem Körper und machen Sie mit dem linken Fuß einen geraden Schritt nach vorn, mit der Ferse voraus. Verlagern Sie nun Ihr Gewicht vom hinteren Fuß (dem rechten) auf den vorderen (den linken). Lassen Sie die Hüften dieser Bewegung folgen, bis diese parallel zum Netz stehen.

Dabei sollte der Schläger die Bewegung der Hüften mitmachen und durch den Treffpunkt – aber nicht besonders weit dahinter – hindurchgeführt werden. Beim Treffen sollte sich der Schläger geradlinig auf das Netz zubewegen. Am Ende des Schlages ist nur noch der linke Fuß belastet.

Machen Sie mit dem rechten Fuß einen Schritt nach vorn, so daß Ihre Füße parallel nebeneinander stehen. Bringen Sie dabei die Arme wieder in die Position, die diese in der Grundstellung einnehmen.

In gewissem Sinn wird der Volley mehr mit den Beinen als mit den Armen gespielt. Es gibt dabei keine lange Aushol- und Ausschwungbewegung. Die Kraft kommt aus den Beinen und der Gewichtsverlagerung.

Der Rückhand-Volley

Beginnen Sie mit der Grundstellung und gehen Sie dabei so tief in die Knie wie beim Vorhand-Volley. Halten Sie die Ellbogen vor dem Körper – näher aneinander als bei der Vor- und Rückhand.

Verlagern Sie das Gewicht langsam auf den rechten Fuß. Machen Sie mit dem linken Fuß im 45°-Winkel einen kleinen Schritt nach links. Lassen Sie dabei den Rumpf des Körpers nach links mitgehen.

Verlagern Sie das ganze Gewicht vom rechten auf den linken Fuß. Das Gesicht bleibt dem Netz zugewandt. Machen Sie mit dem rechten Fuß einen geraden Schritt nach vorn, mit der Ferse voraus. Verlagern Sie Ihr Gewicht vom hinteren Fuß (dem linken) auf den vorderen (den rechten).

Drücken Sie den Schläger durch den Treffpunkt hindurch, aber nicht sehr weit. Dabei sollten die Schultern nach wie vor senkrecht zum Netz stehen. Die linke Hand bleibt hinten, wo sie dem Vorwärtsschub Stabilität verleiht. Der Schläger folgt dem davonfliegenden Ball, beschreibt also keinen Bogen um den Körper. Nach dem Schlag ruht das ganze Körpergewicht auf dem rechten Fuß.

Machen Sie mit dem linken Fuß einen Schritt nach vorn, so daß Ihre Füße parallel nebeneinander stehen. Dadurch dreht sich der Oberkörper nach vorn, so daß Sie sich wieder in der Grundstellung befinden.

Der Schmetterball

Beginnen Sie mit der Grundstellung. Gehen Sie dabei so tief in die Knie, als ob Sie vollieren wollten. Halten Sie die Ellbogen vor dem Körper – näher aneinander als bei der Vor- und Rückhand.

Verlagern Sie das Gewicht langsam auf den linken Fuß. Setzen Sie den rechten Fuß zurück, mit 45° nach außen weisenden Zehenspitzen. Dabei sollten sich die Hüften und Schultern nach rechts drehen. Gleichzeitig heben Sie den linken Arm und richten ihn auf den Ball, der sich hoch oben befindet. Bringen Sie den rechten Ellbogen so in Schulterhöhe, daß der Schläger hinter den Kopf gelangt und der Schlägerkopf senkrecht nach oben gerichtet ist. Nun ruhen etwa 80% Ihres Gewichts auf dem hinteren (dem rechten) Fuß.

Ausgehend von dieser Stellung beginnt die Vorwärtsbewegung. Verlagern Sie das Gewicht vom rechten auf den linken Fuß und lassen Sie gleichzeitig den Schläger nach hinten fallen, so als ob Sie sich damit am Rücken kratzen wollten. Während der Gewichtsverlagerung löst sich die rechte Ferse vom Boden. Dadurch können sich die Hüften so drehen, daß sie wieder parallel zum Netz stehen. Durch Anlegen des linken Ellbogens an den Körper verhindern Sie, daß Sie sich zu weit nach links drehen.

Treffen Sie den Ball, etwas rechts vom Körper, über dem Kopf. Beim Aufprall des Balls sollte der Schlägerkopf gerade durch den Ball geführt werden. Die Ausschwungbewegung ist kurz.

Am Ende des Schlages ruht Ihr ganzes Gewicht auf dem linken Fuß. Stellen Sie den rechten Fuß neben den linken, um wieder in die Grundstellung zu gelangen.

Die Atmung

Bei all diesen Bewegungen gilt für die Atmung das gleiche. Jeder der Schläge wird von einem einmaligen Ein- und Ausatmen begleitet.

Atmen Sie in der Grundstellung tief in den Bauch ein. Beginnen Sie am Anfang des Schlages mit dem Ausatmen. Beim Ballkontakt sollten Sie etwa 60 Prozent der Luft ausgeatmet haben und die restlichen 40 Prozent jetzt ausstoßen. Kehren Sie danach in die Grundstellung zurück. Atmen Sie vor der nächsten Bewegungsfolge tief ein.

Wenn Sie Ihre Aufmerksamkeit auf die Atmung richten, werden Ihre Bewegungen allmählich flüssiger. Außerdem trägt dies dazu bei, die Zennis-Sequenz zu einem entspannten, gesunden und meditativen Erlebnis werden zu lassen. Selbst wenn Sie einige der Anleitungen vergessen haben, werden Sie dadurch, daß Sie die Atmung der Bewegung anpassen, in den Genuß der Vorteile der Zennis-Sequenz kommen. Sie werden sich frischer und lebendiger fühlen.

Schwerpunkte setzen

So wie Tai Chi sich aus einer Form der Selbstverteidigung zu einer Meditationstechnik entwickelte, können Sie die Zennis-Sequenz als einen Weg zu Meditation nutzen. Gönnen Sie sich dafür täglich etwas Zeit, und Sie werden feststellen, daß Sie auch im Alltag nicht nur mit sich selbst im Einklang, sondern auch entspannt und aufnahmebereit sind.

Beim Üben der Zennis-Sequenz können Sie Ihre Aufmerksamkeit auf verschiedene Einzelheiten richten. Beispielsweise können Sie sich die Stellung und Bewegung Ihrer Füße bewußter machen: wie sie verankert sind, wie sie das Gefühl des Geerdetseins und der Verwurzelung mit dem Boden hervorrufen. Als nächstes können Sie sich beim Hindurchbewegen durch die Sequenz auf Ihr HARA konzentrieren. Vielleicht möchten Sie dann Ihre Aufmerksamkeit auf den Brustkorb und die Schultern richten. Sie werden feststellen, daß diese auf die Bewegung des Bauches mit einer minimalen Verzögerung reagieren. Sie können auch die Schwungbahn des Schlägers intensiv verfolgen.

Dadurch werden Sie des in Ihren Füßen beginnenden und in Ihrem Schläger endenden Kraftflusses gewahr. Gelegentlich sollten Sie vor einem Spiegel üben, um sich von Ihren Bewegungen ein Bild zu machen. Vergessen Sie nicht, daß sich die Sequenz auch ohne Tennisschläger ausführen läßt. Stellen Sie sich dazu vor, Sie schlügen den Ball mit der flachen Hand.

Tägliche Übung

Wenn Sie sich erst einmal mit den einzelnen Bewegungsfolgen vertraut gemacht haben, wird es Ihnen gelingen, diese nahtlos miteinander zu verbinden und somit die Zennis-Sequenz in einem Stück auszuführen. Von der Einnahme der Grundstellung bis zum Ende der Sequenz werden etwa zwischen 70 und 100 Sekunden vergehen. Danach sollten Sie in der Grundstellung ruhig dastehen, ein weiteres Mal tief einatmen und dann langsam und entspannt ausatmen.

Machen Sie zwischen jeder Sequenz eine kurze Pause von etwa 20 bis 30 Sekunden, bevor Sie die Zennis-Sequenz wieder mit der Grundstellung beginnen. Lockern Sie sich dabei auf, indem Sie z. B. die Beine und Füße »ausschütteln«.

Es empfiehlt sich, die Sequenz fünfmal pro Tag auszuführen, was ungefähr zehn Minuten in Anspruch nimmt. Das ist eine gute Vorbereitung auf ein Match, hilft Ihnen aber auch an Tagen, an denen Sie nicht zum Spielen kommen, »am Ball zu bleiben«.

Die Zennis-Sequenz im Match

Die Zennis-Sequenz wird in Zeitlupe ausgeführt. Auf dem Platz geht es aber rasant zu. Wie setze ich diese langsamen Bewegungen in das Tempo eines Matches um?

Dafür habe ich einen einfachen Rat: Versuchen Sie es gar nicht erst. Verlassen Sie sich lieber darauf, daß Ihr Körper die täglich eingeübten Bewegungen auf dem Platz ganz von selbst ausführen wird. Ihr Spiel wird automatisch flüssiger und kraftvoller werden. Außerdem wird Ihr Körper so sensibilisiert, daß er Ihnen bei einem Fehler sofort mitteilt, was danebengegangen ist. Sie beginnen zu fühlen, wann Sie Ihr Gewicht zu früh verlagern oder wann Sie sich zu weit zur Seite beugen. Sie werden Dinge lernen, die Ihnen sonst nur ein guter Trainer beibringen könnte.

Allmählich werden Sie spüren, wie die CHI-Energie aus Ihren Händen strömt und Sie immer mehr Kraft entwikkeln. Um dies zu erleben, brauchen Sie nicht mehr die Energie in die Hände zu lenken – das geschieht dann ganz von selbst.

Der Lotteriegewinn

Ein Professor der Religion besuchte einmal einen Erleuchteten und hörte sich einige Tage lang dessen Reden an. Er entdeckte in diesen viele Widersprüche und Ungenauigkeiten und zählte sie dem Erleuchteten, als er sich mit ihm traf, alle einzeln auf.

Der Erleuchtete wartete höflich, bis der Professor fertig war, und bemerkte dann: »Ihre Einstellung erinnert mich an eine Geschichte, die ich Ihnen erzählen möchte.« Und hier ist die Geschichte.

Ein armer Schuster gewann eine Menge Geld in der Lotterie. Am nächsten Tag fragte ihn ein neidischer Kunde, wie er das geschafft habe.

»Das war ganz einfach«, antwortete der Schuster. »Die Neun ist meine Lieblingszahl. Deshalb nahm ich Vielfache von neun: achtzehn, siebenundzwanzig, sechsunddreißig, vierundvierzig...«

»Moment, du hast einen Fehler gemacht«, warf der Kunde ein. »Vierundvierzig ist kein Vielfaches von neun.«

Der Schuster dachte einen Moment nach und antwortete dann: »Was soll's. Du magst dich in Mathematik auskennen. Aber ich hab den Lotteriegewinn.«

Sieben ungewöhnliche Zennisübungen

Ich möchte hier einige praktische und wirkungsvolle Übungen für Spieler auf dem Zen-Pfad vorstellen. Diese Übungen werden Ihnen helfen, besser Tennis zu spielen und in den inneren Zustand zu gelangen, der im Zen *no-mind* bzw. Nicht-Verstand genannt wird. Dabei handelt es sich um einen Zustand der Ruhe und des bloßen Daseins, in dem sich die normalerweise auf einen einstürzenden Gedanken vorübergehend verflüchtigt haben.

Diesen Zustand erreichen Tennisspieler, wenn sie in der *zone* spielen, die ich im ersten Kapitel beschrieben habe. Er stellt sich – wenn überhaupt – in besonders intensiven Phasen des Spiels ein und erweckt dann ein Gefühl des Einklangs mit sich selbst und der Welt um einen herum.

Viele Spieler sagen, in der *zone* wissen sie schon im voraus, wo die Bälle aufkommen. Sie berichten auch, daß dann die Tennisbälle größer erscheinen und viel langsamer fliegen.

Bei der Ausführung der folgenden Übungen werden Sie nicht unbedingt solchen Phänomenen begegnen; das Tennisspiel wird Ihnen aber gewiß in einem neuen Licht erscheinen. Lassen Sie einmal Ihre gewohnten Vorstellungen, wie Tennis gespielt werden sollte, beiseite. Wenn Sie an diese sieben Übungen ganz unvoreingenommen herangehen, werden sich Ihnen viele neue ungeahnte Erkenntnisse erschließen.

Die »Stopp«-Übung

Teilnehmer: zwei Spieler, ein Helfer

Zweck: Entwicklung der Fähigkeit, die Fixierung auf Siegen und Verlieren zu überwinden

Sprechen Sie sich mit Ihrem Spielpartner darüber ab, daß Sie diese Übung in ein Match integrieren möchten. Führen Sie vor dem Match die gewohnten Aufwärmübungen aus. Der Helfer – nennen wir ihn Max – begibt sich an die Stelle, an der normalerweise der Schiedsrichter sitzt. Max hat die Aufgabe, »Stopp!« zu rufen, und zwar zu jedem willkürlich gewählten Zeitpunkt. Wenn die Spieler sein »Stopp!« hören, müssen sie ihr Spiel sofort einstellen und wie zur Salzsäule erstarrt mit geschlossenen Augen stehenbleiben.

Nach etwa 30 Sekunden fordert Max zum Weiterspielen auf. Sie fahren mit dem Match fort und spielen wieder den Punkt aus, bei dem Sie von Max unterbrochen wurden. Der Befehl »Stopp!« sollte pro halbe Stunde drei- bis fünfmal gegeben werden.

Diese Übung ist sehr einfach, aber auch äußerst wirkungsvoll. Dabei kann z. B. folgendes geschehen: Stellen Sie sich vor, Sie befinden sich mitten in einem intensiven Ballwechsel. Sie versuchen gerade, einen cross auf Ihre Vorhand gespielten Ball zu erreichen und überlegen sich dabei bereits einen erfolgreichen Gegenschlag, etwa einen hohen Ball auf die Rückhand Ihres Partners. Sie sind voll auf Ihr Spiel konzentriert, laufen auf den Ball zu – und plötzlich ruft Max »Stopp!«.

Sie werden ein, zwei Schritte zum Abbremsen brauchen. Sie führen aber nicht Ihren Schlag zu Ende. Sie bleiben so schnell wie möglich stehen und verharren in der Stellung, die Sie dann gerade einnehmen. Sie schließen die Augen und werden sich dabei Ihrer körperlichen Empfindungen und der in Ihrem Kopf herumwandernden Gedanken gewahr. Es kann sein, daß sich in diesem Moment ein Gefühl der Ruhe oder eine verstärkte Wahrnehmung des in Ihren Venen zirkulierenden Blutes, des Schweißes auf Ihrer Haut, der Anspannung in den Beinen etc. einstellt.

Sie werden vielleicht Ihren Verstand als etwas von Ihnen Getrenntes erleben. Im Zen gibt es dafür das Bild des Affen, der einem im Kopf sitzt und sinnloses Zeug vor sich hin plappert. Ihr auf Wettkampf eingestellter Verstand wird sich Ihnen womöglich mit der Bemerkung aufdrängen »Verdammt. Warum mußte Max ausgerechnet jetzt, wo ich einen todsicheren Gewinnschlag anbringen konnte, dazwischenfunken!« oder auch »Gutes Timing, Max – den Punkt hätt ich eh' verloren!«.

Manchmal sind Spieler so auf das Match versessen, daß sie nach dem Befehl »Stopp!« nicht aufhören und auch noch ihren Schlag ausführen wollen. Bei einem Doppel rief ich einmal laut »Stopp!«. Drei der Spieler hielten sofort in ihrer Bewegung inne; aber der vierte lief noch über den halben Platz, um den Ball zu erreichen und über das Netz zurückzuspielen. Er blieb erst stehen, als ihm dies gelungen war. Später beteuerte er, daß er den Ruf nicht gehört habe und war darüber tief bestürzt.

Solchen Spielern kann mit dem Hinweis geholfen werden, ihre Aufmerksamkeit beim Dastehen mit geschlossenen Augen darauf zu richten, aus welchem Grund sie die Übung ablehnen. Dabei mag Eigensinn – »In mein Spiel laß ich mir nicht reinreden!« – oder Wettbewerbsdruck eine Rolle spielen.

Max kann auch dann »Stopp!« rufen, wenn auf dem Platz nichts Entscheidendes passiert, wie z. B. beim Seitenwechsel, oder wenn die Spieler die Bälle einsammeln. Eine Teilnehmerin an dieser Übung, Jennifer, erzählte mir, daß sie diese Pausen immer als unwillkommende Unterbrechung empfand, in denen sie dazu neigte, »den Faden zu verlieren« und in ein mechanisches Spiel hineinzugleiten. Als ich sie fragte, wie sich diese Angewohnheit auf ihr Alltagsleben auswirke, gab sie zu, daß diese ihrer Grundhaltung entspreche. Sie empfand die meisten Beschäftigungen, die sie den ganzen Tag in Anspruch nahmen, als völligen Stumpfsinn. Sie hatte nur selten das Gefühl, lebendig und hellwach zu sein. Durch diese Übung lernte Jennifer, auch die Zeit, in der sie sich mit dem Alltag rumschlagen mußte, mit mehr Vitalität und Bewußtheit zu erleben.

Im allgemeinen erkennen die Spieler bereits nach mehrmaliger Teilnahme an der »Stopp!«-Übung, daß in ihrem Inneren eine Veränderung vorgeht. Sie spielen spontaner und bewußter, klammern sich nicht mehr so sehr an das, was ihnen in anderen Tennisstunden beigebracht wurde. Außerdem hat sich gezeigt, daß sich – vor allem bei Doppeln – eine ungezwungenere und freundlichere Stimmung einstellt.

Ich halte diese Übung für eines der wirksamsten Mittel, anderen Menschen dabei zu helfen, Einblicke in ihre eigene Natur zu gewinnen. Der »Stopp!«-Ruf stellt einen so plötzlichen Eingriff in das Geschehen dar, daß man ihn mit dem Stock des Zen-Meisters vergleichen kann, der unerwartet auf den Schüler niederfährt – und nicht wenigen Suchenden zur Erleuchtung verholfen hat.

Zur weiteren Vertiefung können die Spieler auch ihre Erlebnisse untereinander austauschen.

Das Spiel stören

Teilnehmer: zwei Spieler, ein Helfer und nach Möglichkeit einige Freunde

Zweck: Bewahrung von Ruhe und Konzentration inmitten äußerer Störungen

Materialien: zusätzliche Tennisbälle für den Helfer

Wir alle haben schon Spiele, im Fernsehen oder auf dem Platz, erlebt, bei denen die Spieler von außen gestört wurden – beispielsweise durch Zuschauer, die mitten in einem Ballwechsel aufstehen, oder solche, die sich mit Buhrufen einmischen. Außerdem kann es geschehen, daß Ihnen ein Spieler vom benachbarten Platz in die Quere kommt, weil er einen verirrten Ball einsammeln will.

Bei dieser Übung geht es darum, sich absichtlich während eines Matches stören zu lassen und zu entdecken, wie Störungen dazu genutzt werden können, sich auf das Spiel zu konzentrieren. Der Trick besteht darin, bei sich zu bleiben und ein Beobachter der Störung zu werden. Dies gelingt natürlich nicht über Nacht; aber mit ein bißchen Übung werden Sie ein vermeintliches Problem in eine Gelegenheit zu Ihrer Weiterentwicklung verwandeln.

Beginnen Sie zu spielen, nachdem Sie sich mit Ihrem Partner darüber geeinigt haben, diese Übung in das Match einzubauen. Die Aufgabe des Helfers – nennen wir ihn wieder Max – besteht darin, vor den Spielern Bälle auf den Platz zu rollen oder zu werfen. Dies kann er zu jedem beliebigen Zeitpunkt tun – beim Aufschlag oder während eines Ballwechsels.

Max sollte sich auch verbal einmischen, indem er lobende oder kritische Kommentare zu Ihrem Spiel – beispielsweise Ihrem Rückhand-Slice – von sich gibt, oder vielleicht auch über eine Sie nach dem Spiel erwartende Geschäftsbesprechung spricht. Das Thema ist beliebig, solange es sich dazu eignet, Sie vom Spiel abzulenken. Er kann auch in die Hände klatschen oder durch Zurufe Sie oder Ihren Gegner anspornen.

Ihre Herausforderung besteht darin, in Ihnen einen Ort zu finden, der durch diese äußeren Aktivitäten nicht beeinflußbar ist. Dies ist ein »Dreh«, auf den sie selbst kommen müssen, keine Fertigkeit, die sich unterrichten läßt. Mit folgenden Hinweisen werden Sie aber besser vorankommen.

Vergessen Sie nicht, daß Sie dieses Match spielen, um sich den Zweck der Übung anzueignen, nicht um zu gewinnen oder sich selbst etwas zu beweisen. Spielen Sie so gut Sie können. Versuchen Sie dabei aber, das Ganze mit Humor zu sehen. Denken Sie daran, Ihre Aufmerksamkeit mehr nach innen als auf das Spiel zu richten. Dies können Sie z. B. erreichen, indem Sie auf Ihre Atmung oder Ihre um den Schläger geschlossene Hand achten oder sich auf den Gleichgewichtspunkt im Unterleib konzentrieren.

Diese Techniken helfen Ihnen, Ihre Aufmerksamkeit vom Mentalen abzulenken und auf die kinästhetischen Sinne (also auf die Bewegungsempfindung) zu richten. Dadurch werden Sie allmählich die Fähigkeit entwickeln, sich vom dem, was um Sie herum geschieht, nicht aus der Ruhe bringen zu lassen.

Max muß darauf achten, die Bälle so weit vor den Spielern über den Platz zu rollen, daß sie gut gesehen werden. Sonst könnte jemand versehentlich auf einen Ball treten und hinfallen. Am besten wartet er, bis sich ein Spieler an der Grundlinie befindet. Nie darf ein Ball hinter einem Spieler vorbeirollen oder auf der zum Spielen benötigten Fläche liegenbleiben.

Diese Übung läßt sich fast beliebig abwandeln. Versuchen Sie z. B. mehrere Freunde zusammenzutrommeln. Erklären

Sie ihnen, daß sie einem Spieler zuerst positive und dann negative Gefühle übermitteln sollen und sich dabei mit Buh- und Bravorufen sowie lautstarkem Ansporn und offener Kritik nicht zurückhalten brauchen.

Eine der größten Herausforderungen für einen Spieler besteht darin, Frauen aus dem Freundeskreis dazu einzuladen, ihn von der Seitenlinie aus zu bemuttern. Das kann zu einem lustigen Test werden, vor allem dann, wenn auch Männer zuschauen. Natürlich können auch Spielerinnen auf diese Weise bemuttert werden.

Ich erinnere mich noch gut an folgende Sprüche:

»Hast du dich mit deiner Sonnenschutzcreme eingeschmiert? Du weißt doch, daß deine Haut für direktes Sonnenlicht viel zu empfindlich ist.«

»Du hast ja gar keine Mütze auf! Ich hab dir doch gesagt, du sollst immer deine Mütze aufsetzen.«

»Lauf nicht so viel rum, Liebling! Das ist viel zu anstrengend für dich.«

Wenn Sie die ultimative Herausforderung erleben wollen, dann laden Sie dazu Ihre Mutter ein. Falls es Ihnen in dieser Situation gelingen sollte, ruhig und konzentriert zu bleiben, dürfen Sie sich mit Recht als Meister des Zen-Tennis bezeichnen.

Als zusätzliche Übung für Spielerinnen können männliche Bekannte dazu eingeladen werden, zuzuschauen und Bemerkungen von sich zu geben wie: »Schaut sie nicht süß aus, wenn sie so außer Atem ist?«.

Seien Sie kreativ, humorvoll und voller Sympathie. Der Zweck der Übung wird auch dann erreicht, wenn keine abfälligen oder verletzenden Worte fallen.

Den Ball ins Aus schlagen

Teilnehmer: zwei Spieler

Zweck: die Angst vor dem Fehlermachen zu überwinden und Vertrauen in den eigenen Schwung zu gewinnen

Bei dieser Übung sind Sie dazu aufgefordert, den Ball absichtlich hinter die Grundlinie zu schlagen. Bei vielen Spielern ist das Anvisieren der Grundlinie mit Angstgefühlen verbunden, da ein hinter der Grundlinie aufkommender Ball zum Punktverlust führt. Andererseits besteht eine wichtige Voraussetzung für ein gutes Spiel in der Fähigkeit, den Ball möglichst nah an die Grundlinie heranzuspielen, um den Gegner unter Druck zu setzen und das Spiel im Griff zu behalten.

Das Ins-Aus-Schlagen des Balls wird Ihnen helfen, den Schwung völlig ungehemmt auszuführen. Sie werden ein Gefühl der Freiheit erleben, das Ihnen die Kraft gibt, letztendlich auch die Angst vor dem Fehlermachen zu überwinden.

Nennen wir Ihren Spielpartner Tom. Tom spielt Ihnen vom anderen Ende des Platzes aus Bälle zu. Versuchen Sie, jeden Ball hinter die Grundlinie zu schlagen. Der eine oder andere Ball wird natürlich auf dem Spielfeld landen. Dann sollte Tom Sie ermuntern, sich wieder darauf zu konzentrieren, ins Aus zu schlagen.

Nachdem er Sie fünf Minuten lang lautstark angefeuert hat, die Bälle ins Aus zu schlagen, spielt er Ihnen weitere fünf Minuten Bälle zu, diesmal aber schweigend. Ob Ihre Bälle kürzer werden oder nach wie vor ins Aus fliegen, ist dabei gleichgültig. Lassen Sie einfach einen natürlichen Rhythmus entstehen. Nach ungefähr zehn Minuten tauschen Sie die Rollen.

Mit dieser Übung habe ich die Erfahrung gemacht, daß viele Schüler schon bald den Ball mit guter Länge ins Feld bringen – etwa 30 Zentimeter vor die Grundlinie. Durch Überwindung der Angst vor dem Ins-Aus-Schlagen können sie sich so entspannen, daß sich beim Durchschwingen des Schlägers ein natürlicher Rhythmus einstellt.

Diese Wirkung läßt sich auch beim Üben des Aufschlags erzielen. Sie können absichtlich hinter die Aufschlaglinie schlagen, bis Sie Ihren Rhythmus gefunden haben.

Als »Nebenwirkung« dieser Übung werden Sie nicht mehr so oft ins Netz schlagen, was Ihnen bei all Ihren Matches einen Vorteil bringen wird, da im Tennis 70 Prozent aller Fehler darauf zurückzuführen sind, daß der Ball im Netz – und nicht etwa im Aus – landet. Sie sind also bereits ein erfolgreicher Spieler, wenn Sie die Kunst beherrschen, den Großteil Ihrer Bälle übers Netz zu spielen.

Übrigens bekommt es einem meiner Ansicht nach auch besser, den Ball lang zu schlagen, anstatt ihn ins Netz zu spielen. Beim Ins-Aus-Schlagen kann man einen freien und natürlichen Schwung entwickeln. Wenn Sie ins Netz schlagen, ist das meist ein Zeichen dafür, daß Sie Ihren Schläger mit zu viel Anspannung und Überlegung schwingen.

Außerdem trägt diese Übung dazu bei, einen schwungvollen Stil zu entwickeln. Wenn Sie zu sehr darauf bedacht sind, bloß nie ins Aus zu schlagen, werden Sie den Ball nur wegschieben. Dieses freudlose Geschiebe des Balls sieht man häufig beim Freizeittennis oder im Club.

Die meiste Freude an einem guten Tennisschlag hat der Spieler, wenn er merkt, daß er einem mit einem befreiten, herzhaften Durchschwingen gelungen ist. Als Trainer habe ich die Erfahrung gemacht, daß die meisten Schüler – insbesondere in den Anfangsphasen – so darauf fixiert sind, den Ball ins Feld zu setzen, daß sie sich nicht die Zeit nehmen, einen natürlichen und kraftvollen Schwung zu entwickeln.

Ein Spieler, der seinen Schläger richtig schwingt, wird einen

Gegner, der den Ball nur wegdrückt, normalerweise besiegen, da der Schwung mehr Kraft erzeugt. Jeder auf der Profitour weiß, wie man Schwung in den Schlag legt; Monica Seles und Andre Agassi stellen aber in der Hinsicht eine Klasse für sich dar. Sie ziehen mit vollem Schwung durch, und wenn sie richtig in Fahrt sind, brettern sie ihre knallharten Bälle auch noch genau auf die Grundlinie.

Links- und Rechtshändig spielen

Teilnehmer: zwei Spieler

Zweck: Durchbrechen von Lernblockaden

In den letzten Jahrzehnten haben wissenschaftliche Untersuchungen gezeigt, daß die linke Gehirnhälfte für die rechte Seite des Körpers und die rechte Gehirnhälfte für die linke Seite des Körpers zuständig ist. Die linke Gehirnhälfte wird mit der Fähigkeit zu rationalem, logischen und methodischen Denken in Verbindung gebracht. Die rechte Gehirnhälfte wird als Sitz der Intuition und Spontaneität angesehen.

Einige der herausragenden linkshändigen Spieler wie Martina Navratilova, John McEnroe und Rod Laver entwickelten Stile, die sich von denen rechtshändiger Spieler deutlich unterschieden. Ihre in keinem Lehrbuch beschriebenen Schläge und Manöver wiesen genialische Züge auf. Ich glaube, daß das auf den Einfluß der rechten Gehirnhälfte zurückzuführen ist.

Dadurch kam ich als Trainer auf den Gedanken, rechtshändige Spieler mit der linken Hand üben zu lassen. Dabei zeigte sich, daß dies beachtlich zur Verbesserung des Spiels beiträgt.

Hat z. B. ein rechtshändiger Schüler Schwierigkeiten mit seinem Rückhand-Topspin, dann schlage ich vor, diesen Schlag mit der linken Hand zu versuchen. Zuerst wird der Schüler natürlich viele Bälle verschlagen. Mit der Zeit stellt sich aber ein Gespür für diese Übung ein. Wenn die Schläge besser geworden sind, fordere ich den Schüler dazu auf, wieder mit der rechten Hand den Rückhand-Topspin zu schlagen.

Dabei beobachte ich oft erstaunliche Fortschritte. Beim Üben mit der »verkehrten« Hand wird irgendwie das Unterbewußtsein angeklickt; und die normalerweise betonte Seite lernt aus dieser Erfahrung. Wie das vor sich geht, kann ich nicht erklären. Ich weiß nur, daß es funktioniert.

Bei einem Kontrollversuch mit Chinas führenden Tischtennisspielern wurde das gleiche Phänomen beobachtet. Eine Gruppe übte wie gewohnt mit der Spielhand. Die andere Gruppe absolvierte eine Hälfte ihres täglichen Trainings mit der anderen Hand.

Man hätte meinen können, die zweite Gruppe verschwende die Hälfte ihrer Trainingszeit. Nach zwei Wochen stellte sich bei einem Leistungstest jedoch heraus, daß die Spieler in der Gruppe, die mit beiden Händen übte, deutlich besser abschnitten.

Nun zur Übung selbst. Rechtshänder spielen zuerst zehn Minuten mit der linken und dann zehn Minuten mit der rechten Hand. Das Ganze wird drei Mal wiederholt. Für Linkshänder gilt das Gleiche, nur in umgekehrter Reihenfolge.

Ihr Partner Tom spielt Ihnen die Bälle zu. Versuchen Sie jeweils eine Folge von Vorhand-, dann Rückhand- und dann Volleyschlägen.

Dabei darf es ruhig lustig zugehen. Spielen Sie so, wie es Ihnen Spaß macht. Kümmern Sie sich nicht um die Fehler, schließlich sind Sie, wenn Sie mit der »verkehrten« Hand spielen, wieder ein blutiger Anfänger. Nutzen Sie diesen Anfängerstatus, um ganz unbefangen an die Übung heranzugehen.

In der zweiten Hälfte der Übung tauschen Sie mit Tom die Rollen.

Rot, Grün

Teilnehmer: zwei Spieler

Zweck: Erlangung eines Zeitgewinns auf dem Platz durch Beschleunigung des Entscheidungsprozesses

Diese Übung befaßt sich mit der Herausforderung, im Bruchteil einer Sekunde eine Entscheidung treffen zu müssen. Ihr Partner Tom spielt Ihnen von der anderen Seite des Netzes aus Bälle zu. Ihre Aufgabe besteht darin, die heranfliegenden Bälle als »grün« oder »rot« zu bewerten.

Wie bei einer Verkehrsampel bedeutet »grün« freie Fahrt. Mit »grün« bezeichnen Sie die Bälle, die Sie als einfach ansehen. Damit bringen Sie zum Ausdruck, daß Sie sich der Situation gewachsen fühlen und in der Lage sind, einen Schlag anzubringen, der Ihren Partner in Bedrängnis bringen wird.

»Rot« steht für Gefahr. Wenn Sie »rot« sagen, bedeutet das, daß Sie ihn als schwierig einstufen und sich unter Druck gesetzt fühlen.

Sobald Sie erkannt haben, in welcher der beiden Situationen Sie sich befinden, rufen Sie entweder »grün« oder »rot« und führen Ihren Schlag aus. Tauschen Sie alle zehn Minuten mit Tom die Rollen.

Anfangs werden Sie wahrscheinlich ziemlich spät – unmittelbar vor oder sogar erst während der Ballberührung – »grün« oder »rot« rufen. Es kann auch sein, daß Sie erst sehen wollen, wo und wie der Ball auf dem Boden aufkommt, bevor Sie sich entscheiden. Mit einiger Übung werden Sie aber lernen, die

Entscheidung bereits dann zu treffen, wenn der Ball übers Netz fliegt.

Ein Spieler, der eine Situation früh erfaßt, hat natürlich mehr Zeit zu reagieren als einer, der seine Entscheidung erst im letzten Moment trifft. Ein weiterer Vorteil dieser Übung besteht darin, daß sie Ihre Einschätzung der Spielsituation artikulieren. Wenn Sie die Übung in Gegenwart Ihres Trainers ausführen, ist dieser in der Lage, Ihre Einstellung zum Spiel zu erkennen.

Beispielsweise riefen einige meiner Schüler bei jedem hohen Ball sofort »rot«. Das nahm ich als Gelegenheit wahr, darauf hinzuweisen, daß ein kurzer hoher Ball etwas ganz anderes ist als ein nah an die Grundlinie gespielter hoher Ball. Ich zeigte ihnen, daß der kurze hohe Ball durchaus »grün« sein und z. B. mit einem Volley in einen Punkt verwandelt werden kann.

Der Trainer erfährt dabei nicht nur, wie der Schüler die Bälle einschätzt, sondern auch, wie er auf »grüne« oder »rote« Situationen psychologisch reagiert. Ich hatte einmal einen Schüler, der jeden »grünen« Ball über das Netz zurückspielte, ohne dabei irgendwelchen Druck zu machen. Er war froh über jede Situation, die es ihm gestattete, einen Punktverlust zu verhindern, kam aber nicht auf die Idee, damit kreativ umzugehen. In diesem Schüler ging eine große Veränderung vor, als er »grüne« Situationen als Gelegenheit für die verschiedensten offensiven Schläge erkannte. Ab da warf er sich den »grünen« Bällen mit wahrer Begeisterung entgegen.

Jeder Spieler zeigt andere Verhaltensweisen. Einer meiner Kollegen attackiert jeden »roten« Ball mit der Einstellung »Wie du mir, so ich dir. Schau zu, wie du mit *meinem* ›roten‹ Ball zurechtkommst!«.

Mit der Zeit gibt es für einen Spieler immer weniger »rote«

und immer mehr »grüne« Situationen. Dadurch wird er immer besser, da ein furchtloser und offensiver Spieler mehr Chancen sieht als ein ängstlicher und defensiver. Er vermittelt dem Gegner den Eindruck, daß dieser nur mit einem extrem gut plazierten Ball die »rote« Situation herbeiführen kann.

Am Ball vorbeischlagen

Teilnehmer: zwei Spieler

Zweck: Entwicklung flüssiger und eleganter Schläge

Ihr Partner Tom spielt Ihnen von der Grundlinie aus Bälle zu. Sie reagieren wie gewohnt, schlagen aber absichtlich an jedem Ball um etwa 10 bis 20 Zentimeter vorbei. Beim elften Mal lassen Sie den Ball – fast wie aus Versehen – auf der Besaitung auftreffen. Schlagen Sie die nächsten neun Bälle. Wechseln Sie so zehn Minuten lang zwischen Treffen und Vorbeischlagen ab und tauschen Sie dann mit Tom die Rollen.

Sie werden wahrscheinlich bald spüren, daß sie anders als bisher schlagen. Die meisten Leute, die Tennis spielen, haben so viel Angst davor vorbeizuschlagen und sich damit lächerlich zu machen, daß sich in ihnen eine Spannung aufbaut, die während des ganzen Spiels anhält. Die Freiheit, den Ball verfehlen zu dürfen, baut Spannungen ab und fördert somit ein unbeschwertes Herangehen an das Spiel. Die Aufmerksamkeit wird von der Aufgabe, den Ball über das Netz zurückzuspielen, auf den Körper und die Bewegungsabläufe gerichtet, was wiederum flüssigere und elegantere Schläge zur Folge hat.

Diese Übung empfehle ich vor allem Anfängern und Spielern, die Schwierigkeiten mit einem bestimmten Schlag haben. Ich erinnere mich an einen Schüler, der den Rückhand-

Topspin lernen wollte. Er konnte die Rückhand nur mit Slice spielen und hatte schon fast alles ausprobiert, um die Topspin-Bewegung zu lernen.

Ich spielte ihm einige Bälle zu und bat ihn, mir seine Vorstellung eines Rückhand-Topspin zu demonstrieren. Heraus kamen unter anderem drei schöne Rückhand-Slices. Daraufhin ließ ich ihn die Topspin-Bewegung ohne Ball ausführen, wobei sich zeigte, daß er sie perfekt beherrschte. Aber sobald er einen Ball sah, schlug er einen Slice. Die Konzentration auf einen guten Rückschlag erzeugte in seinem Körper so viel Spannung, daß er immer nur die alte und sichere Bewegung ausführte.

Daher forderte ihn dazu auf, an den nächsten zehn Bällen vorbeizuschlagen und die daraus erwachsende Freiheit als Gelegenheit zu Entspannung und Freude an der Bewegung zu nutzen. Ich spielte sowohl auf seine Vorhand als auch seine Rückhand. Er ging voll in der Übung auf und hatte so viel Vergnügen am Schwingen seines Schlägers, daß er, als er zufällig den Ball traf, einen perfekten Rückhand-Topspin schlug.

Ich sagte zum Spaß: »Laß Dir deswegen keine grauen Haare wachsen, das zählt nicht. Mach einfach weiter!«

Nach einigen Bällen gelang ihm aus Versehen wieder ein wunderbarer Rückhand-Topspin und innerhalb einer halben Stunde hatten sich die Spannung in seinen Armen und Schultern sowie seine Ängstlichkeit in nichts aufgelöst. Er hatte sich so vollkommen von seiner Spannung befreit und an die neue schwungvolle Bewegung gewöhnt, daß er von da an bewußt Rückhand-Topspins schlagen konnte.

Die ungezwungene spielerische Haltung, die ein wesentlicher Aspekt dieser Übung ist, schafft Raum für ein Gefühl der Lockerheit und Freiheit, mit dem sich alles viel leichter lernen läßt. Das entspricht einem Zen-Paradoxon: Wer vom

Endergebnis ablassen kann, der wird am Ende mit dem gewünschten Ergebnis belohnt.

Affentennis

Teilnehmer: vier Spieler in zwei Teams – das eine Team mit, das andere ohne Schläger

Zweck: Steigerung der Körperkoordination und des Teamgeists

Ich lade Tennisfreunde gern zu einem Doppel ein, bei dem ein Team mit Schlägern spielt und das andere mit bloßen Händen. Das Paar ohne Schläger fängt den Ball und wirft ihn zurück. Die anderen spielen ganz normal mit ihren Schlägern.

Die Spieler ohne Schläger dürfen den Ball nicht länger als ein, zwei Sekunden halten – diese Zeit reicht aus für einen überlegten Wurf. Dabei dürfen sie einen Schritt nach vorn machen. Beim Servieren stehen sie den Tennisregeln entsprechend an der Grundlinie.

Dies ist eine unterhaltsame Art der Aneignung des Umgangs mit dem Ball: des Timings, der Reflexe, der Koordination und des Im-Gleichgewicht-Bleibens. Ich nenne diese Übung Affentennis, da das Fangen und sofortige Zurückwerfen des Balls mich an Affen erinnert. Außerdem erfordert die Bereitschaft, einen schnellen Aufschlag aufzufangen, eine sehr lockere, entspannte Körperhaltung, wie sie bei den meist mit schaukelnden Armen und nach vorn geneigtem Oberkörper dastehenden Menschenaffen zu beobachten ist.

Auf den ersten Blick scheint das Team ohne Schläger keine Chance zu haben. Probieren Sie es aber erst einmal aus. Das Spielen mit bloßen Händen eröffnet neue Spielvarianten, die das Spiel zu Ihren Gunsten entscheiden können. Wenn Sie

z. B. den Ball in der Nähe des Netzes erwischen, können Sie ihn einfach auf die andere Seite plumpsen lassen, so daß ihn niemand erreichen kann.

Sie können freilich auch dem schlägerlosen Team mehr Chancen zugestehen, indem Sie die Regeln leicht abändern. Beispielsweise können Sie die Zeit, in der der Ball gehalten werden darf, verlängern und angetäuschte Würfe zulassen. Die Spieler mit den Schlägern müssen dann schon sehr geschickt und wachsam sein, um sich nicht austricksen zu lassen.

Ich selbst finde es außerordentlich aufregend, einen mit 150 Stundenkilometern auf mich zufliegenden Ball mit einer Hand zu fangen. Dabei empfinde ich in mir die blitzschnellen Reflexe eines wilden Tieres und die Freude und Aufregung, die man nur dann erlebt, wenn man etwas völlig Außergewöhnliches und Unvorhersehbares tut.

Diese Übung hat etwas an sich, das den Geist befreit, und bietet jedem, der viel Tennis spielt, eine angenehme Abwechslung. Sie macht Spaß, bringt die Spieler einander näher und nimmt den ganzen Körper auf eine ganz andere Weise als bei einem Tennismatch in Anspruch.

Kinder sind davon hellauf begeistert. Wenn sie einmal damit angefangen haben, kann man sie kaum mehr davon losreißen. Sie gehen völlig in diesem Spiel auf. »Wer wird gewinnen? Die Affen oder die Menschen?«

Die Abwechslung, die die Affentennis-Übung bietet, hat außerdem einen positiven Einfluß auf die Entwicklung junger, vielversprechender Tennisspieler. Neueste Untersuchungen haben gezeigt, daß es Kindern im Alter zwischen sechs und dreizehn Jahren besser bekommt, wenn sie nicht nur in dem Sport, in dem sie Talent zeigen, sondern auch in anderen Sportarten gefördert werden.

Wenn z. B. ein junger Tennisspieler dazu ermutigt wird, Hockey, Handball, Fußball, Basketball oder einen anderen Ballsport auszuüben, wird er bessere Reflexe erwerben, als wenn er nur Tennis spielt. In diesem Alter erwirbt man sich durch Ballspiele und andere Sportarten die Feineinstellung des eigenen Körpers, die später nicht mehr erlernbar ist.

Einen frischen Wind ins Spiel bringen

Beim Tennis wird man oft des ewigen Trainierens und Spielens überdrüssig und verläßt sich dann auf eingefahrene Spielmuster. Die in diesem Kapitel vorgeschlagenen Übungen bringen frischen Wind in Ihr Spiel. Sie helfen Ihnen, die Fixierung auf Sieg und Gewinn zu überwinden und neue Erkenntnisse zu gewinnen, die Ihrer Spontaneität und Kreativität zugute kommen, so daß Ihnen das Spiel wieder mehr Spaß macht.

Innerlich werden Sie wachsamer. Nach außen hin gewinnt Ihr Spiel an Dynamik und Lebendigkeit. Zusätzlich erhöhen sich Ihre Chancen, in die *zone* zu gleiten.

Ich stimme dir zu

Ein Samurai saß in einer Fähre, die über einen Fluß setzte, neben einem Mönch. Der Mönch hatte die Augen geschlossen, aber der Samurai bemerkte, daß er nicht schlief.

Neugierig geworden, stieß er den Mönch an und fragte ihn: »Was machst du da?«

Der Mönch öffnete die Augen und erwiderte: »Ich übe Selbst-Bewußtheit.«

»Wie machst du das?« wollte der Mitreisende wissen.

»Das ist eine Disziplin, die von einem verlangt, völlig bewußt zu bleiben – ganz gleich, was um einen herum geschieht«, gab der Mönch zurück.

»Pah! Ist das alles?« höhnte der Samurai. »Das kann doch jeder.«

»Das stimmt nicht. In Wirklichkeit ist das ziemlich schwierig«, sagte der Mönch.

»Unsinn! Gib mir eine Gelegenheit, und ich werd' es dir beweisen!« sagte der Samurai herausfordernd.

»Mir soll's recht sein«, antwortete der Mönch. »Sag' einfach ›Ich stimme dir zu‹ nach jeder Aussage, die ich mache.«

Der Samurai erklärte sich damit einverstanden.

Der Mönch sagte: »Ich bin älter als die Berge rechts und links dieses Flusses.«

»Ich stimme dir zu.«

»Ich habe den Aufstieg und Fall vieler Kaiserreiche erlebt.«

»Ich stimme dir zu.«

»Ich habe viele Jahre in der Stadt gelebt, in der du auf die Welt kamst.«

»Ich stimme dir zu.«

»Und dein Vater war ein Bettler.«

»Das ist eine Lüge!« schrie der Samurai erzürnt.

»Wie ich schon sagte, ist es wirklich ziemlich schwierig, Selbst-Bewußtheit zu üben«, erwiderte der Mönch.

Hilfe, ich bin emotional!

Die drei Tennisgrößen Jimmy Connors, John McEnroe und Boris Becker haben einen Wesenszug gemeinsam: Sie können Ärger und Zorn für ihr Spiel nutzbar machen, ein negatives Gefühl in eine positive und kreative Kraft umwandeln. Vor allem Connors und McEnroe stellten die alte Weisheit, daß man auf dem Court nicht zornig werden sollte – wer die Beherrschung verliert, verliert auch das Match – auf den Kopf. Sie hatten ein feuriges Temperament und schufen, wenn das Spiel nicht so lief, wie sie wollten, gern Situationen, die sie als Anlaß für ihre Ausbrüche nehmen konnten.

Selbst auf dem geheiligten Rasen von Wimbledon stritt Connors mit Linienrichtern über deren Urteile und führte mit dem Schiedsrichter lange Diskussionen über alles, was ihm nicht paßte. Das britische Publikum hatte auf dem Court nie zuvor ein solches Benehmen erlebt. Einmal brachte Peter West, ein Kommentator der BBC, Connors vor laufender Kamera überraschend mit einem Wimbledon-Funktionär zusammen, damit er Gelegenheit habe, sich für einen seiner heftigeren Ausbrüche zu entschuldigen.

Die britische Auffassung von dem, was sich im Sport schickt und was nicht, ließ den Amerikaner Connors jedoch völlig kalt. »Würde ich mich jetzt entschuldigen, dann müßte ich mit einem faulen Kompromiß leben«, warf er kurz angebunden hin und verließ das Studio.

McEnroe stand Connors in dieser Beziehung in nichts nach. Das Interessante an seinem Verhalten war aber, daß er seinen Zorn nie gegen sich selbst richtete, was auf der Profitour ziemlich ungewöhnlich ist. Sehen Sie sich ein x-beliebiges Turnier an. Sie werden unweigerlich Spieler erleben, die auf sich selbst wütend sind und jeden schlechten Schlag oder taktischen Fehler mit entsprechenden Gesten kommentieren. McEnroe richtete dagegen seine Wut nach außen, meist auf die Schiedsrichter.

Connors und McEnroe erkannten intuitiv den Wert der Emotion, die wir Wut oder Zorn nennen. Viele machen den Fehler, sich ihrer zu schämen oder sie in sich hineinzufressen. Dabei stellt diese Emotion einen Energievorrat dar, den wir anzapfen können, um unser Spiel dynamischer und aussichtsreicher zu gestalten.

Diese Methode hat natürlich Nebenwirkungen. McEnroes Gegner verloren oft ihren Rhythmus, weil sie das Ende seines Wutanfalls untätig abwarten mußten und es ihnen peinlich war, vor Tausenden von Zuschauern einer solchen emotionsgeladenen Szene beizuwohnen. Bei der Wiederaufnahme des Spiels hatte sich McEnroes Frustration verflüchtigt, die des Gegners aber meist zugenommen, was nicht selten zu McEnroes Sieg beitrug.

Kein Wunder, daß McEnroe nicht besonders beliebt war – manche Spieler haßten ihn sogar. Das gleiche gilt für Connors und den Rumänen Ilie Nastase, den bösen Buben der 70er Jahre, der einmal den Fehler beging, diese Taktik gegen Roger Taylor, einen aus der Arbeiterklasse kommenden schottischen Spieler, einzusetzen. Taylor kam auf dem Platz aus dem Rhythmus, nahm dann aber die Chance im Umkleideraum wahr, Nastase einen Schlag auf die Nase zu verpassen, der ihn in die Duschkabine katapultierte.

Beckers hitziges Temperament

Boris Becker beherrscht ebenfalls die Kunst, emotionale Energie in sein Spiel zu lenken. Ich hatte Gelegenheit, dies aus nächster Nähe zu erleben, als ich im Frühjahr 1985 gegen ihn in einem Doppel spielte – nur zwei Wochen, bevor der 17jährige durch seinen Sieg in Wimbledon zum Weltstar wurde.

Becker galt damals als talentierter Spieler und hatte bereits einen gewissen Bekanntheitsgrad. Die meisten Experten waren jedoch der Meinung, daß er zu langsam auf den Beinen sei und bei keinem großen Turnier gewinnen könne.

Mein Partner Stefan und ich wurden zu dieser Zeit als eines der besten deutschen Doppel-Teams eingeschätzt. In dem Match gegen Becker und seinen Partner Jürgen Faßbender, einem Davis-Cup-Spieler, galten wir als Favoriten. Als es im dritten und letzten Satz 5:2 für uns stand, war daher niemand überrascht. Zum Sieg brauchten wir nur noch ein Spiel zu gewinnen.

Als wir beim Seitenwechsel an unseren Gegnern vorbeikamen, sagte mein Partner zu Becker: »Jetzt weißt du, wie ein Doppel gespielt wird.«

Solche Bemerkungen bekommen Newcomer in der Sportwelt dauernd zu hören. Meist gelingt es den älteren Spielern damit, den Nachwuchs einzuschüchtern und selbst noch ein bißchen länger an der Spitze zu bleiben. Aber in unserem Fall hat diese Methode völlig versagt.

Becker reagierte auf eine Weise, die später zu seinem Markenzeichen werden sollte. Er ging mit glühenden Augen auf den Platz zurück, brachte den Spielstand mit drei Gewinnschlägen in Folge auf 5:3, schlug uns einige unerreichbare Passierbälle und einige Asse um die Ohren, steckte seinen Partner mit seiner Vehemenz an – und in einer Viertelstunde war alles vorbei. Wir verloren den Satz mit 5:7 und somit das Match.

Als ich die Bälle vorbeisausen sah, wußte ich, es war nichts mehr zu machen. Ich hatte das sichere Gefühl, daß dieser junge Mann nicht mehr aufzuhalten war.

Was war geschehen? In einer solchen Situation wären die meisten Youngsters durch Stefans Bemerkung verletzt gewesen und hätten sich so aufgeregt, daß sie nicht mehr zu ihrem Spiel gefunden hätten. Becker regte sich auch auf, aber seine Emotion äußerte sich als Wut, als ein Gefühl, dem er ein Ventil verschaffen konnte, indem er es an uns ausließ.

Stefans Bemerkung wirkte wie ein Sprengsatz. Ohne sie hätte Becker bestimmt nicht seine verborgenen Energien angezapft, so daß wir das Match gewonnen hätten. Wer weiß, vielleicht war dieses Erlebnis sogar der zündende Funke für seinen Wimbledon-Erfolg.

Ausrasten auf der Satellitentour

Wenn ich Überlegungen zum Thema emotionelle Energie anstelle, fällt mir immer ein außergewöhnliches Erlebnis ein, das ich 1982 auf einer Satellitentour im damaligen Jugoslawien hatte. Satellitentouren sind eine trostlose und brotlose Angelegenheit. Es handelt sich dabei um kaum beachtete Turniere, in denen ambitionierte junge Spieler versuchen, ihre Position in der Weltrangliste zu verbessern, um zu den großen Turnieren zugelassen zu werden. Im Grunde geht es darum, unter die 100 Besten zu kommen und sich für Grand-Slam-Turniere zu qualifizieren.

Also stand ich da, mitten in Jugoslawien – keine Fernsehkamera weit und breit – einem rumänischen Davis-Cup-Spieler namens Dimitri gegenüber. Er war der erfahrenere Spieler und führte im ersten Satz bald 5:2. Er tat nicht mehr als den Ball auf dem langsamen Sandplatz beständig übers Netz zurückzuspielen, während ich mehr Fehler als Winner schlug und dabei immer wütender wurde.

Bei 5:2 tauschten wir die Seiten. Da war ich schon so wütend über meine schlechte Leistung, daß ich die schwere Eisenbank, auf der ich saß, packte, über meinen Kopf hob, in die Mitte des Spielfelds warf und aus vollem Hals schrie: »Jetzt ist Schluß mit dem Unsinn! Der Typ macht kein Spiel mehr!«

Nach diesem Anfall wollte ich die Bank wieder an die Seitenlinie zurückstellen, mußte aber erstaunt feststellen, daß ich sie kaum anheben konnte. Wie konnte ich sie da so weit geworfen haben? Mit viel Mühe gelang es mir, sie an den Rand des Spielfelds zu zerren, damit wir weiterspielen konnten.

Danach fühlte ich mich wie ausgewechselt. Nachdem ich mit dieser Show-Einlage meine Frustration losgeworden war, gewann ich den ersten Satz mit 7:5 und den zweiten mit 6:0. Ich strotzte vor Energie, war völlig frei von Spannungen und Selbstzweifeln, und spielte so gut wie noch nie.

Dimitri, ein erfahrener Spieler mit viel Humor und einem Hang zum Unkonventionellen, erwähnte den Vorfall gegenüber der Turnierleitung mit keinem Wort. Da wir außerdem ohne Schiedsrichter auf einem abgelegenen Platz spielten und keiner der Anwesenden ein Interesse hatte, die Sache an die große Glocke zu hängen, blieb ich völlig unbehelligt. Wenn ein Funktionär das Match beobachtet hätte, wäre ich sicher wegen unsportlichen Verhaltens disqualifiziert worden.

Nach dem Spiel unterhielt ich mich mit meinem Gegner. Dimitri meinte, er könne mein Verhalten nicht gutheißen, müsse aber zugeben, daß er nach der Sache mit der Bank nur noch tatenlos zuschauen konnte, wie ich einen Winner nach dem anderen schlug.

Übrigens will ich Sie mit der Beschreibung dieser Vorfälle nicht dazu auffordern, sich auf dem Court gehen zu lassen, Bänke zu werfen oder sich McEnroes exzentrisches Verhalten als Vorbild zu nehmen. Ich möchte nur Ihre Aufmerksamkeit darauf lenken, welchen Einfluß die Macht Ihrer Emotionen auf ein Match haben kann.

Sogar Sampras leidet

Es ist interessant mitzuerleben, daß auch Champions nicht immer mit ihren Emotionen richtig umzugehen wissen. Im ersten Kapitel beschrieb ich, wie sich Pete Sampras 1995 bei den Australian Open mit Tränen in den Augen gegen Jim Courier durchsetzte und das Match gewann. Dadurch avancierte er zum Publikumsliebling, den jeder unterstützte und bejubelte.

Bei den 1996er Australian Open sah das für Sampras ganz anders aus. Er mußte gegen den jungen und aufstrebenden Australier Mark Philippoussis antreten, den die 15 000 patriotisch eingestellten Zuschauer lautstark anfeuerten in der Hoffnung, er werde die gute alte Zeit aufleben lassen, in der australische Spieler wie Rod Laver und Roy Emerson im internationalen Tennis den Ton angaben.

Als ich dieses Spiel verfolgte, bemerkte ich, daß Sampras sich nicht so einsetzte, wie man es von ihm gewohnt war. Er spielte vorsichtig und zurückhaltend. Er wandte verschiedene Strategien an und versuchte, Philippoussis zu Fehlern zu zwingen; seinem Gesicht konnte ich aber ansehen, daß er nicht ganz bei der Sache war.

Da Sampras damals auf der Profitour fast ungeschlagen war, mußte bei diesem Event etwas Außergewöhnliches im Gange sein. Ich bin der Überzeugung, der Amerikaner war emotional vergiftet. Er konnte nicht glauben, daß ihn dieses Publikum, das ihm erst ein Jahr zuvor stehende Ovationen darbrachte, völlig im Stich ließ.

Er fühlte sich verletzt und enttäuscht, versuchte das aber herabzuspielen, indem er sich nichts anmerken lassen wollte. Das führte dazu, daß sich die Energie, die nicht aus ihm entweichen konnte, gegen ihn selbst richtete. Was er auf dem Platz bot, war nicht er selbst. Er war nicht in der Lage, seinen Schmerz in einen gesunden Zorn auf dieses wankelmütige Publikum zu verwandeln, um seine Energien freizusetzen und wieder Einfluß auf das Spiel zu nehmen.

Ich vermute auch, Sampras war sich seiner Gefühle gar nicht klar. Es wäre ihm peinlich gewesen zuzugestehen, daß seine Leistung durch eine Zuschauermenge, die nicht ihn, sondern nur seinen Gegner bejubelt, beeinträchtigt werden kann.

In diesem Zusammenhang mag es auch von Bedeutung sein, daß Sampras und Philippoussis beide griechischer Abstammung sind und der Amerikaner bei den 1995er U.S. Open, wo er einen knappen Sieg über Philippoussis errang, eine brüderliche Zuneigung zu dem Australier demonstriert hatte. Sampras war der erste Spitzenspieler, der öffentlich erklärte, Philippoussis habe das Potential, ein Weltklassespieler zu werden. In gewisser Weise hatte er für Philippoussis die Mentorrolle übernommen. Wahrscheinlich war das ein weiterer Grund dafür, daß er sich in diesem Match nicht gegen den jüngeren Spieler durchsetzen konnte.

Der Amerikaner hätte z. B. mit einer kleinen Showeinlage, also mit ein paar Gags oder einigen ausgefallenen Schlägen, einen Teil des Publikums auf seine Seite ziehen und das Blatt zu seinen Gunsten wenden können. Ich habe die Erfahrung gemacht, daß es in jedem Publikum Zuschauer gibt, die gern bereit sind, die Parteilichkeit eines national eingestellten Publikums zu durchbrechen.

Energie umdrehen

Wie es anders laufen kann, zeigte das Halbfinale im 1995er Wimbledon-Turnier, in dem Boris Becker auf Andre Agassi traf. Becker verlor den ersten Satz 1:6 und lag im zweiten Satz mit 1:4 hinten. Die britischen Zuschauer standen voll hinter Agassi, der ein unterhaltsames und sensationelles Tennis spielte.

Becker ließ sich nicht, wie Sampras in dem Match gegen Philippoussis, von negativen Emotionen überwältigen. Er fand statt dessen einen Weg, das Publikum umzudrehen. Als ihm zum erstenmal gegen Agassi ein Break gelang und er zum 2:4 aufholte, legte er spontan eine Show ein. Er wandte sich zum Publikum und hob die Arme, als ob er das ganze Match gewonnen habe. Anschließend verbeugte er sich nach allen vier Seiten.

Obwohl es sich nur um einen kleinen Sieg – ein einziges Spiel – handelte, teilte er den Zuschauern damit mit: »Seht her, ich mische in diesem Wettkampf immer noch mit. Jetzt ist es Zeit, daß ihr mir applaudiert!« Die Zuschauer waren begeistert und reagierten mit Riesenapplaus. Selbst Agassi konnte sich ein Lächeln nicht verkneifen.

Durch die Anerkennung des Publikums erfuhr Becker einen emotionalen Auftrieb und spielte von da an ein erstklassiges Match, das er in vier Sätzen gewann. Es war ihm gelungen, die

Energie umzudrehen. Nicht nur in diesem Moment war er ein echter Mann des Zen.

Emotionelle Entladungen

Emotionen können auf dem Tennisplatz verheerende Folgen haben. Wenn Sie sie nicht erkennen und rauslassen, wird sich die angestaute Energie gegen Sie selbst richten, Sie von innen heraus verzehren und aus Ihnen ein Häufchen Elend machen.

Fast jeder hat schon einmal erlebt, daß überwältigende Gefühle einem die Sprache verschlagen können. Dann bringt man keinen Ton mehr heraus, so als ob man nur noch Watte im Kopf und keinen eigenen Willen mehr hätte. Es stellt sich das Gefühl ein, der Körper sei aller Kraft beraubt worden.

Diese schädlichen Wirkungen treten auf, wenn der Spieler nicht weiß und nicht ausdrücken oder akzeptieren kann, was er fühlt. Wir haben so wenig Erfahrung im Umgang mit diesen Energien, daß mehrere Stunden vergehen können, bis uns klar wird, daß wir wütend, traurig oder verletzt waren. Wenn das beim Tennisspielen geschieht, kommt unsere Einsicht viel zu spät. Dann ist das Spiel längst vorbei.

Als Zen-Spieler können Sie sich nicht den Luxus erlauben, Ihre Emotionen auf später zu verschieben. Wenn Sie lernen, mit Ihren Gefühlen bereits in dem Moment ihres Aufkommens sinnvoll umzugehen, werden Sie eher Erfolg haben. In einem Match dürfen Sie nicht ausgelaugt, abgelenkt oder verwirrt sein. Voraussetzung für Freude am Spiel – und natürlich eine reelle Gewinnchance – sind geistige Präsenz und ein genügend großer Vorrat an Energie.

Mentale Stärke

Seltsamerweise gibt es kaum Anleitungen oder Trainingsangebote, die sich mit diesem wichtigen Aspekt befassen. Meist wird versucht, die Emotionen zu unterdrücken. Die neueste Variante dieses Ansatzes macht unter dem Schlagwort »mental toughness«, das man auch von einigen Profis hört, seine Runde.

»Mental toughness« ist eine verwickelte Angelegenheit. Wenn ich ihr Grundprinzip in einem Satz zusammenfassen müßte, würde ich sagen, es handelt sich um eine Methode, mit der ein Spieler auf dem Tennisplatz den erwünschten mentalen und emotionalen Zustand herbeiführen kann – so ähnlich wie ein Schauspieler auf der Bühne.

Dieser Ansatz geht davon aus, daß Verstand und Körper eine Einheit bilden und somit der Verstand durch den Körper beeinflußt werden kann. Durch Wiederholung bestimmter Körperbewegungen soll dem Verstand kontinuierlich die Nachricht übermittelt werden, daß alles unter Kontrolle ist.

In den Übungsstunden wird einem ein Ritual beigebracht wie z. B.: »Geben Sie sich nach jedem Punkt, egal ob gewonnen oder verloren, selbstbewußt. Wenden Sie sich mit erhobenem Kopf vom Netz ab. Sehen Sie sich die Saiten Ihres Schlägers an und gehen Sie festen Schritts zur Grundlinie zurück. Bereiten Sie sich auf den nächsten Punkt vor.« etc.

Der Spieler drillt sich so lang, bis dieses Ritual während eines Matches eine positive Nachricht aussendet. Indem er zwischen den Ballwechseln – unabhängig vom Spielverlauf – immer wieder die gleichen Körperbewegungen ausführt, erzeugt man eine mentale Haltung, die Zuversicht und Selbstbewußtsein ausstrahlt.

Die Verfechter von »mental toughness« machen aus der

Not, daß man über den Gegner und den Spielstand keine Macht hat, eine Tugend: Dann muß man eben seine eigene Einstellung, sein eigenes Verhalten und seine eigenen Gefühle in den Griff bekommen. Man mag sich zwar nach einem mißlungenen Volley nicht besonders selbstsicher fühlen, kann dies aber durch einen selbstsicheren Gang wettmachen. Man versucht auf dem Platz wie ein guter Schauspieler zu agieren. Ein Trainer faßte das einmal in dem Rat »Mehr scheinen als sein!« zusammen.

Tennis, nur ein Psychospiel?

Diese Methode kann eine Leistungssteigerung bewirken, verführt aber dazu, dem mentalen Aspekt eine zu große Bedeutung beizumessen. Beispielsweise sind viele Tennisexperten der Überzeugung, daß sich heutzutage Spitzenspieler nur in ihrer mentalen Stärke unterscheiden, da sie alle technisch ausgereift seien. Damit bin ich nicht einverstanden. Sie sind zwar durchtrainierte Athleten, aber man konnte auch in den letzten Jahren bei bekannten Weltklassespielern erhebliche Schlagschwächen bemerken: Connors' und Sabatinis Aufschlag, Borgs und Seles' Volley, Edbergs Vorhand etc.

Goran Iwanisewic' Service galt 1996 als der beste der Welt. Er schlägt eine unglaubliche Menge Asse, scheint aber nicht in der Lage zu sein, einen wichtigen Titel zu gewinnen. Ich glaube, daß an seinen schlechten Leistungen in den Grand Slams nicht allein ein Mangel an mentaler Stärke schuld ist, wie immer behauptet wird. Es ist eher anders herum: Er gerät aus der Fassung und wird frustriert, *weil* er sich über seine technischen Mängel und seine taktischen Fehler ärgert.

Es kommt eben darauf an, wie man reagiert, wenn der Ball

zurückkommt. Pete Sampras, dessen Aufschläge ebenfalls gefürchtet sind, verfügt z. B. über einen phantastischen Volley und ein großes Repertoire intelligenter Gegenzüge. Iwanisewic hingegen gerät meist in Schwierigkeiten, wenn jemand seinen gefürchteten Aufschlag zurückspielt. Man gewinnt den Eindruck, er könne es nicht fassen, daß jemand die Frechheit besitzt, seinen Aufschlag zu retournieren. Es stellt sich die Frage, womit sich Iwanisewic verbessern könnte: mit einer besseren mentalen Einstellung oder mehr Schlagvarianten? Ich würde sagen, er könnte von beidem profitieren.

Mir erscheint das Konzept von »mental toughness« oberflächlich. Es hilft einem nicht, mit Gefühlen umzugehen, weil es nicht tief genug geht. Es bietet nur eine Methode an, Emotionen zu umgehen. Das Ignorieren oder Unterdrücken von Gefühlen kann meiner Überzeugung nach jedoch nicht lange Erfolg bringen.

Die unvermeidlichen Niederlagen

Jeder Tennisspieler muß sich mit der Tatsache auseinandersetzen, daß ein Einzelturnier nur einer gewinnen kann. Das bedeutet, in einem Grand Slam, bei dem in der ersten Runde 128 Spieler antreten, gibt es 127 Verlierer. Bereits in der ersten Runde scheidet die Hälfte aus, also immerhin 64 Spieler.

Jeder auf der Profitour kennt die Angst, in der ersten Runde eines Grand Slams zu versagen. Schließlich sind das die Turniere, für die man trainiert, für die man lebt – die ultimativen Prüfungen für Körper und Geist. Dort besteht die Chance, ins Rampenlicht der Medien katapultiert zu werden, die Stars kreieren und Legenden weben, aber nur, wenn man in den Eröffnungsrunden gewinnt.

Während der 1996er Australian Open sah ich mir einige Matches der ersten Runde an. Ich ging von Platz zu Platz, bemerkte aber keinen einzigen Spieler, der Freude am Spiel hatte. Das ist ein Zeichen dafür, wie angespannt und verbissen die Spieler in der Anfangsphase eines großen Turniers sind.

Erst wenn sie die ersten beiden Runden überstanden haben, löst sich etwas in ihnen, da sie nicht mehr das Gefühl haben, sich schämen zu müssen. Da sind sind sie dann schon so weit oben, daß sie später sagen können »Ich war gut, ich bin in die dritte Runde eines Grand Slam gekommen«, oder vielleicht sogar »Ich hab' die ersten beiden Runden der U.S. Open geschafft und dann gegen Agassi verloren. Der war einfach in zu guter Form«.

Ich will nicht behaupten, daß mentale Stärke diesen Spielern, die unter enormem Druck in ein wichtiges Turnier hineingehen, keine Hilfe wäre. Sie ändert aber nichts an dem gnadenlosen Ausscheidungsverfahren des Wettbewerbs. So gut Sie und Ihr Gegner auch in »mental toughness« trainiert sein mögen, wird einer gewinnen und einer verlieren.

Meiner Erfahrung nach haben Spieler, die am Verlieren sind, ein starkes Bedürfnis, ihr Gefühl der Frustration, Enttäuschung, Verlegenheit oder Wut aus sich rauszulassen. Dazu werden sie jedoch nicht ermutigt. Statt dessen wird ihnen beigebracht, ihre Gefühle wegzustecken. Diese Emotionen finden dann kein Ventil und brodeln unter der Maske der Selbstbeherrschung weiter.

Knackpunkte

Dieser Ansatz läßt also außer acht, was den unterlegenen Spieler tief im Inneren bewegt. Denken Sie nur an den schlimmen Alptraum, den ein Spieler erlebt, der das Gefühl hat, für sein Land nicht das Beste gegeben zu haben, und am nächsten Tag keine Zeitung aufschlagen kann, in der ihm nicht negative Schlagzeilen ins Gesicht springen.

Michael Stich, einer der talentiertesten Spieler im Welttennis, mußte diese bittere Pille schlucken, als er immerhin Position Zwei der Weltrangliste erreicht hatte. Bei den Grand-Prix-Turnieren schnitt er immer gut ab. Er hatte aber eine Phase, in der er bei Grand Slams dauernd in der ersten Runde ausschied. Infolgedessen zog die deutsche Presse furchtbar über ihn her, was den auf ihm lastenden Druck so verstärkte, daß er im nächsten großen Turnier ein noch größeres Handicap mit sich herumschleppte.

Auch Profispieler sind nicht immun gegen Kritik, die ihre Rechtschaffenheit und Aufopferungsbereitschaft in Frage stellt. Sie reden nicht darüber, sind davon aber oft so tief beschämt und gehemmt, daß sie keinen vernünftigen Schlag – geschweige denn einen Gewinnschlag – zuwege bringen. Ihre Arme werden so schwer, daß sie kaum mehr den Schläger heben können, was als »Eisenarm« bezeichnet wird.

Wir haben es hier mit mächtigen psychologischen Mechanismen zu tun, die tief in unserem Inneren verwurzelt sind. An der Oberfläche können wir uns durch kleine Tricks einreden, alles wäre in Ordnung, während darunter das Chaos herrscht.

Innere Arbeit

Meiner Ansicht nach besteht der erste und wichtigste Schritt eines Spielers, der sich seinen Gefühlen ausgeliefert sieht, darin, zu erkennen, was in ihm vorgeht. Das mag lapidar klingen, aber unsere Kultur und unsere Gesellschaft sind so stark »außenorientiert«, daß es uns schwerfällt, eine in uns aufkommende Emotion zu erkennen und zuzulassen.

Beim Umgang mit Gefühlen spielt der Coach eine entscheidende Rolle. Wenn ein Spieler ein Match verloren hat und das als negative oder traumatische Erfahrung erlebt, muß er innere Arbeit leisten. Er muß das Match noch einmal erleben, d. h. in Gedanken nachspielen, und mit der Hilfe eines Coachs ein Verständnis dafür gewinnen, was in seinem Geist und seiner Seele vor sich ging.

Leider haben die meisten Trainer den Umgang mit den inneren Abläufen nicht gelernt und kümmern sich daher nur um die Technik und Taktik ihrer Schüler. Das Feedback beschränkt sich auf Ratschläge wie »Geh' bei deinem nächsten Matchball kein so großes Risiko ein. Versuch gleich deinen ersten Aufschlag reinzukriegen«, die nebenher im Umkleideraum gegeben werden.

Das soll nicht heißen, jedem Spieler sollte ein Psychologe zur Seite stehen. Ihm muß aber bei der Verarbeitung seiner Erlebnisse auf dem Platz geholfen werden, da Gefühle, die beiseite geschoben und vertagt werden, in den tiefsten Winkeln der Psyche nur noch mehr Kraft gewinnen. Das führt unweigerlich dazu, daß sie in dem Moment, in dem wir sie am wenigsten brauchen können, nämlich wenn wir im nächsten Turnier unter Druck geraten, wie böse Geister an die Oberfläche steigen.

Es gibt Techniken, mit denen man – auf dem Platz und anderswo – unerwünschte Gefühle zum Ausdruck bringen und abschütteln kann. Bevor eine dieser Techniken greifen kann, muß man jedoch erkennen und akzeptieren lernen, was man fühlt, und zwar genau in dem Moment, in dem man es fühlt.

Dies erfordert gesteigerte Selbst-Bewußtheit. Hierzu ist beim Tennis ein Zen-Ansatz nötig, da man zum Akzeptieren der Gefühle das Zentrum der Aufmerksamkeit von der äußeren Realität – dem Match, dem Spielstand, Gewinn und Verlust – in die innere Realität verlegen muß. Dies gestattet uns, unsere Gefühle mit mehr Abstand wahrzunehmen, sobald sie in uns aufkommen.

Die Fähigkeit, die Aufmerksamkeit auf die innere Realität zu richten, wird durch Meditation erlangt. Durch Versenkung in seinen inneren Kern erfährt der Meditierende, daß er nicht mit seinen Gefühlen identisch ist, daß er zum Zuschauer des Tumults werden kann, den seine Gefühle erzeugen. Wenn man in sich selbst ist, fällt es einem viel leichter, der emotionalen Energie bereits im Keim gewahr zu werden und mit ihr unmittelbar und kreativ umzugehen.

Mal seh'n, was geschieht

Ein armer Bauer lebte mit seinem Sohn in einem abgelegenen Teil des Landes. Eines Tages kam der Sohn aus einem nahegelegenen Dorf in glückseliger Stimmung nach Hause und jauchzte: »Vater, es ist etwas Wunderbares geschehen! Ich habe eine schöne junge Frau kennengelernt, und wir haben uns ineinander verliebt. Wir können heiraten. Dann kann sie bei uns wohnen und sich um dich kümmern, wenn du alt bist.«

»Mal seh'n, was geschieht«, antwortete der Vater. Der

Sohn fand diese Antwort sehr merkwürdig, sagte dazu aber nichts.

Als der Sohn einige Tage später wieder nach Hause kam, war er völlig verzweifelt. »Ich bin so unglücklich!« rief er aus. »Diese junge Frau ist die Tochter des Räuberhauptmanns, der uns jedes Jahr die Hälfte unserer Ernte wegnimmt. Er wird mich bestimmt umbringen, wenn er erfährt, daß ich seine Tochter heiraten will.«

»Mal seh'n, was geschieht«, antwortete der Vater. Der Sohn fand die Anwort seines Vaters wieder sehr verwirrend.

Eine Woche verging. Dann kam der Sohn mit strahlendem Gesicht nach Hause. »Was für ein Glückspilz ich bin!« jubelte er. »Meine Geliebte hat Ihrem Vater alles erzählt. Er ist mit der Heirat einverstanden und wird nicht mehr unsere Ernte rauben. Wir werden reich!«

»Mal seh'n, was geschieht«, antwortete der Vater.

Einige Wochen später zogen Regierungstruppen durch das Land. Der Sohn kam weinend heim und rief: »O weh! Ich Unglücklicher! Die Truppen haben die Festung des Räuberhauptmanns gestürmt und jeden getötet. Meine Geliebte ist tot!«

»Mal seh'n, was geschieht«, antwortete der Vater.

Am nächsten Tag stand die junge Frau vor der Tür. Sie war den Truppen entkommen und suchte nun eine Zuflucht. Erschöpft fiel sie ihrem Geliebten in die Arme.

Der Sohn wollte schon sein Glück in Worte fassen; da sah er seinen Vater an, und sie sagten gleichzeitig: »Mal seh'n, was geschieht.«

Die Transformation emotionaler Energie

Emotionen sind nur dann Feinde, wenn man ihnen kein Existenzrecht zugesteht. Wenn man erst die Fähigkeit erlangt hat, sie zu erkennen und zu akzeptieren, werden sie nicht nur zu Freunden, sondern zu mächtig sprudelnden Quellen an Energie und Vitalität, die sich kanalisieren lassen, um ein höheres Spielniveau zu erreichen.

Die Übungen in diesem Kapitel helfen Ihnen, mit Ihren Emotionen vertraut zu werden und deren Energie zum Ausdruck zu bringen. Außerdem enthält dieses Kapitel Meditationstechniken, mit denen Sie Ihre Mitte finden und die Identifikation mit den in Ihnen aufsteigenden Gefühlen überwinden können.

Wenn Sie sich z. B. mit Ihrer Wut identifizieren, so bedeutet dies, daß Sie der Wut so nahe sind, daß Sie von ihr beherrscht und in Anspruch genommen werden. In gewissem Sinne sind Sie dann selbst die Wut. Die Unterscheidung zwischen der Wut und dem Ich ist aufgehoben. Die Wut gewinnt die Übermacht und schaltet die normalen, rationalen Prozesse des Bewußtseins aus. Dieses Verlieren der Beherrschung ist der Grund, weshalb die Gesellschaft solche Gefühle ächtet. Im Wissen um die Macht, die sie über uns erlangen können, wird uns beigebracht, sie zu unterdrücken.

Wir können jedoch in uns einen Punkt finden, an dem wir eine Distanz zu den in uns tobenden Gefühlen gewinnen – uns also nicht mehr mit ihnen identifizieren. Wir stehen dann völlig unbehelligt im Zentrum des Wirbelsturms, der um uns herum kreist. Wir fühlen die Wut, lassen die Energie dieses

Gefühls durch uns hindurchströmen, werden davon aber nicht mitgerissen.

Selbst wenn Sie nur einen kleinen Vorgeschmack auf diese Nichtidentifikation erhalten haben, werden Sie ihren Gefühlen mit weniger Angst begegnen. Sie wissen dann, daß diese Gefühle nicht Sie selbst sind. Sie verfügen dann über die innere Kraft, die es Ihnen erlaubt, das Gefühl zu akzeptieren, anstatt es zur Seite zu schieben. Das ist das Geschenk der Meditation an den Zennis-Spieler.

Eine der Methoden, Emotionen als etwas Minderwertiges abzustempeln, besteht darin, sie als kindisch zu bezeichnen. Diese Behauptung enthält insofern einen Funken Wahrheit, als kleinen Kindern zugestanden wird, ihre Emotionen spontan und ungehemmt zum Ausdruck zu bringen. Erst wenn sie älter sind, wird von ihnen soziales Verhalten und korrektes Benehmen erwartet.

Mit Gefühlen auf du und du zu stehen kann dazu beitragen, für eine Weile wieder ein kleines Kind zu werden, und das ist genau das, wozu ich Sie bei den ersten Übungen dieses Kapitels einladen möchte. Diese Übungen sind nicht schwierig. Tatsächlich sind sie so einfach, daß sich ein Erwachsener dagegen sträuben wird, weil sie ihm kindisch vorkommen – »Ich, als cooler Tennisspieler, der ich doch immer alles im Griff hab', soll mich wie ein kleines Kind benehmen. Nie und nimmer!«

Sie sollten aber gelegentlich die Pose des Erwachsenen ablegen und sich in die sorglose, spontane und von keiner Verantwortung überschattete Welt eines fünfjährigen Kindes versetzen. Sie werden überrascht sein, wie viel Energie und Vitalität dadurch freigesetzt wird. Wenn Sie einen Ort finden, an dem Sie ungestört sind und Lärm machen können, wird niemand von Ihrem Geheimnis erfahren. Versuchen Sie es einfach einmal.

Übungen abseits vom Tennisplatz

Das widerspenstige Kind

Diese Übung bietet Ihnen Gelegenheit, negative Gefühle zum Ausdruck zu bringen. Wenn wir als Kind von den Eltern – oder als Erwachsener von einem Vorgesetzten – einen Befehl erhalten, steht uns diese Möglichkeit meist nicht offen. Es wird erwartet, daß wir jede spontane negative Reaktion auf einen Befehl unterdrücken. Wie dürfen nicht »nein« sagen.

Wir müssen uns unsere Reaktion verkneifen. Dabei wird die emotionale Energie zurückgehalten, und wenn das geschieht, werden wir unserer Vitalität und unserer Lebensfreude beraubt.

Durch diese Übung können Sie einen Teil dieser aufgestauten Energie freisetzen.

Suchen Sie sich einen Ort, an dem Sie ungestört sind, und stellen Sie sich vor, Sie wären wieder ein kleines Kind, in einem Alter zwischen vier und sieben Jahren. Ihr Vater oder Ihre Mutter hat Ihnen gerade einen Befehl (»Räum dein Zimmer auf!«, »Mach deine Hausaufgaben!« oder »Iß deinen Teller leer!«) gegeben, den Sie nicht ausführen wollen.

Bringen Sie Ihren Widerspruch mit Ihrer Stimme, Ihrem Gesicht und Ihrem Körper deutlich zum Ausdruck. Runzeln Sie die Stirn, ballen Sie die Fäuste, trampeln Sie mit den Füßen auf dem Boden, schütteln Sie den Kopf und schreien Sie laut »Nein! Nein! Nein!« oder »Nein, ich mag nicht!«. Genau wie ein widerspenstiges Kind. Achten Sie darauf, auch richtig fest mit den Fersen auf dem Boden aufzustampfen.

Kümmern Sie sich nicht darum, wenn Ihnen Ihr Erwachsenenverstand sagt, das sei idiotisch. Legen Sie Ihre ganze Kraft in diese Übung. Steigern Sie sich so hinein, daß Sie tatsächlich zum widerspenstigen Kind werden. Diesmal haben Ihre

Eltern nicht die Macht, Sie zu etwas zu zwingen, das Sie nicht tun wollen. Diesmal setzen Sie sich mit Ihrem »Nein!« durch.

Tun Sie das einige Minuten lang. Sie werden spüren, wie durch Ihren Körper frische Energie hindurchströmt. Sie werden sich lebendiger und vitaler fühlen und am Ende vielleicht sogar in fröhliches Gelächter ausbrechen.

Hier noch ein praktischer Hinweis: Wenn Sie diese Übung zu Hause machen und nur hellhörige Räume haben, können Sie Ihre Musikanlage so weit aufdrehen, daß die eigenen Geräusche übertönt werden. Dadurch verhindern Sie, daß Mitbewohner oder Nachbarn Sie hören und angerannt kommen um nachzusehen, was da los ist.

Das hilflose Kind

Diese Übung bringt Sie direkt an den Punkt, den die meisten Menschen ihr ganzes Leben lang zu vermeiden versuchen. Sie gelangen damit in einen Zustand des völligen Zusammenbruchs, in dem Sie dem Gefühl der Wertlosigkeit und der Unfähigkeit, etwas zuwege zu bringen, ausgesetzt sind – sich also wie ein totaler Versager vorkommen.

Diese Übung ist etwas schwieriger. Sie erfordert Mut, selbst wenn man nicht befürchten muß, dabei erwischt zu werden, ist aber äußerst wirkungsvoll, wenn sie einem gelingt. Wie die vorige Übung wird sie Ihrem kultivierten Erwachsenenverstand etwas verrückt vorkommen. Probieren Sie sie aber einfach aus und lassen Sie sich überraschen.

Stellen Sie sich vor, Sie hätten gerade eine furchtbare Blamage erlebt. Sie wären beispielsweise bei den U.S. Open der Erstgesetzte gewesen und hätten in der ersten Runde ohne Satzgewinn verloren, oder Sie hätten beim Matchball im Finale des Daviscup einen einfachen Volley verschlagen und somit Ihrem Land den Titel vereitelt.

Geben Sie sich allen Gefühlen, die ein starkes Versagen in Ihnen auslösen, voll und ganz hin, reagieren Sie dabei aber wie ein Kind. Verkriechen Sie sich unter einem Tisch, einer Bank oder einem Bett und igeln Sie sich ein wie ein Baby. Vielleicht möchten Sie einen Teddybär zum Ankuscheln mitnehmen oder am Daumen lutschen. Wie bei der vorigen Übung sollten Sie den ganzen Körper – Stimme, Gesicht, Arme, Beine – zum Einsatz bringen.

Beginnen Sie, Wimmerlaute von sich zu geben, wie ein Baby, das zu lange alleingelassen wurde. Sie können dieses Gefühl verstärken, indem Sie mit dem Körper hin- und herschaukeln, die Augen schließen, am Daumen lutschen und ein paar Worte wie »Tut mir leid, Mammi« von sich geben. Erleben Sie das Gefühl, völlig machtlos und zu nichts fähig zu sein. Die Erwartungen, die Ihre Eltern in Sie setzen, werden Sie nie erfüllen können. Empfinden Sie die Hoffnungslosigkeit und Verzweiflung und bringen Sie sie wie ein kleines Kind zum Ausdruck.

Lassen Sie sich Zeit. Es dauert eine Weile, bis diese Gefühle von Ihnen Besitz ergreifen. Lassen Sie diesen vernachlässigten Teil Ihres Ichs voll zur Geltung kommen. Meist ist uns beigebracht worden, gleichmütig zu sein und Verluste und Niederlagen hinzunehmen, ohne eine Miene zu verziehen. Aber mit dieser Übung können Sie zu der Traurigkeit vorstoßen, die Sie über vergangene Verluste empfanden, und sich von ihr befreien. Das Herauslassen dessen, was so viele Jahre unterdrückt und verborgen war, wird Ihnen enorme Erleichterung verschaffen.

Sie werden sich fragen, was das mit der Verbesserung Ihres Tennisspiels zu tun hat. Hierzu möchte ich kurz auf die Lebensphilosophie der japanischen Samurai verweisen. Die besten, d. h. die aussichtsreichsten Krieger waren in der Zeit, als Kriege noch mit dem Schwert ausgetragen wurden, diejenigen, die ihre Angst vor dem Tod bereits kennengelernt hatten, bevor sie in die Schlacht zogen. Durch Meditation hatten sie eine innere todesähnliche Erfahrung gemacht und waren daher frei vom Würgegriff der Angst.

Eine der größten Ängste eines Athleten, der an einem Wettkampf teilnimmt, besteht darin, am Ende als Versager dazustehen. Der Kämpfer, der diese Erfahrung innerlich durchlebt, sich mit dieser normalerweise als schädlich angesehenen Energie anfreundet, wird in einem Spiel weniger stark unter dem Einfluß dieser Angst stehen als einer, der versucht, sie beiseite zu schieben. Er wird die Angst nicht mehr so ernst nehmen und daher nicht mehr von ihr beherrscht werden.

Diese »kindischen« Übungen lassen sich beliebig abwandeln. Sie können sich z. B. einfach nur wie ein spielendes Kind verhalten: wie im Alter von sechs Jahren schreiend im Zimmer herumrennen, hüpfen, sich auf dem Boden wälzen etc. Dies wird viele Gefühle in Ihnen auslösen, nicht nur negative, sondern auch positive. Wenn Sie einen Gleichgesinnten für dieses Spiel finden, dann wird es natürlich zu einem noch viel intensiveren Erlebnis.

Kauderwelschen

Dies ist eine einfache, aber wirkungsvolle Methode zum Lösen mentaler Spannungen. Sie basiert auf einer Sufi-Technik, mit der vor einem Gebet oder einer Meditation der Geist gereinigt wird. Diese Übung hilft einem insbesondere vor einem wichtigen Match, wenn man sich selbst verrückt macht, indem man darüber nachgrübelt, welche Schläge und Strategien man bei diesem bestimmten Gegner anwenden soll, wie er spielen wird, was seine Stärken sind, worauf man gefaßt sein muß etc., etc.

Suchen Sie sich einen Ort, an dem Sie ungestört sind. Beginnen Sie, mit sich in einer unbekannten oder erfundenen Sprache zu sprechen. Geben Sie Töne von sich, die türkisch, russisch, chinesisch oder außerirdisch klingen. Brabbeln Sie irgendetwas vor sich hin, das keinen Sinn ergibt – irgendwelches Kauderwelsch eben. Die besten Ergebnisse werden Sie erzielen, wenn Sie laut und mit Nachdruck sprechen, als ob Sie besessen wären oder den Kopf verloren hätten. Lassen Sie die Töne einfach kontinuierlich aus Ihrem Mund strömen.

Dabei werden die Gedanken, die ständig über Sie herfallen und allmählich in Widerstreit zueinander gelangen, zum Erliegen kommen. Ihre mentale Energie wird auf eine kreative und erfrischende Weise befreit.

Verleihen Sie Ihrem Kauderwelsch mit dem Körper Nachdruck. Gestikulieren Sie wild herum. Stehen Sie auf, laufen Sie umher. Sie können sich auch vorstellen, auf der jährlichen galaktischen Sportkonferenz auf dem Mars oder Jupiter in der Sprache der Einheimischen einen Vortrag zu halten.

Das wird wahrscheinlich dazu führen, daß Sie wütend, glücklich, traurig oder zornig werden. Nehmen Sie die in Ihnen aufsteigende Emotion an und bringen Sie sie in dem aus Ihrem Mund sprudelnden Kauderwelsch zum Ausdruck. Bei dieser Übung geht es darum, sich total zu verausgaben. Deren positive Wirkung wird sich umso eher einstellen, je unbefangener Sie an sie rangehen.

Fünf bis zehn Minuten genügen. Setzen Sie sich dann eine Weile mit geschlossenen Augen hin und genießen Sie die Empfindung der Befreiung und des Friedens, die sich nach dieser chaotischen Form der Selbstäußerung einstellt.

Übungen auf dem Court

Jede Methode, mit der Sie auf dem Court Gefühle freisetzen und zum Ausdruck bringen, muß sich an die Spielregeln und die sportliche Fairness halten. Sie können z. B. nicht Ihren Schläger zu Kleinholz machen. Sie dürfen nicht aus Wut den Ball über den Zaun schlagen. Sie dürfen nicht Ihren Gegner niederschreien oder den Schiedsrichter beleidigen. Die Regeln lassen jedoch noch einen Freiraum, vor allem in der 25-Sekunden-Pause zwischen den Ballwechseln und der 60-Sekunden-Pause beim Seitenwechsel, der nach jedem zweiten Spiel vorgenommen wird.

Hierzu möchte ich Ihnen sieben Vorschläge unterbreiten. Die ersten beiden Übungen werden auf der Bank, d. h. beim Seitenwechsel, und die nächsten beiden während des Spielens ausgeführt. Die letzten drei sind für die kurzen Pausen zwischen den Ballwechseln gedacht.

Atmen auf der Bank

Diese Übung hilft Ihnen, Ihre Mitte zu finden und »Ja« zu Ihren momentanen Gefühlen zu sagen. Sie lassen dabei die emotionale Energie durch Ihren Körper strömen, indem Sie auf bestimmte Weise atmen.

Setzen Sie sich beim Seitenwechsel bequem und mit geradem Rücken auf die Bank. Lassen Sie den Bauch nach vorn hängen; spannen Sie die Bauchmuskeln nicht an. Schließen Sie die Augen.

Beobachten Sie zu Beginn, wie tief Sie einatmen. Meist wird Ihr Atem nur bis in den oberen Brustraum reichen. Atmen Sie allmählich immer mehr mit dem Bauch, bis die Luft langsam und tief in Sie hineinströmt. Je mehr Sie sich entspannen und die Bauchgegend erreichen, umso länger wird das Ausatmen dauern. Lassen Sie sich zum Ausatmen dreimal so viel Zeit zum Einatmen.

Falls Sie eine Spannung spüren, sollten Sie diese bewußt lockern. Das betrifft vor allem die Schultern.

Die Handtuch-Meditation

Durch diese Übung bleiben Sie während eines Matchs in Ihrer Mitte und werden somit nicht so leicht abgelenkt. Setzen Sie sich beim Seitenwechsel auf die Bank und hängen Sie sich ein Handtuch so über den Kopf, daß Ihr Gesicht völlig bedeckt ist. Ihre Augen sollten halboffen und auf nichts Bestimmtes fixiert sein.

Das mag komisch aussehen, aber Arthur Ashe hat das 1975 beim Wimbledon-Finale praktiziert und Jimmy Connors, den Favoriten, geschlagen. Er war wahrscheinlich der erste Spieler, der bei einem großen Turnier auf dem Court meditierte.

Atmen Sie langsam und tief mit dem Bauch. Nutzen Sie diese Zeit, um Zugang zu Ihren tiefliegenden Gefühlen zu gewinnen. Dies ist während eines Matches die einzige Gelegenheit, bei der Sie in aller Ruhe in sich hineinspüren können um zu erfahren, was in Ihnen vorgeht.

Möglicherweise entdecken Sie ein negatives Gefühl, wie die Angst vor dem Versagen. Dann können Sie sich eingestehen: »Ja, ich hab' Angst, in diesem Match zu versagen.« Dadurch stellen Sie eine ungestörte Verbindung zu Ihren Emotionen und Ihrer Energie her. Meiner Erfahrung nach löst sich ein Gefühl in nichts auf, wenn man es sich auf diese Weise vergegenwärtigt hat.

Versuchen Sie nicht, ein negatives Gefühl mit einem positiven zu bekämpfen, wie das von vielen Trainern geraten wird. Dadurch bleiben Sie nur in Distanz zu Ihrer Energie. Die Alternative besteht in der sofortigen Anerkennung dessen, was in Ihnen geschieht.

Töne von sich geben

Mit dieser Methode können Sie erfolgreich Zorn und Frustrationen loswerden. Begleiten Sie jeden Schlag mit einem Urlaut wie »Ha!« oder »Jahu!« und stoßen Sie dabei heftig die Luft aus. Dadurch verhindern Sie, daß Energie unterdrückt wird und sich als negative Energie gegen Sie selbst wendet. Diese Übung hat außerdem den Vorteil, daß Sie durch die Töne, die Sie bei jedem Schlag von sich geben, Ihren Spielrhythmus verbessern. Sie geben sich damit selbst den Takt vor.

Den Ball härter schlagen

Angestaute Frustration und Aggression können Sie auch loswerden, indem Sie Schläge mit aller Kraft ausführen. Schlagen Sie den Ball, zwei oder drei mal, sehr hart in die Mitte des Feldes. Diesen Trick wandte Björn Borg immer dann an, wenn das Match für ihn nicht besonders gut lief. Die Bälle werden dabei nicht so gut wie sonst plaziert sein. Deshalb sollten Sie nicht auf die Ecken zielen, da Sie sonst zu viele Punkte verlieren.

Die Hände anspannen

Es mag paradox klingen, aber eine Methode zur Entspannung besteht darin, sich bewußt zu bemühen, möglichst angespannt zu werden. Dies ist eine Technik, die auf progressiver Muskelentspannung beruht.

Bei Nervosität werden die Hände oft zittrig und schweißig, was eine schlechte Voraussetzung für genaue Schläge ist. Diese Übung hilft Ihnen, die Spannung in den Händen zu verringern und wieder zu einem flüssigen Spiel zu finden.

Packen Sie den Griff Ihres Schlägers mit beiden Händen und drücken Sie so fest wie möglich zu, so als ob Sie ihn zerquetschen möchten. Tun Sie das dreimal hintereinander drei Sekunden lang. Atmen Sie tief durch und spielen Sie dann weiter.

Mit den Füßen aufstampfen

Stampfen Sie in den Pausen zwischen den Ballwechseln mit den Füßen auf dem Boden auf. Diese einfache Übung wird Ihnen helfen, die sich in Ihnen aufbauende Energie zu erden, und verleiht Ihnen das Gefühl, daß Zorn nichts Schlimmes ist, daß Sie ein Recht haben, in diesem Moment zornig zu sein.

Den ganzen Körper anspannen

Hier geht es wie bei der Schlägerzerquetschübung um Anspannung, diesmal aber mit dem ganzen Körper. Atmen Sie tief ein und halten Sie die Luft an. Spannen Sie alle Muskeln, vor allem die der Hände und des Gesichts, bis zum Bersten an. Halten Sie damit so lang wie möglich durch und wiederholen Sie das Ganze dreimal.

Grundlegende Meditationstechniken

Einer der wichtigsten Aspekte von Zennis ist die Meditation. Meditation ist eine Disziplin, mit der man innere Ruhe schaffen und sich von den in einem herumschwirrenden Gedanken und Gefühlen befreien kann. Für den Spieler, der das erhebende Gefühl, in der *zone* – frei von Selbstzweifeln und Angst, ganz natürlich und spontan – zu spielen, erleben will, ist Meditation ein Muß.

Meditation hat eine lange Geschichte, insbesondere im Fernen Osten – Indien, Tibet, China und Japan. Die spirituellen Pfade, die in diesen Ländern entwickelt oder verfeinert wurden, wie der Taoismus, der Hinduismus und der Buddhismus, sowie auch die spirituellen Praktiken Yoga, Tantra und Zen haben hunderte verschiedener Meditationstechniken hervorgebracht.

Wie findet man aber nun die richtige Technik? So wie Meditation vor sich geht, kann man sie niemandem abschauen. Da müssen Sie schon experimentieren und in sich selbst hineinhorchen.

Die richtige Technik haben Sie dann gefunden, wenn Sie mit Stille erfüllt werden, den Zustand des *no-mind* erreichen. Tatsächlich hat jede Art der Meditation die gleiche Funktion: innere Ruhe und Frieden herbeizuführen und sich selbst als reines Bewußtsein zu erleben.

In dieser Stille erfahren Sie unmittelbar, daß Sie nicht Ihr Körper, Ihre Gedanken und Ihre Gefühle sind. Sie lösen sich von allen Dingen, von denen Sie bisher annahmen, daß sie Ihr Ich bildeten.

Dieses Erlebnis stellt sich ein, wenn der Intellekt ausgeschaltet ist und Sie sich entspannt, sich also mit sich im reinen, fühlen.

Wenn Sie diese grundlegenden Prinzipien befolgen, können Sie Ihre eigenen Techniken entwickeln. Trotzdem möchte ich Ihnen einige Vorschläge unterbreiten. Dabei unterscheide ich zwischen traditionellen Meditationen, die im Sitzen vollzogen werden, und modernen aktiven Meditationen.

Traditionelle Sitz-Meditationen

Vipassana

Gautama Buddha war ein Prinz, der vor etwa 2500 Jahren in Nordindien lebte. Kurz vor seinem dreißigsten Lebensjahr verzichtete er auf den Königsthron, um zu einem Sucher nach der Wahrheit zu werden.

Buddha fastete, lebte jahrelang asketisch in der Einsamkeit der Wälder, gab aber schließlich diese Selbstkasteiung auf, da sie ihn der Erleuchtung keinen Schritt näher gebracht hatte. Statt dessen praktizierte er etwas, das später als Vipassana im Buddhismus Bedeutung erlangte – die Meditationstechnik, die zu seiner Erleuchtung führte und zur Grundlage für seine Nachfolger wurde.

Machen Sie mit bei Vipassana. Ziehen Sie Sachen an, die nicht einengen, und nehmen Sie auf einem Kissen oder einem Meditationshocker eine bequeme Haltung ein. Falls Ihnen das schwerfällt, können Sie sich auch auf einen Stuhl setzen. Halten Sie das Rückgrat gerade; Sie werden bemerken, daß das auch ohne körperliche Anspannung möglich ist. Lassen Sie zu, daß sich Ihr Bauch nach vorn wölbt.

Tun Sie sich keinen Zwang an. Ihre Sitzhaltung sollte keinerlei Spannungen bewirken. Lassen Sie die Hände auf dem Schoß ruhen. Schließen Sie die Augen. Wenn Sie zur Ruhe gekommen sind, richten Sie Ihre Aufmerksamkeit auf den

Atem – wie die Luft in den Körper hinein- und wieder hinausströmt.

Das kann auf zweierlei Weise geschehen. Sie können auf die Empfindungen in der Nase achten, fühlen, wie kühle Luft beim Einatmen in die Nasenlöcher eindringt und warme Luft beim Ausatmen ausströmt. Falls es Ihnen leichter fällt, können Sie auf das Heben und Senken des Bauches achten.

Wenn ich sage »die Aufmerksamkeit auf etwas richten«, meine ich damit nicht, daß Sie sich voll konzentrieren sollten, da diese Anstrengung zu Spannungen führen würde. Ich meine damit eine Art müheloser Achtsamkeit, die entspannte und klare Wahrnehmung der körperlichen Empfindungen.

Sie werden feststellen, daß Ihre Aufmerksamkeit vom Atmen abwandert. Es kann sein, daß Sie durch irgend etwas abgelenkt werden: durch ein Geräusch in der Nachbarschaft, durch einen Schmerz in den Gliedmaßen oder durch einen Gedanken, der Ihnen in den Kopf kommt. Denken Sie jedesmal daran, daß nur das Atmen von Interesse sein sollte, und besinnen Sie sich wieder auf die Übung.

Nach einer Weile, etwa zwanzig bis dreißig Minuten, wird Ihr Körper wahrscheinlich steif werden. Dies ist ein Zeichen dafür, daß es Zeit ist, mit der zweiten Phase der Meditation zu beginnen.

Öffnen Sie langsam die Augen, stehen Sie auf, und gehen Sie ganz langsam im Kreis herum. Richten Sie den Blick etwa einen Meter vor sich auf den Boden. Falten Sie die Hände, und lassen Sie sie sanft auf dem Bauch ruhen.

Gehen Sie auf diese Weise etwa zehn Minuten lang meditierend umher. Ihre Aufmerksamkeit sollte dabei nach wie vor auf die Atmung gerichtet sein. Sie sind vielleicht noch nie auf diese langsame, bewußte Weise gegangen und werden nun spüren, daß das zu einem eindrucksvollen Erlebnis wird.

Wenn Sie sich dazu bereit fühlen, begeben Sie sich wieder in Sitzhaltung und schließen die Augen. Üben Sie Vipassana eine Stunde lang: fünfundzwanzig Minuten im Sitzen, zehn Minuten im Gehen und dann wieder fünfundzwanzig Minuten im Sitzen.

Sie können diese Übung im Haus oder im Freien, allein oder mit einer Gruppe anderer Meditierender ausführen. Vielleicht finden Sie sogar in Ihrer Nähe Menschen, die sich dieser Meditation verschrieben haben und Ihnen beim Üben zur Seite stehen können.

Zazen

Bodhidharma, der erste Patriarch des Zen, brachte Gautama Buddhas Lehre der Meditation von Indien nach China. Kurz nach seiner Einreise traf er sich mit dem Kaiser Wu. Diese Begegnung scheint jedoch nicht besonders erfreulich gewesen zu sein, da er anschließend gleich in den Norden floh. Dort zog er sich neun Jahre lang in eine Höhle zurück, kehrte dem Eingang den Rücken zu und starrte eine Wand an. Dies ist der Ursprung von Zazen.

Auf diese Weise brachte Bodhidharma zum Ausdruck, daß die Menschen für seine Lehre noch nicht bereit waren. Er soll sich in absolutes Schweigen gehüllt haben und außer Hui-k'o, den künftigen zweiten chinesischen Patriarchen, niemand an sich herangelassen haben.

Bei Zazen hockt man sich mit offenen Augen vor eine nackte weiße Wand. Man atmet ganz normal. Man achtet nicht auf das Atmen, sondern auf das, was im Geist vor sich geht. Bodhidharmas Lehre beinhaltet im wesentlichen, daß spirituelle Befreiung bzw. Erleuchtung durch den Blick auf den Geist erreicht wird. Mehr braucht es dazu nicht. Sie sitzen einfach da, völlig untätig, blicken zur Wand und verfolgen das ganze Spektrum der vorüberziehenden Gedanken und Gefühle.

Zazen hat sich im Lauf der Jahrhunderte zu einem Ritual entwickelt, insbesondere in den Zen-Klöstern. Dort beginnt der Tag schon morgens um halb sechs, mit 108 Verbeugungen bzw. Fußfällen, mit denen die Buddhanatur begrüßt wird. Darauf folgen Stunden, in denen gesungen, Zazen geübt und umhergewandelt wird. Und es vergeht kein Tag, an dem nicht über Koans meditiert wird.

Ein Koan ist ein Rätsel, das mit dem Intellekt nicht zu lösen ist. Der Zweck eines Koans besteht darin, den Geist so sehr in Anspruch zu nehmen, daß der Verstand an einem gewissen Punkt den Kampf aufgibt und den Weg freimacht zu einer plötzlichen und grundlegenden Erfahrung von *no-mind*.

»Was ist der Ton *einer* klatschenden Hand?«

»Wo war der Mond, bevor es die Zeit gab?«

»Wie viele Leben hat eine Katze?«

Das sind klassische Zen-Koans. Wenn Ihnen Zazen liegt und Sie sich beim Sitzen vor der leeren Wand etwas wünschen, das Ihren Geist auf Trab hält, kann ich Ihnen die folgenden Zennis-Koans anbieten:

»Wo war der Grand Slam, bevor er erfunden wurde?«

»Wie kann ich ein As schlagen, ohne ein As zu schlagen?«

»Befindet sich der Tennisball innerhalb oder außerhalb meines Bewußtseins?«

»Was ist Gewinnen?«

»Was ist Verlieren?«

»Wie hieß Steffi Graf, bevor sie auf die Welt kam?«

»Was ist der ultimative Spielstand?«

Wenn Sie glauben, die Antwort gefunden zu haben, dann haben Sie nicht lange genug auf der Frage rumgekaut. Die Lösung liegt meist außerhalb des üblichen Erfahrungsbereiches.

Aktive Meditation

Aktive Meditationstechniken wurden erst in letzter Zeit entwickelt. Sie beruhen auf der Einsicht, daß der moderne Mensch verkrampfter, gestreßter und aktiver ist als die Zeitgenossen Gautama Buddhas oder Bodhidharmas.

Tatsächlich fällt es uns ziemlich schwer, einfach dazusitzen und nichts zu tun. Selbst an einem freien Tag haben wir meist ein volles Programm: Nachrichten ansehen, die Zeitung lesen, durchs Internet surfen, Freunde anrufen etc. Wir sprechen sogar von Freizeitstreß, weil wir auch nach Feierabend und am Wochenende nicht zur Ruhe kommen. Einfach überhaupt nichts zu tun führt bei uns über kurz oder lang zu Unruhe, Unbehagen und Langeweile. Daher haben manche Meditationslehrer auf die Situation des heutigen Menschen Rücksicht genommen und Techniken entwickelt, mit denen sich geistige und körperliche Spannungen lösen lassen, um sich auf die innere Ruhe und Leere vorzubereiten.

Die folgenden zwei Meditationstechniken wurden von Osho entwickelt, einem indischen Erleuchteten, der 1990 starb. Für beide Meditationen empfehle ich das Anhören von Musikkassetten, die speziell für diese Meditationen aufgenommen wurden und Ihnen helfen werden, in den Übungen aufzugehen und die verschiedenen Phasen in einer bestimmten Ordnung zu absolvieren (eine Adressen, von der Sie diese Kassetten beziehen können, finden Sie am Ende dieses Buches unter »Kontakte«, S. 251).

Dynamische Meditation

Diese Meditation ist für den frühen Morgen vorgesehen. Sie umfaßt fünf Stufen und dauert eine Stunde. Sie erfordert viel

Körpereinsatz und ist daher nicht geeignet für Personen, deren körperliche Verfassung – etwa durch einen Herzfehler – ernsthaft beeinträchtigt ist. Sie wird im Stehen ausgeführt. Dabei sollten Sie am besten die Augen geschlossen halten. Sie können auch eine Augenbinde benutzen.

Phase Eins (zehn Minuten): Beginnen Sie tief und schnell durch die Nase zu atmen. Atmen Sie kräftig aus. Setzen Sie den ganzen Körper ein, um die tiefe und heftige Atmung zu unterstützen. Legen Sie sich dabei auf keinen bestimmten Rhythmus fest. Das unregelmäßige Atmen wird in Ihnen alle möglichen Gefühle aufwühlen. Übrigens werden Sie nicht hyperventilieren, wenn Sie ausschließlich durch die Nase atmen.

Phase Zwei (zehn Minuten): Bringen Sie alles zum Ausdruck, was durch das Atmen hervorgerufen wird. Schreien Sie, lachen Sie, weinen Sie; seien Sie wütend, traurig, heiter – lassen Sie einfach alles raus. Wenn Ihre Räume hellhörig sind, können Sie diese Phase stumm ausführen. Drücken Sie dann Ihre Gefühle aus, indem Sie in die Luft boxen, auf ein Kissen einschlagen, mit den Armen und Beinen rumfuchteln, Ihre Mimik einsetzen etc. Lassen Sie sich völlig gehen.

Phase Drei (zehn Minuten): Springen Sie mit hoch erhobenen Armen in die Luft, und rufen Sie dabei das Mantra »Huh!«. Nach jedem Sprung sollten Sie mit flachen Füßen landen, so daß auch die Fersen auf dem Boden aufprallen. Die Erschütterung durch das Springen wirkt auf das Sexzentrum ein und setzt eine Lebensenergie frei, die durch den ganzen Körper strömt. In dieser Phase der Meditation sollten Sie sich völlig verausgaben.

Phase Vier (fünfzehn Minuten): Stop! Halten Sie mitten in der Bewegung an. Bleiben Sie wie angewurzelt stehen. Werden Sie zum Beobachter all dessen, was in Ihnen – Ihrem Geist und Ihrem Körper – geschieht. Lassen Sie alles einfach so sein, wie es gerade ist.

Phase Fünf (fünfzehn Minuten): Beenden Sie die Meditation mit einem improvisierten Tanz. Feiern Sie die Energie, die in Ihnen erweckt wurde.

Kundalini-Meditation

Diese Meditation nimmt ebenfalls eine Stunde in Anspruch, ist aber nicht so aktionsgeladen wie die Dynamische Meditation. Sie setzt sich aus vier Phasen zusammen, die jeweils fünfzehn Minuten dauern.

Phase Eins: Schütteln Sie in stehender Haltung den Körper. Schütteln Sie die Hände, die Arme, den Kopf, den Rumpf, die Hüften, die Beine – einfach alles. Seien Sie locker. Strengen Sie nicht die Muskeln an, sondern lassen Sie das Schütteln von selbst geschehen. Lassen Sie sich vom Schütteln überwältigen. Werden Sie selbst zum Schütteln.

Phase Zwei: Tanzen Sie umher, wie es Ihnen gerade gefällt. Bringen Sie dabei die Energie zum Ausdruck, die in Ihnen durch das Schütteln erweckt wurde.

Phase Drei: Stellen oder setzen Sie sich mit geschlossenen Augen hin.

Phase Vier: Legen Sie sich am Boden auf den Rücken, und entspannen Sie sich. Beobachten Sie einfach passiv, was in Ihnen geschieht.

Das grundlegende Prinzip der aktiven Meditation

Diesen und allen anderen Formen aktiver Meditation liegt die Erkenntnis zugrunde, daß wir uns von mentaler und physischer Spannung befreien müssen, wenn wir in uns einen Punkt der Ruhe finden wollen. Andernfalls ist echte Entspannung schwierig, wenn nicht sogar unmöglich. Entspanntheit gehört zu den schwer erfaßbaren Zuständen, die durch Bemühung nicht herbeizuführen sind. Wenn wir versuchen, uns willentlich zu entspannen, erreichen wir nur, daß die Spannung in uns zunimmt.

Die aktive Meditation rät: »Vergessen Sie alles, was Sie über Entspannung gehört haben. Tun Sie genau das Gegenteil. Stürzen Sie sich in Aktivität, verausgaben Sie sich. Wecken Sie Ihre Energie, und bringen Sie sie zum Ausdruck.« Die Entspannung stellt sich dann von selbst ein – und ebnet den Weg zur Meditation. Mit diesem Prinzip im Hinterkopf können Sie, wenn Ihnen danach ist, Ihre eigenen aktiven Meditationstechniken entwickeln.

Tanzen

Tanzen ist eine der angenehmsten Methoden, sich von Spannungen zu befreien. Legen Sie Ihre Lieblingsmusik auf, und tanzen Sie dazu, wie es Ihnen gefällt, aber mit aller Intensität. Setzen oder legen Sie sich nach etwa einer halben Stunde mit geschlossenen Augen hin, lassen Sie Ihre Gedanken an Ihnen vorbeiziehen, und meditieren Sie weitere dreißig Minuten lang.

Laufen

Wenn Sie zu den Läufern oder Joggern gehören, laufen Sie, bis Sie erschöpft sind. Legen Sie sich hin, schließen Sie die Augen, und gehen Sie in sich. Diese Meditation hat den Vorteil, daß sie sich in der freien Natur – im Wald, an einem Flußufer oder am Strand – ausführen läßt.

Mit der Ballmaschine spielen

Auf dem Tennisplatz können Sie Experimente mit der Ballwerfmaschine anstellen. Spielen Sie einhundert Bälle abwechselnd mit Vor- und Rückhand. Das wird Sie ganz schön aus der Puste bringen und Ihren Herzrhythmus beschleunigen. Setzen Sie sich auf einen Stuhl oder eine Bank, und schließen Sie die Augen. Unterlassen Sie jede Aktivität. Sammeln Sie dann die Bälle ein, um die Maschine nachzufüllen, und wiederholen Sie die Übung zwei oder drei mal.

Jede Aktivität, die dazu beiträgt, Sie in Schwung zu bringen, Ihre Energie gezielt freizusetzen, bringt Sie auch zu dem Punkt, an dem Ihnen Meditation leichtfällt. Und wenn Sie meditieren, sind Sie auf dem Pfad des Zen.

Der ideale Guru

Ein Suchender machte sich zusammen mit einigen Freunden auf den Weg, um einen Guru zu finden. Dabei traf er auf viele Lehrer, viele Mystiker, viele weise Männer, war aber mit keinem zufrieden. Einige seiner Freunde ließen sich als Schüler aufnehmen; er aber zog weiter. Er sagte sich: »Die sind doch schwach und greifen nach jedem Strohhalm. Ich suche weiter nach dem idealen Guru.« So reiste er viele Jahre lang weiter, bis ihn all seine Freunde verlassen hatten.

Schließlich gelangte er weit oben im Himalaya zu einer Höhle, in der ein beeindruckender Mann saß, mit stechenden Augen, langem weißen Bart und einer Art Heiligenschein um Kopf und Schultern herum.

»Endlich hab' ich dich gefunden!« rief der Suchende. »Du bist der ideale Guru. Nimm mich bitte als Schüler an!«

Darauf gab der Guru die Antwort: »Das kann ich nicht tun, weil ich nach dem idealen Schüler Ausschau halte.«

Die vier Dämonen: Perfektionismus, Selbstkritik, Langeweile und überzogene Erwartungshaltung

Jeder Grand Slam ist gut für Dutzende von Geschichten, und man kann bei jedem großen Turnier Beispiele für die diversen Aspekte des Spiels finden, denen ich mich in diesem Buch zuwende. Ich benutze Beispiele aus den Grand Slams von 1995 und 1996, der Zeit, in der dieses Buch entstand. Auch wenn dies einige Jahre zurückliegt, werden Sie die folgenden Erläuterungen bei den aktuellen Turnieren bestätigt finden.

Einer der interessantesten Kämpfe bei den 1996er French Open war ein Match, das kaum jemand beachtete. Das fand schon in der zweiten Runde statt, zwischen Pete Sampras, dem Erstgesetzten, und Sergi Bruguera, dem Sandplatzspezialisten aus Spanien. Das Match war sehr eng und wurde von Sampras erst nach fünf Sätzen gewonnen. In der gleichen Runde schied Andre Agassi aus, so daß die Medien die Frage aufwarfen, was mit den Topplazierten los sei. Einer war untergegangen, und der andere schien Schwierigkeiten zu haben.

Eigentlich war keines der beiden Ergebnisse eine Überraschung. Agassi war verletzt gewesen und hatte daher wenig Gelegenheit gehabt, für dieses Turnier zu trainieren. Wirklich überraschend wäre ein gutes Abschneiden Agassis gewesen. Sampras andererseits traf auf den Mann, der '93 und '94 in Paris gewonnen hatte. Sie standen sich in einer frühen Runde gegenüber, da Bruguera in der Weltrangliste nach unten gerutscht und daher nicht vorn plaziert war. Was Stil und Klasse anbelangt, hätte diese Begegnung aber sehr gut ins Finale gepaßt.

Am Ende des spannenden und kunstvollen Spiels ging der Sieger Sampras in glücklicher Stimmung vom Platz. Man konnte ihm ansehen, daß er mit seiner Leistung außerordentlich zufrieden war. Als Sampras von Reportern gefragt wurde, wie er dieses Match im Vergleich zu seinen bisherigen Erfolgen einschätze, antwortete er: »Das war wahrscheinlich das beste Sandplatzmatch, das ich je gespielt habe.«

Diese Bemerkung machte mich hellhörig, da es sich nach der Statistik um keine besonders beeindruckende Leistung des Champions gehandelt hatte. Sampras hatte die ersten zwei Sätze recht überzeugend mit 6:4 und 6:3 gewonnen, den dritten Satz aber mit 6:7 verloren. Den vierten Satz, den er mit 2:6 verlor, schien er durch viele unerzwungene Fehler zu verschenken. Im fünften und letzten Satz rettete er dann das Match. Von den gespielten Punkten konnte Sampras 155 und Bruguera 154 für sich verbuchen. In der Vergangenheit hatte er leichtere Siege und eine bessere Statistik gehabt. Was meinte er also, als er sagte, dies sei wahrscheinlich seine beste Leistung auf Sand gewesen?

Möglicherweise weiß selbst Sampras nicht die Antwort darauf. Was geschehen ist, läßt sich aber ganz einfach erklären. Der Amerikaner hatte am kritischen Punkt des Kampfs – zu Beginn des letzten Satzes – die *zone* betreten. Da begann er, über sich hinauszuwachsen.

Am Anfang des fünften Satzes bemerkte ich, daß Sampras Zunge zum Vorschein kam. Dies ist für mich ein ganz besonderes Zeichen, da dies nur derjenige tut, der geistig und körperlich völlig entspannt ist. Tatsächlich handelt es sich dabei um die natürliche Stellung der Zunge, da die menschliche Anatomie so beschaffen ist, daß ständig Muskelkraft aufgewandt werden muß, um den Mund geschlossen und die Zunge drinnen zu halten.

Dieses kleine Detail zeigte, daß der normale Steuermechanismus von Sampras' Geist und Körper umgangen worden war. Außerdem hatte er einen völlig erschöpften Gesichtsausdruck, spielte aber paradoxerweise sein bestes Tennis. Mit anderen Worten, er zapfte eine Energiequelle an, die außerhalb seiner gewöhnlichen Reserven lag.

Im ersten Spiel des fünften Satzes hatte Sampras Aufschlag, den er zu null durchbrachte. Als dann Bruguera servierte, gab Sampras alles, was er hatte, um ein Break zu schaffen. In diesem Spiel, dem kritischsten des Matchs, kam es achtmal zum Einstand. Zwischen den Ballwechseln gab es keine Verschnaufpausen, und die Zuschauer schrien sich die Lunge aus dem Leib. Schließlich nahm Sampras Bruguera den Aufschlag ab, so daß es 2:0 stand. Ich hatte seit langem kein so faszinierendes und intensives Duell mehr gesehen.

Dem Spanier war klar, daß ihm nun ebenfalls ein Break gelingen mußte, da er sonst kaum ins Spiel zurückfinden würde. Wenn Sampras Aufschlagspiel funktioniert, wenn er immer wieder die Linien trifft, ist es sehr schwierig, ihm auch nur einen einzigen Punkt abzunehmen. Bruguera erzwang bei diesem Spiel aber vier Einstände und hatte zweimal Breakball. Sampras legte immer wieder einen Punkt vor und schaffte schließlich das 3:0.

Beide Spieler waren zu diesem Zeitpunkt völlig erschöpft, atmeten heftig und schwitzten aus allen Poren. Die Pause beim Seitenwechsel änderte daran wenig. Ich hatte den Eindruck, daß Sampras, nachdem er drei Spiele in der *zone* gewonnen hatte, nun wieder auf seine Taktik zurückgriff. Auf der Bank muß er sich gedacht haben »Wahnsinn! Ich liege zwar 3:0 vorn, wie soll ich aber den Rest des Satzes körperlich durchstehen?« Er änderte seine Strategie und ließ Bruguera seine Aufschlagspiele gewinnen, ohne ernsthaft Gegenwehr zu leisten. Er sparte seine Energie für seine eigenen Aufschlagspiele auf. Wenn er diese durchbrächte, würde er bei seinem Vorsprung automatisch das Match gewinnen.

Als Sampras beim Stand von 5:3 servierte, gelang Bruguera durch übermenschliche Anstrengung das 30:0. Sampras spielte ihn jedoch bei den nächsten vier Punkten aus, gewann das Spiel, den Satz und einen spannenden Zweikampf.

Sampras legte kein »perfektes« Match hin. Aber ein perfektes Spiel zu bieten bedeutet nicht unbedingt ein brillanter und erfolgreicher Tennisspieler zu sein. Das ist der Grund, aus dem ich dieses Kapitel mit dieser Anekdote beginne. Wenn ein enges Match in den vierten und fünften Satz geht – was im Profitennis fast nur in den Grand Slams und im Daviscup vorkommt –, haben die Kriterien für »perfektes« Tennis oft keine Geltung mehr.

In den Turnieren, bei denen maximal drei Sätze pro Match gespielt werden, hätte ein Profi wie Sampras nie so viele Punkte leichtfertig vergeben wie im vierten und fünften Satz gegen Bruguera. Dieses lange Match nahm ihn aber dermaßen in Anspruch, daß er tricksen, große Risiken auf sich nehmen und sich von gewöhnlichen Vorstellungen losreißen mußte.

Perfektionismus

Als Spieler und später als Coach begegnete ich sehr vielen Spielern, die sich das Ziel gesetzt hatten, perfektes Tennis zu spielen. Diese Ambition hat aber eine lähmende Wirkung auf das Spiel. Sie versperrt den Weg zum Erleben der magischen Momente, in denen das normale Denken und Agieren auf eine höhere Ebene gehoben werden, der Energieaustausch zwischen den Spielern über alles hinausführt, was sie je von dem Sport erwarteten.

Perfektion ist ein Ideal, das in unserer Kultur sowohl bei der Arbeit als auch im Privaten angestrebt wird. Sie kommt einem wie ein legitimes und erstrebenswertes Ziel vor; wenn man sie aber genauer ins Visier nimmt, erkennt man, welche Schwierigkeiten sie einem macht.

Sie haben z. B. in Trainingsstunden oder durch Beobachten anderer Spieler eine Vorstellung davon gewonnen, wie eine perfekte Rückhand zu schlagen sei. Wenn Sie nun in einem Match dem Ideal, das Sie für sich geschaffen haben, entsprechen wollen, werden Sie dafür einen Preis zahlen müssen, da Sie dem Spiel nicht Ihre ungeteilte Aufmerksamkeit zuwenden. Sie werden zwischen Ihrem Ideal und dem, was momentan zwischen Ihnen und Ihrem Gegner abläuft, hin- und hergerissen. Sie haben schon genug zu tun, bürden sich aber auch noch die Aufgabe auf, die Kluft zwischen Ihrem tatsächlichen Spiel und dem Ideal, das Ihnen vorschwebt, zu überwinden. Außerdem werden Sie mit sich selbst unzufrieden, wenn Sie Ihre Vorstellung nicht verwirklichen können, was sehr wahrscheinlich ist, da kein Schlag dem anderen gleicht.

Im Tennis kann sich Perfektionismus zu einem echten Dämonen entwickeln. Ich habe unzählige Spieler erlebt, die maßlos frustriert waren, weil sie ihren eigenen idealistischen Maßstäben nicht gerecht wurden.

Einer meiner Schüler, ein 33jähriger Universitätsdozent namens Georg, hatte sich in eine bestimmte Idee verrannt, wie die Vorhandbewegung auszuführen sei. Er bildete sich unter anderem ein, der Schlag müsse mit hoch über der Schulter erhobenem Schläger enden.

Als ich ihm eines Nachmittags beim Spielen zusah, geriet

er in einen engen und heftigen Zweikampf, in dem sich beide Spieler völlig verausgabten. Beim Satzball entwickelte sich ein langer und aufregender Ballwechsel, der dadurch beendet wurde, daß Georg einen cross gespielten, schnellen Ball noch während er lief mit der Vorhand abblockte und in die freie Ecke des Gegners zurückschickte.

Ich wollte Georg schon gratulieren, als er laut zu fluchen begann, in der Mitte des Platzes stehenblieb und den Vorhandschlag einige Male wiederholte, als ob er ihn verbessern wolle.

»Ich krieg' das nie hin«, beschwerte er sich.

Da konnte ich mir nicht verkneifen, ihm vorzuwerfen: »Was, um Himmels willen, willst du denn noch? Das war doch ein wunderbarer Winner!«

Er hatte den Satz gewonnen, konnte sich aber nicht entspannen und das Gefühl des Erfolgs auskosten, da sein letzter Schlag ein auf die Schnelle improvisierter gedrückter Schlag war, bei dem sein Schläger nicht so durchschwang, wie er sich das vorstellte. Solche Reaktionen sind nicht so selten, wie Sie vielleicht annehmen. Jeder erfahrene Coach wird einem solchen Spieler sagen, daß er gut reagiert und genau das Richtige getan habe. Womöglich gab es gar keine andere Möglichkeit, mit diesem Ball fertig zu werden, als ihn zu blocken. Vielleicht hätten sogar Sampras oder Agassi in dieser Situation das Gleiche getan. Georg blieb aber stur und machte sich weiterhin Vorwürfe, weil er seinem Ideal des perfekten Schlags nicht näherkam.

Solche Spieler brauchen ihre Zeit, bis sie einsehen, daß gutes Tennis, selbst großartiges Tennis, nichts mit der minuziösen Ausführung von Schlägen, wie sie im Lehrbuch stehen, zu tun hat. Es geht vielmehr darum, sich die Fähigkeit anzueignen, auf die aktuelle Herausforderung richtig zu reagieren.

Dies erfordert Offenheit und Flexibilität, also einen Kopf, der nicht mit vorgefaßten Meinungen zugeschüttet ist.

Ein Könner wie Sampras macht sich nicht den Streß, jeden einzelnen Schlag optimal ausführen zu müssen. Sampras versteht es, wie in dem Match mit Bruguera, sein Spiel in den wichtigen Momenten – bei den »big points«, wie es in der Tennissprache heißt – einen Gang höher zu fahren, und somit zu gewinnen. Deshalb war er nach diesem Match so glücklich. Mit der Einstellung eines Perfektionisten hätte er dieses Match im Rückblick wahrscheinlich nicht so hoch bewertet.

Meiner Erfahrung nach hat die perfektionistische Einstellung auch auf unser sonstiges Leben eine vergiftende Wirkung. Wenn Sie meinen, dauernd über Ihr Tun und Lassen Rechenschaft ablegen zu müssen, werden Sie nie in der Lage sein, alle viere von sich zu strecken und mit sich und der Welt eins zu sein. Sie werden immer das Gefühl haben, daß Ihnen zur Vollkommenheit und zum Erfolg noch etwas fehlt.

Selbstkritik

Selbstkritik erwächst aus Perfektionismus und kann zu einem Dämonen werden, der schwer zu fassen ist, da selbst eine großartige Spielerin wie Steffi Graf anscheinend nie mit sich zufrieden ist. (Erst jetzt, bei den French Open 1999, konnten wir eine andere Steffi erleben.) Wenn Steffi Graf nach einem Sieg interviewt wird, kritisiert sie oft ihr Spiel und sagt, daß sie mit ihrer Form nicht ganz zufrieden sei.

Man ist versucht, daraus zu schließen, ein Grund für ihre außergewöhnlichen Leistungen wäre ihre Selbstkritik – ihre ständige Unzufriedenheit mit sich selbst wäre für ihren Erfolg verantwortlich. Ich habe schon Eltern erlebt, die ihren Kindern Steffi Graf als Vorbild vorhielten, indem sie ihnen sagten: »Schau dir Steffi an. Die ruht sich nicht auf ihren Lorbeeren aus, sondern versucht, immer besser zu werden. Wenn du so gut sein willst wie sie, solltest du nie mit dir zufrieden sein.«

Ich glaube, daß Steffi Graf ein ausgeprägtes Vertrauen in sich selbst hat, auf ihre Kraft, ihre Schläge und ihre Fähigkeit, trotz Verletzungen, persönlichen Problemen, ungerechten Entscheidungen des Schiedsrichters und vermeidbaren Fehlern ihre Mitte zu bewahren. Sie ist eine großartige Athletin, die keinen Ball verloren gibt. Sie liebt die Herausforderung, die ein enger Wettkampf mit sich bringt, und zeigt fast keine Furcht, wenn es um die entscheidenden Punkte geht, bei denen viele Spieler weiche Knie bekommen.

Aber in der Öffentlichkeit zieht sie es vor, sich zu kritisieren. Es ist ja auch höflicher, über seine Schwächen als über seine Stärken zu sprechen. Über Steffi Graf ist außerdem bekannt, daß sie abergläubisch ist, also das Schicksal nicht durch Eigenlob herausfordern will. Sie sagt nicht »Ich fühl' mich wirklich toll. Heut' hab' ich super gespielt«, weil sie befürchtet, daß sie ihr Glück verschreien könnte.

In ihrem Fall funktioniert diese Strategie; aber ich würde aufstrebenden jungen Spielerinnen diesen Aspekt von Steffi Grafs Verhalten nicht zur Nachahmung empfehlen. Ihre Selbstkritik ist ein Deckmantel, eine Maske für eine außerordentlich starke und über ungeahnte Reserven verfügende Spielerin. Sie gewann 1995 drei Grand-Slam-Turniere und wiederholte diesen Erfolg 1996, als sie aufgrund von Verletzungen kaum Zeit zur Vorbereitung hatte.

Erfolg ist immer relativ. Da Steffi Graf bei den Australian Open nicht antrat, gewann sie '95 und '96 nicht den Grand Slam, wie es ihr 1988 gelungen war, als sie alles erreichte, was zu erreichen war, indem sie den Golden Grand Slam – die vier größten Turniere und die olympische Goldmedaille – gewann. Ich habe aber den Verdacht, daß sie jetzt viel zufriedener ist als 1988, da es ihr nun gelingt, in ihrem Privatleben viele Hindernisse zu überwinden und gleichzeitig auf der Profitour zu gewinnen.

Für mich besteht zwischen Selbstkritik und einer realistischen Bewertung der Leistung auf dem Platz ein wesentlicher Unterschied. Wenn man sich selbst gegenüber ehrlich ist und seine Mängel erkennt, so bedeutet das noch lange nicht, daß man sich selbst gegenüber negativ wird.

Selbstkritik geht gewöhnlich mit einem Vergleich einher, dem Vergleich mit sich selbst – um wie viel besser man bei anderen Gelegenheiten gespielt hat – und anderen, was im Gesellschaftsleben durchaus beeindruckende Ergebnisse hervorbringen kann. Oft kämpfen sich gerade diejenigen Menschen, die von Selbstkritik, einem Gefühl des Neids oder der Unterlegenheit angetrieben sind, auf der Leiter des Erfolgs – sei es im Sport, in der Politik, in der Geschäftswelt oder der Unterhaltungsindustrie – ganz nach oben.

Diesen Menschen fällt es jedoch schwer, zu einem Punkt zu gelangen, an dem sie sich entspannen und das Leben genießen können. Für sie wird der dauernde Kampf zur grundlegenden Lebenshaltung, in der für persönliche Erfüllung kaum Platz ist.

Langeweile

Der dritte Dämon ist die Langeweile, die mit Frustration Hand in Hand geht. Wenn z. B. ein Spieler merkt, daß er mit seinem Spiel nicht vorankommt und immer wieder die gleichen Fehler macht, führt dies zu einem Gefühl der Frustration, was aber meist nicht direkt zum Ausdruck gebracht wird.

Wird dieser Spieler gefragt, wie es um sein Spiel steht, wird er kaum zugeben, daß er wegen seiner Stagnation frustriert ist, sondern z. B. antworten: »Ach, mich langweilt Tennis. Neuerdings verbring' ich mehr Zeit auf dem Golfplatz.« Damit ist das Problem aber nicht gelöst. Höchstwahrscheinlich wird dieser Spieler beim Golf ebenfalls bald an einen Punkt der Frustration gelangen. Und was dann? Segeln? Paragliding? Mountain-Biking?

Es scheint ganz natürlich zu sein, daß ein Sport langweilig wird, wenn eine gewisse Anregung fehlt. Ein Spieler muß neue Erfahrungen machen, um neugierig und engagiert zu bleiben. Aber durch Ändern der äußeren Umstände, durch ständigen Wechsel der Sportart, wird das grundlegende Problem nicht gelöst.

Die Überwindung von Langeweile ist eine wunderbare Herausforderung, da Sie die Erfahrung, die Sie dabei machen, auf andere Bereiche Ihres Lebens, die Ihnen eintönig und langweilig vorkommen, anwenden können. Entspricht das nicht dem, was viele Menschen in ihrem Liebesleben tun, wenn sie den Partner wechseln, um den Reiz des Neuen zu erleben?

Als ich noch Profi war und jeden Tag vier Stunden lang trainierte, gestand ich mir nicht ein, daß ich gelangweilt war. Ich machte stur und mechanisch mit den Drillübungen weiter und schlug jedesmal bis zu sechshundert Bälle mit dem Erfolg, daß ich im Spiel oft meine Präsenz, meinen Biß, verlor. Ich befürchtete durch Zulassen des Gefühls der Langeweile mein Training zu vernachlässigen und mich dann schuldig zu fühlen, weil ich nicht meinem Ziel nachkam, in Form zu bleiben. Außerdem übte ich immer mit dem gleichen Partner. Wenn ich einfach aufgehört hätte, hätte er niemanden mehr gehabt, mit dem er zusammen trainieren konnte. Ich durfte ihn auf keinen Fall im Stich lassen.

Manchmal mußte ich mich zum Trainieren zwingen, nur um die Abmachung einzuhalten, die ich mit meinem Partner getroffen hatte, und schlug die Bälle, ohne bei der Sache zu sein. Im Rückblick erkenne ich, daß mich solche Entscheidungen die Freude am Spiel kosteten.

Für mich ist Gelangweiltsein ein Zeichen von Intelligenz. Je intelligenter Sie sind, um so eher werden Sie Langeweile empfinden, wenn in Ihrem Leben das tägliche Einerlei überhandnimmt. Sie sind schließlich keine Maschine. Es liegt nicht in der menschlichen Natur, immer wieder die gleichen Aufgaben zu erledigen.

Das Anerkennen des Gefühls der Langeweile, die Erkenntnis, daß man zu Recht gelangweilt ist, schafft bereits Erleichterung, einen gewissen inneren Freiraum. Es ist wichtig, der Langeweile auf den Zahn zu fühlen und sie nicht einfach durch andere Aktivitäten unter den Teppich zu kehren.

Viele Spieler bekämpfen ihre Langeweile, indem sie einen neuen Schläger ausprobieren, ihren Trainingspartner wechseln oder bei einem anderen Trainer Stunden nehmen. Sie reduzieren die Zeit, die sie auf dem Tennisplatz verbringen. Sie experimentieren mit verschiedenen Stilrichtungen. All dies sind kurzfristige Lösungen, können aber durchaus dazu beitragen, das Interesse am Spiel neu zu wecken.

Für mich aber kam der eigentliche Wendepunkt, als ich meine Aufmerksamkeit von außen nach innen richtete – von dem, was auf dem Platz vor sich ging, auf das, was in meinem Inneren geschah. Das war der Schlüssel zu der Erkenntnis, daß ich das Tennisspiel als Gelegenheit wahrnehmen konnte, mich selbst zu erforschen und zu entdecken.

Eine einfache und wirkungsvolle Methode, den Blickwinkel zu verändern, besteht z. B. darin, sich auf die Atmung zu konzentrieren. Wenden Sie in einer alltäglichen Drillübung, beispielsweise beim Schlagen von Vorhänden entlang der Linie, ihre Aufmerksamkeit vom Ball, vom Schlag ab, und richten Sie sie auf Ihre Atmung. Achten Sie beim Training darauf, wieviel Luft Sie aus- und einatmen, wieviel Zeit zwischen den Atemzügen vergeht etc. Durch diese Technik bringen Sie sich in die Gegenwart – das Hier und Jetzt – zurück, wo Langeweile keinen Platz hat.

Überzogene Erwartungshaltung

Der vierte Dämon ist die überzogene Erwartungshaltung. Hier möchte ich darauf zu sprechen kommen, was Michael Stich einmal passierte. Stich ist, wie ich bereits erwähnte, ein begnadeter Spieler, der aber, als er Position Zwei der Weltrangliste erreichte, Schwierigkeiten hatte, den in ihn gesetzten Erwartungen gerecht zu werden. Bei den Grand Slams schied er eine Zeit lang meist schon in den Eröffnungsrunden aus.

Obendrein hatte er das Pech, sich im Oktober 1995 bei einem Hallenturnier in Wien eine schlimme Fußverletzung zuzuziehen, die ihn ein halbes Jahr außer Gefecht setzte. In dieser Zeit mußte er zwei riskante und komplizierte chirurgische Eingriffe über sich ergehen lassen.

Schon zehn Wochen nach der zweiten Operation und so gut wie keinen Vorbereitungsspielen trat er bei den 1996er French Open an. Niemand erwartete, daß er gut abschneiden würde und Stich selbst erklärte, daß er bei dem Turnier nur ein paar Spiele absolvieren wolle, um wieder den Anschluß zur Weltklasse zu gewinnen.

Als ich Stich in den Eröffnungsrunden beobachtete, war er

sorglos und beschwingt. Auf seinen Schultern lastete kein Gewicht. Er mußte sich selbst und keinem anderen etwas beweisen. Er war einfach glücklich, daß seine Füße wieder mitspielten, wie ein Vogel, der nach vielen Monaten des Eingesperrtseins aus seinem Käfig herausgelassen wird.

In dieser sorglosen Stimmung gewann Stich in der ersten, in der zweiten und dann auch noch in der dritten Runde. Da begannen alle, auf ihn aufmerksam zu werden und zu erkennen, daß in diesem Mann, den einige Journalisten schon zum alten Eisen gerechnet hatten, etwas Bedeutendes vor sich ging. Im Viertelfinale schlug er den fast unbezwingbaren Thomas Muster, den »König des Sandplatzes«, der ein Jahr zuvor in Paris den Titel geholt hatte. Im Halbfinale setzte er sich gegen den Schweizer Mark Rosset durch, wobei er so gut spielte, daß er anschließend voller Freude erklärte: »Das war das beste Match, das ich je gespielt habe.«

Damit hatte er – entgegen allen Erwartungen, einschließlich seiner eigenen – das Finale erreicht. Von da an änderte sich aber alles. Stich spielte gegen den Russen Jewgeni Kafelnikow gutes Tennis, aber ohne die Magie der sorglosen Unschuld, des Glücklichseins ohne besonderen Grund. Es war ein enges Match, aber in den entscheidenden Momenten war der Russe besser. Stich gewann keinen einzigen Satz.

Was war geschehen? Für mich begann Stichs Abstieg, als er nach seinem Halbfinalsieg über Rosset erklärte: »Jetzt will ich das Turnier gewinnen.« Das war der Moment, in dem er seine Unschuld, seine Wunschlosigkeit, verlor. An deren Stelle war die Erwartungshaltung, die Absicht zu gewinnen, getreten.

Die Erwartungshaltung ist auf die Zukunft gerichtet. Man beschäftigt sich mehr mit dem Endergebnis als mit dem, was im Moment um einen herum geschieht. Die Energie geht in verschiedene Richtungen. Man wird berechnender, folgt eher einer Strategie des Verstandes, als sich auf seine Intuition und Spontaneität zu verlassen.

In Stichs Fall war der Absturz verständlich. Als er das Finale erreichte wußte er, daß er nur noch einen einzigen Sieg brauchte, um in die Annalen der Tennisgeschichte einzugehen. Mit einem solch unerwarteten und unvorhersehbaren Erfolg würde er nicht nur ein Star, sondern fast zur Legende werden – jemand, über den man noch Jahre später spricht.

Das Finale mußte aber erst noch ausgetragen, erst noch gewonnen werden. Der zweite Platz würde, auch wenn er eine bedeutende Leistung darstellte, nicht ausreichen, um berühmt zu werden. So ist das nun einmal in unserer wettbewerbsorientierten Kultur. Das Wissen um diesen Sachverhalt wurde für Stich zu einer Last, die ihn seine Leichtigkeit und Unbefangenheit – und schließlich den Sieg – kostete.

Seine Enttäuschung kam in den Kommentaren zu Ausdruck, die er nach dem Spiel abgab. »Für den zweiten Platz kann ich mir nichts kaufen«, beschwerte er sich. Wortwörtlich genommen stimmte das natürlich nicht, da er gerade mehrere hunderttausend Dollar gewonnen hatte. Aber im übertragenen Sinn hatte er damit ins Schwarze getroffen. Er konnte sich keinen Platz in den Geschichtsbüchern kaufen. Er fiel dem Dämonen der Erwartungshaltung zum Opfer.

Gibt es einen Ausweg?

Beim Lesen dieses Kapitels sind Sie wahrscheinlich auf Tips und Techniken begierig geworden, mit denen Sie sich schnell und einfach aus den Klauen der vier Dämonen Perfektionismus, Selbstkritik, Langeweile und Erwartungshaltung befreien können. Für den Spieler auf dem Zen-Pfad ist es jedoch wichtig zu lernen, diese Dämonen zu erkennen und in ihrem Wesen zu verstehen. Der Zennis-Spieler akzeptiert die Dämonen. Ihr Würgegriff wird allein schon durch diese Akzeptanz und dieses Verständnis gelockert. Die Wandlung selbst gelingt durch eine Kombination aus Verständnis, Meditation und Verfestigung positiver Einstellungen, die ich in Kapitel 9 beschreibe.

Ist da noch jemand?

Ein Priester war allein in den Bergen unterwegs und verirrte sich. Es wurde dunkel. In einem unachtsamen Moment stolperte er und fiel in einen Abgrund. Im Fallen gelang es ihm, einen kleinen, aus der Felswand herauswachsenden Busch zu umklammern. Er hielt sich verzweifelt an dem Busch fest, von totaler Finsternis umgeben, ohne zu wissen, wie tief es hinunterging. In seiner Angst und Panik wandte er sein Gesicht gen Himmel und rief Gott an, damit dieser ihm helfen solle.

»Ist da oben jemand? Ist da oben jemand?« schrie er hinauf.

»Ja, mein Sohn«, dröhnte eine mächtige Stimme von oben herab. »Ich bin hier.«

»Allmächtiger! Ich bin ein Priester. Bitte rette mich!« rief der Mann außer sich.

»Ja, mein Sohn, ich werde dich retten«, sagte die Stimme. »Habe Vertrauen in mich. Laß den Busch los, es wird dir nichts passieren.«

Der Priester warf einen Blick in die Dunkelheit unter

ihm, dachte einen Moment lang nach, wandte sein Gesicht wieder dem Himmel zu und rief aus: »Ist da oben noch jemand?«

Angst: Der stärkste Gegner auf dem Platz

Diese Augen. Bei deren Anblick läuft es mir kalt den Buckel runter. Eine Zeitlupenwiedergabe von Jana Novotnas Gesichtsausdruck, wenn sie bei einem wichtigen Match dem Ball nachjagt, gehört zu den intensivsten Szenen, die ich je im Fernsehen gesehen habe.

Es hat einige Zeit gedauert, bis ich ihr zusehen konnte. Wenn sie in den späteren Runden eines großen Turniers spielte, sah ich mir ihre Spiele meist nur ein paar Minuten lang an und suchte mir dann eine andere Beschäftigung. Erst vor kurzem habe ich erkannt, warum ich so reagierte. Es hat nichts mit ihrem spielerischen Können zu tun. Jana Novotna ist derzeit eine der talentiertesten Spielerinnen auf der Profitour. Ihre feste Plazierung unter den Top Ten hat sie zu Recht verdient.

Was mich unangenehm berührt, sind ihr Schmerz, ihr Leid und ihre Angst. Ich weiß nicht, ob sie sich dieser Gefühle bewußt ist, aber die Kamera lügt nicht. Wenn der Druck da ist, wenn der Einsatz hoch ist, wirken ihre Augen doppelt so groß wie sonst. Wenn sie rennt und nach dem Ball hechtet hat sie einen so panischen Blick wie jemand, der einer Gewehrkugel ausweichen will oder jemand, der ein kleines Kind davor retten will, in einen Brunnenschacht zu fallen. Ich sehe in ihrem Gesichtsausdruck nicht nur Angst, sondern auch Verzweiflung; sie scheint zu glauben, nie einen Erfolg erringen zu können, so sehr sie sich auch anstrengt.

Trotz ihrer Verzweiflung kämpft sie mit aller Kraft. Sie schindet sich richtiggehend, vielleicht sogar mehr, als alle anderen Spielerinnen das tun. Ich habe aber den Eindruck, daß in ihrer Psyche die Überzeugung verborgen ist, dies werde niemals ausreichen.

Aufgrund ihres Talents kommt sie gewöhnlich durch die ersten Runden eines Turniers, wenn es aber darauf ankommt, wenn die Siegestrophäe in erreichbare Nähe rückt, weiß sie, daß sie verlieren wird. »Verlieren« ist eigentlich ein zu harmloser Ausdruck dafür, »scheitern« trifft die Sache genauer.

Deshalb fällt es mir schwer, Jana Novotna beim Spielen zuzusehen. Es tut weh, mitanschauen zu müssen, wie eine so fähige Spielerin in den Momenten, in denen sie dem Sieg nahe ist, sich selbst besiegt. Es berührt, ihre durch die Zeitlupenwiedergaben zum Vorschein kommende Verletzlichkeit zu sehen, die Panik in ihren Augen, wenn sie wieder einmal versucht, die Barriere zu durchbrechen.

Die Medien fanden schnell eine Erklärung für ihr Problem. Sie wurde als diejenige Spitzenspielerin hingestellt, die »ihre Nerven nicht unter Kontrolle habe«. Es wurde anerkannt, daß sie eine herausragende Athletin ist, gleichzeitig wurde ihr aber »emotionale Instabilität« attestiert.

Im Wimbledon-Finale 1993 war Jana Novotna Steffi Graf zuerst überlegen und kam dem begehrtesten Titel, den das Tennis zu bieten hat, sehr nahe. Sie führte im letzten Satz mit 4:1 und im sechsten Spiel 40:15. Bis zu diesem Moment waren ihr mühelos viele Gewinnschläge gelungen, als ob sie in einer Traumwelt spielte, in der nichts schiefgehen kann. Dann verlor sie in einem der dramatischsten Zusammenbrüche der Tennisgeschichte innerhalb von zehn Minuten das ganze Match. Als das Finale vorbei war, weinte sie in den Armen der Herzogin von Kent, die die Preise verlieh, bittere Tränen.

Bei den 1995er French Open lag sie gegen die Amerikanerin Chanda Rubin im letzten Satz mit 5:0 und im sechsten Spiel mit 40:0 in Führung – einen sichereren Vorsprung kann man sich nicht wünschen. Sie verlor mit 6:8. Wenn Jana Novotna fällt, fällt sie hart, niedergestreckt von ihrer eigenen Angst.

Angst wovor? Das ist nicht leicht zu beantworten. Ich bin kein Psychologe und kann nicht behaupten, ich habe eine schnelle Lösung für ein kompliziertes Problem parat. Man kann jedoch einige Beobachtungen machen – Beobachtungen, die auch für viele andere Spieler, und zwar auf jedem Spielniveau, Bedeutung haben.

Bei Jana Novotna fällt mir auf, daß sie sich – mehr als alle anderen Spielerinnen – dauernd antreibt, nach einem gewonnenen Punkt die Fäuste ballt, sich aufbläht und sich selbst mit schroffen Worten anfeuert. Sie kommt mir vor wie ein Militärkommandant, der eine Operation in einem Krisengebiet leitet.

In diesen Phasen erscheint mir ihr Auftreten sehr maskulin. Das kann ein Hinweis sein, da sie sich, wenn sie wirklich brillant spielt und ihr Potential voll ausschöpft, nicht so verhält. Sie zeigt sich dann als starke, aber sensible Frau, als jemand, die auf kunstvolle und magische Weise mit dem Ball umzugehen versteht, wie ein begnadeter Musiker, der aus seiner Violine wunderbare Klänge hervorzaubert.

In entscheidenden Spielen, in denen sie auf starke Gegenwehr trifft, was in den späteren Runden eines großen Turniers unweigerlich der Fall ist, drängt sich der Militärkommandant in den Vordergrund – ihre artistische Genialität ist dann wie weggefegt. Es scheint so, als ob sie sich für den Gewinn dieser männlichen Energie den Verlust ihrer weiblichen Intuition einhandelt.

Auf weibliche Fähigkeiten vertrauen

Ich nehme an, Jana Novotna fällt es schwer, sich beim Spielen auf ihre weiblichen Fähigkeiten zu verlassen. Das dürfte darauf zurückzuführen sein, was sie als Heranwachsende beim Training erlebt hat. Es ist kein Geheimnis, daß in der rauhen Welt des Profitennis viele Trainer – ein Job, der fast ausschließlich von Männern ausgeübt wird – Frauen keinen wirklichen Respekt entgegenbringen.

Spielerinnen werden oft als mangelhafte Versionen der Männer, als Männer in weiblichen Körpern, behandelt, die nie so schnell laufen oder so hart schlagen können wie das andere Geschlecht, so sehr sie sich auch anstrengen mögen. Wenn sich Trainer zusammensetzen und das Bier schon eine Weile geflossen ist, hört man nicht selten Macho-Bemerkungen über ihre Schülerinnen, einschließlich abfälliger Kommentare über ihr Gewicht, ihr Aussehen und ihren Sex-Appeal.

Ich vermute, Jana Novotna ist schon zu Anfang ihrer Karriere beigebracht worden, daß ihre Talente als Frau, ihre Sensibilität, ihre natürlichen Anlagen, ihre Kunstfertigkeit, im Tennis nutzlos sind. Wahrscheinlich wurde ihr eingetrichtert, sich eine Art militärischer Disziplin anzueignen, um einen möglichst kräftigen Körper zu entwickeln, sowie die Einstellung, sich immer das Äußerste abzuverlangen. Was gewiß nicht dazu beiträgt, sich auch einmal zu entspannen und einfach nur das Spielen zu genießen, oder sich zu denken, so wie ich bin, bin ich gut genug.

Jana Novotnas Schwierigkeiten begegnen einem auch im Leben anderer Spielerinnen. Es scheint eine Spaltung einzutreten zwischen ihrer weiblichen Natur und dem Anspruch, wie ein Mann zu funktionieren, damit der Erfolg sich durch einen härteren Schlag und durch auf roher Muskelkraft beruhender Überlegenheit einstellt. Die Angst kommt daher, daß sie glauben, als Frauen nie stark genug zu sein und von der ihr Leben beherrschenden männlichen Autoritätsperson, dem Coach, dem Vater oder dem Lehrer, für ihre Unzulänglichkeiten kritisiert zu werden.

Ich will damit nicht sagen, Spielerinnen bräuchten keine körperliche Kraft. In der anspruchsvollen Welt der Grand-Slam-Turniere muß eine Frau natürlich auch körperlich topfit sein. In ihren Schlägen muß eine Menge Power stecken.

Es erscheint mir jedoch wichtig zu erkennen, welches zerstörerische Werk innere Konflikte anrichten können. Nach C. G. Jungs Erkenntnis der menschlichen Psyche besitzt jeder von uns in sich einen weiblichen und einen männlichen Pol. Wenn einer dieser Pole zu stark unterdrückt oder abgelehnt wird, stellt sich in uns unweigerlich ein Mißklang ein. Beide Seiten wollen berücksichtigt und anerkannt sein.

Evert und Hingis

Einige Spielerinnen haben demonstriert, daß diese innere Harmonie durchaus zu erreichen ist. Chris Evert, die amerikanische Championatin, die in den 70er Jahren im Damentennis lange Zeit den Ton angab, war in der Lage, Kraft und Energie mit weiblicher Anmut und Artistik zu verbinden. Steffi Graf, die derzeit athletischste und am meisten Druck machende Tennisspielerin, hat sich mit ihrer Weiblichkeit angefreundet und blühte von einem eingeschüchterten Teenager zu einer reifen Frau auf.

Die 15jährige Schweizerin Martina Hingis, die bei den 1996er U.S. Open Arancha Sanchez Vicario und Jana Novotna schlug und somit das Halbfinale erreichte, scheint sich auf die anmutige Art einer modernen Chris Evert zu entwickeln. In ihrem Alter verfügt sie noch nicht über die Muskelkraft einer Erwachsenen und beweist somit, daß man beim Tennis mit einem lockeren schwungvollen Schlag sehr viel Erfolg haben kann. Interessanterweise ist Martina Hingis hauptsächlich von ihrer Mutter, nicht von einem Mann, trainiert worden.

Sie ist die Spielerin, deren Weiterentwicklung man in den nächsten Jahren genau beobachten sollte. Es kann gut sein, daß sie durch den geschickten Einsatz ihrer weiblichen Kraft eines Tages zur Nummer Eins wird.

Im Rampenlicht

Der Versuch, die Gründe für das Verhalten von Tennisprofis zu erkennen, wie ich das bei Jana Novotna getan habe, mag als unnötiges Eindringen in das Leben dieser Stars erscheinen. Profispieler, ob Frau oder Mann, können sich jedoch einer solchen Prüfung nicht entziehen, da jede Facette ihrer Person der Öffentlichkeit zur Schau gestellt wird, sobald sie auf dem Platz – im Rampenlicht – stehen. Versetzen Sie sich für einen Augenblick an deren Stelle und Sie werden sehen, wie man sich dabei fühlt. Stellen Sie sich vor, Sie sind auf dem Centre Court.

– Sie sind allein.

– Sie werden von keinen Mannschaftskameraden unterstützt.

– Sie dürfen nicht mit Ihrem Coach sprechen.

– Es gibt keine Aus-Zeiten, in denen sich die Strategie besprechen ließe.

– 15 000 Menschen auf den Rängen und Millionen von Fernsehzuschauern beobachten jede Ihrer Bewegungen.

– Sie treten gegen die besten Spieler der Welt an.

– Sie wollen um alles in der Welt gewinnen.

– Und nach jedem Punkt, in der Pause zwischen den Aufschlägen, zeigen die Fernsehsender Ihre Bewegungen noch einmal in Zeitlupe, die jede Nuance Ihres Gesichtsausdrucks erbarmungslos wiedergibt.

In dieser Situation werden Sie sich wahrscheinlich wie eine überreife Tomate in einem Dampftopf vorkommen, unter dem das Gas voll aufgedreht ist. All Ihre persönlichen Schwächen, psychischen Wunden, ungelösten Probleme, von denen manche womöglich auf Ihre Kindheit zurückzuführen sind, werden wie auf einem Präsentierteller ausgebreitet.

Dies ist für mich das Faszinierende am professionellen Tennis. Mich interessiert weniger, wer gewinnt oder verliert, sondern das menschliche Drama, mit dem die Bewältigung der Herausforderungen, denen man in solchen kritischen Situationen gegenübersteht, verbunden ist. Unter solchen Umständen haben sogar Profis Angst zu versagen, vor allem, wenn sie nicht nur für sich selbst, sondern für ihr Land kämpfen, wie beim Davis Cup und Federation Cup.

Davis-Cup-Druck

Ich möchte hier wieder auf Michael Stich zurückkommen wegen eines Vorfalls, der sich 1995, kurz vor seiner Fußverletzung, ereignete. Stich bestritt im Davis Cup für Deutschland das entscheidende Einzel gegen Rußland. In diesem Match wurde entschieden, ob Deutschland ins Finale gegen die USA gelangen oder ausscheiden würde.

Am Ende des fünften Satzes hatte Stich acht Matchbälle vergeben. Eigentlich sollte man in der Lage sein, einen von acht Bällen zu einem Punktgewinn zu machen und somit den Sieg zu erringen. Aber es sollte nicht sein. Ganz Tennis-Deutschland sah zu, wie sich aufgrund seiner ständig zunehmenden Angst zu versagen, sein Können und Selbstvertrauen in nichts auflöste.

Seine Niederlage kam nicht plötzlich. Wenn er hinten lag, schien er wieder aufzutanken, und kämpfte sich wieder nach vorn. Aber jedesmal, wenn er dem Sieg ganz nahe war, schaffte er es nicht, diesen einen entscheidenden Punkt zu machen. Das führte schließlich zur Niederlage. Als Stich vom Platz ging, war er völlig am Boden zerstört.

Für Stich war dieses Erlebnis eine Katastrophe, da er sich bei den acht Matchbällen so sehr abgemüht hatte und sie mit Schlägen vergab, die man nur einem Hobbyspieler zugesteht. Da befindet er sich aber in guter Gesellschaft. Viele talentierte Spieler aus aller Herren Länder sind dem Druck des Davis Cup erlegen und spielten dort weit unter ihrem Niveau.

Diese Spieler versagen, weil sie sich zu sehr bemühen; und das tun sie, weil es beim Davis Cup nicht nur um den individuellen Erfolg, sondern auch um Nationalstolz, die Ehre der Nation, geht. Die Verantwortung lastet auf den Spielern so schwer, daß sie ihren ganzen Elan verlieren und wie halb gelähmt erscheinen.

Als Zennis-Spieler müssen Sie sich mit der Möglichkeit der Niederlage abfinden, ganz gleich, ob Sie nur sich selbst oder einen Club, eine Mannschaft oder ein Land vertreten. Nur dann sind Sie genügend entspannt, um sich auf ihr Spiel zu konzentrieren und Ihr Potential voll auszuschöpfen. Wenn Sie dauernd an Ihre Verantwortung denken, werden Sie sich zu viele Sorgen um den Ausgang des Matchs machen. Dies führt wiederum dazu, daß Sie nicht in der Lage sind, die Gelegenheiten wahrzunehmen, bei denen sich Punkte machen ließen.

Die Angst mitteilen

Um noch einen anderen Aspekt der Angst zu beleuchten, möchte ich von einem Vorfall berichten, der sich vor einigen Jahren ereignete, als ich Harold, einem 75jährigen amerikanischen Geschäftsmann, der sich zur Ruhe gesetzt und erst kurz zuvor mit Tennis begonnen hatte, Trainingsstunden gab. Für einen Anfänger spielte er ziemlich gut, hatte aber etwas Verbissenes an sich. Deshalb stellte ich ihm nach einigen Unterrichtsstunden die Frage: »Was nimmst du bei dir wahr?«

Zuerst schien Harold nicht mit der Sprache herausrükken zu wollen, gab dann aber schließlich zu: »Ich frag' mich, warum ich so viel Angst hab'.«

»Angst wovor?« erkundigte ich mich.

»Ich hab' Angst davor, den Ball zu verschlagen«, antwortete er.

Tatsächlich gelangen ihm aber die meisten Schläge. Er verschlug nicht so viele Bälle, als daß eine solch starke Reaktion gerechtfertigt gewesen wäre. Ich unterbrach die Tennisstunde und schlug Harold vor, seiner Angst Raum zu lassen, anstatt sie beiseite zu schieben, und auf die möglicherweise in ihr verborgene Botschaft zu achten.

Wir setzten uns in einer ruhigen Ecke der Tennisanlage zusammen, und ich bat Harold, die Augen zu schließen und zu versuchen, sich an ähnliche Gefühle in seiner Vergangenheit zu erinnern. Es dauerte nicht lange, da erzählte mir Harold, daß er in seiner Schulzeit Baseball gespielt hatte und jedesmal, wenn er den Ball nicht traf oder ihn als Fänger nicht richtig erwischte, das Gefühl hatte, in Grund und Boden versinken zu müssen.

Er sagte: »Ich kann immer noch die Beleidigungen und verächtlichen Ausrufe hören, die auf mich niederprasselten, wenn ich einen Fehler machte.«

Als ich ihn ermutigte, diese alten Gefühle an die Oberfläche kommen zu lassen, dauerte es nicht lange, bis ihm Tränen die Wangen herunterliefen. Jedesmal, wenn er sich daran erinnerte, wie er gehänselt und lächerlich gemacht wurde, schluchzte er laut auf.

Für mich war das ein aufschlußreiches Erlebnis. Ein Mann konnte tatsächlich eine traumatische Erinnerung, eine emotionale Prägung, mehr als sechzig Jahre lang im Unterbewußtsein mit sich rumschleppen, so daß er Angst bekam, wenn er einen an sich harmlosen Gegenstand wie einen Tennisschläger in die Hand nahm.

Nachdem sich Harold mir mitgeteilt hatte, fragte er sich, ob er nicht wegen dieser schmerzvollen Erinnerungen mit dem Tennisspielen besser aufhören solle. Aber ich ermutigte ihn weiterzumachen. Ich war mir sicher, daß er seine Angst verlieren werde, wenn er sich der Situation stellte, die jene unliebsamen Erinnerungen wachrief.

Wir trafen uns also weiterhin auf dem Platz, und Harold begann, wie ich erwartet hatte, immer mehr Freude am Spiel zu gewinnen. Er lebte auf dem Platz richtiggehend auf. Nachdem er seinen lang zurückliegenden Schmerz aufgedeckt und erkannt hatte, verlor er seine Angst, den Ball zu verschlagen. Eines Tages bekam er sogar auf dem Platz einen Lachanfall. Er hatte sich von seinen Dämonen befreit, hatte die Freiheit gewonnen, nur noch er selbst zu sein.

Die verschiedenen Gesichter der Angst

In all den obigen Beispielen ist Angst das hemmende Element.

– Jana Novotnas Angst, nicht gut genug zu sein und als das

schlimmste Nervenbündel im internationalen Damentennis abgestempelt zu werden,

– Stichs Wunsch, als Nationalheld gefeiert zu werden, und seine daraus resultierende Angst, beim Davis Cup zu versagen, und

– Harolds Angst, den Ball zu verschlagen und sich lächerlich zu machen.

Eine Angst kann man nicht dadurch bekämpfen, daß man sie unterdrückt oder zur Seite schiebt. Das würde ihr nur noch mehr Nahrung geben. Freunden Sie sich mit Ihrer Angst an, fassen Sie sie als Botschaft aus den Tiefen Ihrer Psyche auf. In diesem an sich unwillkommenen Gefühl versteckt sich höchstwahrscheinlich eine Erkenntnis, ein ungehobener Schatz. Und mit Erkenntnis stellt sich immer ein Gefühl der Freiheit ein.

Gegen Ende dieses Kapitels möchte ich noch einige Ängste erwähnen, die sowohl Hobby- als auch Profispieler erleben:

– Die Angst, das Image als Siegertyp zu verlieren, wenn man in einem Match gegen einen weniger hoch eingestuften Spieler zurückliegt.

– Die Angst, sich gehen zu lassen und dadurch das Image als netter, höflicher Spieler, der bei allen beliebt ist, zu verlieren.

– Die Angst, sich gegenüber einem erfahrenen Spieler lächerlich zu machen.

– Die Angst, nicht attraktiv und athletisch genug zu sein. Jede noch so kleine Bemerkung in dieser Richtung kann einem den Wind aus den Segeln nehmen.

– Die Angst, als Mannschaftsspieler nicht aufgestellt zu werden. Dies ist die Angst vor dem Ausgeschlossensein.

– Die Angst, zu gut zu sein. Das mag zunächst seltsam klingen, ist aber ein Gefühl, mit dem junge talentierte Spieler unweigerlich konfrontiert werden. Wenn sie ihr Potential ausschöpfen wollen, müssen sie irgendwann die Sicherheit der heimischen Umgebung, ihre Freunde, ihren Club verlassen und sich auf unbekanntes Terrain begeben. Im Grunde handelt es sich um die Angst davor, an der Spitze ganz allein dazustehen.

Die Grundangst

All diese Ängste lassen sich auf die Angst vor dem Alleinsein zurückführen. Wenn wir dazu bereit sind, uns auf uns selbst zu verlassen, auf eigenen Füßen zu stehen, wird es uns gelingen, jede Angst vor Kritik und Ablehnung in den Griff zu bekommen.

Diese Grundangst, die Angst vor dem Alleinsein, ist auf unsere Kindheit zurückzuführen. Als kleines Kind machten wir alle die Erfahrung, daß wir auf die Hilfe anderer angewiesen sind, um zu überleben. Als Erwachsene können wir selbst für uns sorgen; solange wir aber noch von der Angst des kleinen Kindes in uns beherrscht werden, werden wir uns in unserer Haut nicht wohl fühlen.

Für den Zennis-Spieler kann die Erforschung der Angst zu einer faszinierenden Reise werden. Sie wird wahrscheinlich an dem Punkt beginnen, an dem Angst Ihr Todfeind ist, kann aber damit enden, daß Sie Angst als Freund, als Wegweiser zur Selbsterfahrung und als Gelegenheit zur Erlangung größerer Reife und Selbständigkeit erkennen.

Als Spieler auf dem Zen-Pfad werden Sie unweigerlich mit den Dämonen konfrontiert werden, die ich in den letzten beiden Kapiteln beschrieb. Jetzt ist es an der Zeit, die vier Juwelen vorzustellen – Einstellungen, mit denen Sie die Dämonen verwandeln können.

Ist das alles?

Ein Samurai kam eines Tages unerwartet nach Hause und überraschte seine Frau und seinen Diener beim Liebesspiel. Er packte den Mann beim Kragen, zog ihn ins Freie hinaus und sagte: »Ich werde dich töten. Aber da ich ein Mann von Ehre bin, gebe ich dir eine Chance. Nimm mein zweites Schwert und verteidige dich!«

Der Diener, der keinerlei Erfahrung im Schwertkampf hatte, bat den Samurai, ihm Zeit zu geben, um sich von seinem spirituellen Lehrer, einem Zen-Meister, verabschieden zu können: »Da mein Tod sicher ist, erlaube mir bitte, diesem heiligen Mann meine letzte Referenz zu erweisen.«

Der Samurai sah das ein und sagte: »Gut, ich gebe dir eine Stunde.«

Bei seinem Meister angelangt, fiel der Diener weinend auf die Knie und schluchzte: »Ich bin am Ende!« Er erklärte, was los war, und bat um Vorschläge, wie er das kommende Duell überleben könne.

»Sei total«, sagte der Meister.

»Ist das alles?« wunderte sich der Diener.

»Das ist genug«, sagte der Meister und wandte sich ab.

Als der Diener wieder zu Hause war, nahm er das Schwert auf, lief auf den Samurai zu und schlug wahllos mit aller Kraft durch die Luft.

Den Samurai schockierte die unorthodoxe Kampfweise des Dieners, da für ihn der Kampf ein Ritual und eine Kunst darstellte. Mit dem heftigen Angriff des unerfahrenen Dieners konnte er nichts anfangen.

»Hör auf! Du hast es verdient, am Leben zu bleiben«, sagte der Samurai, steckte sein Schwert in die Scheide und ließ den Diener laufen.

Die vier Juwelen: Mit dem sein was ist, in der Mitte bleiben, Totalität erleben, spielerisch sein

Jeder Spieler muß, vor allem bei Turnieren, mit Fehlentscheidungen rechnen. So wie es die Weltklassespielerin Anke Huber erlebte, als sie in der vierten Runde der 1996er French Open der Slowakin Karina Habsudova gegenüberstand.

Anke Huber war im ersten Satz deutlich überlegen gewesen und hatte Satzball. Mit ihrem Aufschlag schlug sie ein As, das aber nicht anerkannt wurde. Sie lief sofort zum Netz und deutete auf die Stelle, wo der Ball aufgetroffen war, um den Schiedsrichter dazu zu bringen, sich die Spur, die der Ball auf dem Sand hinterlassen hatte, genau anzusehen. Der Schiedsrichter kam von seinem Sitz herab, blieb aber dabei, daß der Ball im Aus war.

Anke Huber war anzusehen, daß sie verärgert war und protestieren wollte. Der Schiedsrichter – ein Italiener, der eine ziemlich herablassende Art an sich hatte – lächelte und tat das Ganze mit einem Achselzucken ab, so als ob er sagen wollte: »Na Mädchen, was willst du denn von mir. Aus ist Aus.«

Da warf sie ihren Schläger auf den Boden wie eine bockige Sechsjährige, der es nicht gelungen war, gegen die Eltern ihren Willen durchzusetzen. Sie mußte den Schläger aufheben und weiterspielen, konnte aber ihre Fassung nicht wiedererlangen. Sie verlor das Match glatt in zwei Sätzen.

Wer sich die Zeitlupenwiedergabe im Fernsehen ansah, konnte deutlich erkennen, daß Anke Hubers Ball auf der Linie auftraf. Da sie nicht mehr zu ihrem Spiel zurückfand, kostete sie diese Fehlentscheidung den Satz, und wahrscheinlich das Match und die Chance, eine Runde weiterzukommen. Niemand kann sich mit solchen Fehlentscheidungen einfach abfinden, wenn er selbst darunter zu leiden hat. Sie kommen aber im Tennis, wie auch im sonstigen Leben, immer wieder vor – und können äußerst kostspielig werden, wenn sie dazu führen, daß man emotional oder psychisch zusammenbricht.

Diese Anekdote bringt mich zum ersten der vier Juwelen, über die ich in diesem Kapitel sprechen möchte. Unter »Juwelen« verstehe ich hier Qualitäten, die einem Spieler zur Entfaltung seiner vollen Leistungsfähigkeit verhelfen, Einstellungen, durch die wir die Welt in und um uns aufmerksamer und bewußter wahrnehmen.

Mit dem sein was ist

Das Wesen *dieser* Qualität besteht darin, jede aufkommende Emotion voll und ganz zu akzeptieren, denn erst durch diese Akzeptanz kann man sich von ihr befreien. Wenn man sich der Emotion widersetzt, wird sie sich heimlich einnisten und auf jede weitere Aktion Einfluß nehmen.

Als Coach weiß ich, wie wichtig es für den Einzelnen ist, aus sich herausgehen zu können. Deshalb versuche ich immer, eine Atmosphäre zu schaffen, die es dem Schüler erleichtert, mir seine Ängste und Probleme mitzuteilen. Allein schon durch das Sich-mitteilen wird eine magische Transformationsenergie freigesetzt, eine Energie, deren Ursache die Akzeptanz ist. Wenn der Schüler spürt, daß ich ihm aufmerksam – ohne Vorbehalt oder Einmischung – zuhöre und ihn so akzeptiere, wie er ist, überträgt sich diese Akzeptanz auf ihn selbst. Und es ist letztlich diese Selbstakzeptanz, durch die das Wunder der Transformation negativer Energie bewirkt wird.

Wer in einem Einzelmatch antritt, hat keine Gelegenheit, einem anderen eine unerwünschte Emotion mitzuteilen; an der Wirkung der Selbstakzeptanz ändert das jedoch nichts. Sobald ein Spieler einmal die Erfahrung gemacht hat, von jemand anderem voll und ganz akzeptiert zu werden, kann er sich die Essenz dieser Erfahrung zunutze machen, wenn er allein auf der Grundlinie steht. Er kennt dann das Geheimnis und braucht keinen anderen mehr. Er hat gelernt, mit dem zu sein, was tatsächlich ist.

Sehen wir uns vor diesem Hintergrund noch einmal Anke Hubers Reaktion an. Die Fehlentscheidung war offensichtlich ein harter Schlag für sie. Sie wollte das Match gegen Karina Habsudova, die sich nicht so leicht geschlagen gibt, unbedingt gewinnen und war überzeugt, durch ihr As den ersten Satz bereits in der Tasche zu haben. Dann kam aber die kalte Dusche. Der Punkt wurde ihr nicht gegeben, so daß der Ausgang des Matchs wieder völlig offen war.

Ihr war anzusehen, daß sie nicht in der Lage war, mit dem durch die ungerechte Behandlung ausgelösten Gefühl der Frustration fertig zu werden. Außerdem litt sie wahrscheinlich darunter, vom Schiedsrichter, der diese Angelegenheit, wie ich oben erwähnte, ziemlich herablassend behandelte, nicht für voll genommen zu werden.

Im Sinne von »mit dem sein was ist«, hätte Anke Huber ihre wahren Gefühle zulassen und ihnen Ausdruck verleihen müssen. Ich tippe darauf, daß ihr vorherrschendes Gefühl Wut war. Sie versuchte sich zwar auszudrücken, indem sie ihren Schläger auf den Boden warf. Dabei handelte es sich aber um eine halbherzige Protestgeste, die nicht sehr beeindruckend war. Sie kämpfte bereits mit ihrer Wut, wohl aus Angst vor der eigenen Courage. Wenn sie tatsächlich ihrem Gefühl freien Lauf gelassen und das Racket dem Schiedsrichter an den Kopf geworfen hätte, was meiner Meinung nach ihre ursprüngliche Absicht war, mußte sie mit Disqualifikation rechnen. So ging sie auf Nummer Sicher und verhielt sich wie ein trotzendes Kind, das gegen eine übermächtige Vaterfigur, die ihm etwas verbietet, das es unbedingt haben möchte, nichts ausrichten kann.

Durch Unterdrückung ihrer Wut hatte sie ihren Energiefluß gedrosselt. Sie spielte zwar weiter, aber der innere Konflikt beraubte sie ihres Schwungs und ihrer Freude, was bei einer zähen Gegnerin wie Karina Habsudova ausreichte, um ihre Niederlage zu besiegeln.

Was hätte Anke Huber dagegen tun können? Sie hätte sich als ersten Schritt ein paar Sekunden lang Zeit nehmen können, um nach innen zu horchen und ihre Wut zu erkennen – dieses Gefühl wirklich zuzulassen, es zu bejahen. Das allein hätte schon genügt, um präsent und mit der eigenen Energie verbunden zu bleiben.

Als zweiten Schritt hätte sie sich eine Ausdrucksform für ihre Wut überlegen können. Sie hätte beispielsweise mit den Füßen aufstampfen können – nicht wie ein kleines Kind, sondern wie ein Krieger. Meiner Erfahrung nach ist das eine einfache und wirkungsvolle Methode, Wut zum Ausdruck zu bringen und geerdet und in der Mitte zu bleiben. Gleichzeitig hätte sie laut »Nein! Nein! Nein!« schreien können, natürlich nicht ins Gesicht des Schiedsrichters, sondern z. B. in den Himmel hinauf.

Mit anderen Worten, sie hätte ihre Stärke und ihren unbeugsamen Willen zeigen müssen: »Der Armleuchter in dem schnieken Anzug kann mir zwar einen Punkt stehlen, mich aber nicht fertigmachen. Ich weiß, daß das eine Fehlentscheidung war und ich das Recht hab', mich dagegen aufzulehnen.«

Es hätten ihr eine Reihe von Alternativen offengestanden. Sie hätte eine Show daraus machen können, die Entscheidung des Schiedsrichters als Schwachsinn hinzustellen, indem sie sich behauptete, ihn übers Netz hinweg wortlos anstarrte, ihre Wut aus ihren Augen herausschießen ließ, so daß er mit einem unguten Gefühl zu seinem Stuhl zurückgekehrt wäre.

Sie hätte ihre Wut auch dadurch rauslassen können, daß sie mit ihm einen Streit anzettelte. Manche Spieler sind Experten auf diesem Gebiet. Martina Navratilova hätte den Schiedsrichter fünf Minuten lang mit scharfen Worten eingedeckt. Sie hätte seine Entscheidung wahrscheinlich nicht ändern können, aber einen starken Eindruck hinterlassen. Sie wäre ihren Frust losgeworden, mit ihrer Energie in Verbindung geblieben und hätte die Befriedigung gehabt, den Schiedsrichter in Verlegenheit gebracht zu haben. Billie Jean King beherrschte ebenfalls diesen Trick, ganz zu schweigen von Connors und McEnroe.

Natürlich sollte man nicht wegen jeder Kleinigkeit eine Diskussion mit dem Schiedsrichter anfangen und darauf achten, was man sagt, wenn man nicht Gefahr laufen will, aus dem Turnier geworfen zu werden. Die Benimmregeln sind in den letzten Jahren verschärft worden, nicht zuletzt wegen des Verhaltens von Connors und McEnroe. Andre Agassi wurde beim 1996er Indianapolis-Turnier disqualifiziert, weil er einen Schiedsrichter beschimpft hatte.

Sie haben vielleicht noch nie darüber nachgedacht, daß der Schiedsrichter als archetypische Autoritätsperson in Ihnen die Probleme wachrufen kann, die Sie mit dem Thema Autorität möglicherweise haben. Wie Sie reagieren, hängt davon ab, wie Sie als Kind lernten, mit Autorität umzugehen. Sie werden vielleicht eingeschnappt oder wütend sein, schreien, betteln, sich hilflos fühlen, zusammenbrechen, Tricks anwenden oder logisch argumentieren.

Als Zennis-Spieler bietet Ihnen eine solche Situation die Gelegenheit zu erkennen, wie Sie auf Autorität reagieren, und Methoden zu entwickeln, mit denen es Ihnen gelingt, in Schwung und in Ihrer Mitte zu bleiben. Anke Huber hätte z. B. beim Zurückgehen zur Grundlinie rufen können: »Es gibt keinen Gott! Es gibt keine Gerechtigkeit!«

Theatralisch? Freilich, aber durch eine solche Schauspielerei hätte sie ihre emotionale Energie freisetzen können, anstatt davon überwältigt zu werden. Ich habe den Eindruck, Anke Huber wäre es leichter gefallen, ihre psychische Energie aufrechtzuerhalten, wenn sie sich ein bißchen mehr Theatralik erlaubt hätte.

Eine Schwierigkeit beim Erlernen der Kunst, mit dem zu sein was ist, besteht darin, daß viele Spieler hilflos werden, bevor sie überhaupt merken, was mit ihnen geschehen ist. Ihre Reaktionen setzen so schnell ein, daß das Gefühl der Schwäche, Hoffnungslosigkeit und Niedergeschlagenheit von ihnen Besitz ergreift, bevor sie Luft holen und sich die Zeit nehmen konnten, die Situation einzuschätzen.

Doch selbst in dieser Phase ist es noch nicht zu spät. Auch dies ist eine Gelegenheit zu erkennen, was in einem vor sich geht, das Erkannte zu akzeptieren und das Mit-dem-sein-was-ist zu üben.

Wie zuvor besteht der erste und wichtigste Schritt darin, seinen Gefühlszustand wahrzunehmen, sich in diesem Fall also einzugestehen, daß man eingebrochen ist. Das hört sich einfach an, aber es gibt kaum einen Spieler, der dazu in der Lage ist – aus dem einfachen Grund, daß die meisten Spieler vor dem Zusammenbruch Angst haben, da sie glauben, das sei bereits das Ende. Daher versuchen sie das Gefühl zu bekämpfen, und zwar mit einer wilden Entschlossenheit, die sonst nur Kapitänen zugestanden wird, die beschließen, samt ihrem Schiff unterzugehen.

Der hauptsächliche Grund für das Verharren in diesem Zustand besteht darin, daß eine Lähmung eintritt, daß Spieler sich auf die Ablehnung dessen, was in ihnen vorgeht, versteifen oder so tun, als ob nichts passiert sei, und versuchen, ihre Siegerpose aufrechtzuerhalten. Das ist in beiden Fällen eine vergebliche Anstrengung.

Wenn Sie sich eingestehen, daß Sie eingebrochen sind, bleiben Sie in Einklang mit Ihrer Energie. Mit dieser Energie haben Sie die Möglichkeit, eine Änderung herbeizuführen und in einen neuen Zustand zu gelangen. Energie ist immer in Bewegung, immer in Veränderung. Ihre Energie wird nur dann blockiert, wenn Sie gegen sie ankämpfen.

Die Lösung besteht darin, die Situation zu akzeptieren und tief in den Bauch einzuatmen. Sie sind zwar energetisch »Land unter«, aber noch lang nicht tot; Sie sind noch weit davon entfernt, begraben zu werden. Durch tiefe Bauchatmung wird Ihre Lebensenergie wieder in Sie zurückströmen. Gelegenheit dazu haben Sie zwischen den einzelnen Punkten und beim Seitenwechsel.

Sobald Sie Ihren energetischen Einbruch erkannt und akzeptiert haben, können Sie sich entspannen. Das Schlimmste haben Sie bereits hinter sich. Sie haben sich vielleicht schon damit abgefunden, daß das Match verloren ist. Nun können Sie aber ganz von vorn anfangen. Auch wenn der dritte Satz schon weit fortgeschritten ist und Sie zurückliegen, können Sie sich vorstellen, ein neues Match zu beginnen. Die Dinge haben sich zwar nicht so entwickelt, wie Sie gehofft hatten; das ist jedoch kein Grund, sich Vorwürfe zu machen. Lassen

Sie sich davon überraschen, was statt des erwarteten, großartigen Siegs auf Sie zukommt. Führen Sie bei jeder Gelegenheit die Bauchatmung aus, und bleiben Sie offen für das Neue und Unbekannte.

Es kann sein, daß Sie weiterhin Punkte verlieren; doch es liegt in der Natur eines Tennismatchs, daß es Ihnen viele, viele Chancen gibt, wieder den Anschluß zu finden. Es ist erst dann vorbei, wenn ihr Gegner den Matchball durchgebracht hat.

Sie können nach einem Einbruch wieder ins Spiel kommen. Falls Ihnen das nicht gelingen sollte, ersparen Sie sich durch das Akzeptieren des Einbruchs die Tortur, die sich viele Spieler beim Weggehen vom Platz antun, indem sie sich dafür zerfleischen, ein Match verloren zu haben, das sie nach ihrer Erwartung oder dem Ranking eigentlich hätten gewinnen müssen.

Wenn Sie den Zustand des »Einbrechens« ein paarmal bewußt erlebt und akzeptiert haben, werden Sie bemerken, daß er seine Macht über Sie verloren hat. Die Angst vor diesem Zustand und die damit verbundenen Gefühle der Scham und Verzweiflung verlieren immer mehr an Gewicht.

In der Mitte bleiben

Dieses Juwel ist vor allem für diejenigen Spieler wichtig, die wenig Erfahrung mit Turnieren gemacht haben bzw. zu sehr ans Gewinnen und Verlieren denken. Es ist beispielsweise nicht ungewöhnlich, daß Spieler, die das erstemal bei der Profitour mitmachen, für eine gewisse Zeit eine Erfolgssträhne haben. Wenn sie dann eine hohe Position in der Weltrangliste einnehmen, scheint ihr Glück sie plötzlich zu verlassen. Warum? Weil sich ihre Einstellung ändert. Auf einmal bilden sie sich ein, sie müßten ihre Position verteidigen, und sind damit abgelenkt von dem, was auf dem Court tatsächlich vor sich geht. Das kann verheerende Auswirkungen haben.

Erfahrene Profis haben sich die Einstellung angeeignet, daß man es sich nicht leisten kann, sich über die Weltrangliste Gedanken zu machen. Wie in der Schule des Zen gelehrt wird, wissen Sie, daß man eine Sache nur dann zu einem befriedigenden Abschluß bringt, wenn man sich ihr voll und ganz zuwendet. Die einzige Sicherheit, die man hat, im nächsten Match gut zu spielen, ist, das nächste Match wieder ganz frisch und frei anzugehen.

Die wirklichen Meister entwickeln eine Haltung, die schon an Nonchalance grenzt. Von ihnen hört man so gut wie nie prahlerische Bemerkungen wie »Ich werd' diesen Typ fertigmachen« oder »Gegen mich kommt keiner an«. Diese Spieler sind Meister, weil ihnen bewußt ist, wie leicht auch sie gegen einen Gegner, der einen guten Tag hat, verlieren können, und weil sie eine Niederlage ohne großes Getue hinnehmen. Sie haben die Höhen und Tiefen des Gewinnens und Verlierens viele Male durchlebt und gelernt, wie man in seiner Mitte bleibt – keine Angeberei beim Sieg, keine Niedergeschlagenheit bei der Niederlage.

Die Versuchung ist groß, sich selbst nach dem Gewinnen eines wichtigen Matches zu wichtig zu nehmen, vor allem wenn Sie einen Favoriten geschlagen haben. Die Medien werden Sie wahrscheinlich darin bestärken, indem sie Sie sofort als große Hoffnung für Ihr Land bejubeln werden. Wenn Ihre Gewinnsträhne anhält, kommt irgendwann der Punkt, an dem Sie auf Schwierigkeiten stoßen, da Sie zunehmend die Aufmerksamkeit der Spitzenspieler auf sich ziehen. Sie werden zu dem Spieler, den es zu schlagen gilt.

Dies passierte vor einigen Jahren Marc Kevin Goellner, einem jungen deutschen Spieler, der aus dem Nichts auf Position 30 der Weltrangliste emporschoß, indem er Stars wie Ivan Lendl, Stefan Edberg und Michael Chang besiegte. Sechs Monate lang lief bei ihm alles wie geschmiert. Er half seinem Land, den Davis Cup zu gewinnen, und erhielt von den Medien, die ihn schon als Nachfolger von Bumm Bumm Boris ansahen, den Beinamen Baby Bumm Bumm. Aber dann ging es mit ihm steil bergab.

Ein Grund, weshalb Goellners Gewinnserie abbrach, bestand darin, daß andere Spitzenspieler seine Spielweise studierten, um seine Schwächen aufzudecken. Nachdem ein Spieler eine Strategie, ihn zu überwinden, gefunden hatte, konnte diese von anderen erfolgreich kopiert werden. Ein weiterer Grund war, daß Goellner nicht in der Lage war, mit dem plötzlichen Ruhm, den Millionenverträgen und der in ihn gesetzten Erwartung, schnell in die Top Ten vorzustoßen, umzugehen. Infolgedessen sank er rapide auf Position 150, bevor er sich wieder fing und sich ungefähr auf Position 80 einpendelte.

Eine weitere Gefahr ist die Überreaktion auf Niederlagen – wenn Sie vom Platz gehen und sich denken: »Mein Gott, das hätt' ich nie verlieren dürfen! Ich hab' nur Mist gebaut. Ich bin ein Versager.« Das kann leicht dazu führen, daß Sie ein negatives Bild von sich aufbauen, das in Ihrem nächsten Turnier alles noch viel schlimmer macht. Wenn Sie wieder auf den Platz gehen, haben Sie dann vielleicht Dämonen im Kopf, die Ihnen zuflüstern: »Es wird genau wie beim letztenmal sein. Ich werd' es nicht schaffen.«

Ein Champion wie Pete Sampras macht sich nach einer Niederlage keine Vorwürfe. Er sagt einfach »XY war heute wirklich gut und hat verdient gewonnen«, fast mit der Losgelöstheit eines Zen-Mönchs, der erklärt: »Wenn ich hungrig bin, esse ich; wenn ich müde bin, schlafe ich.«

Solche nüchternen Bemerkungen geben den sensationshungrigen Medien natürlich wenig Nahrung. Sampras hatte jahrelang das Image, ein ziemlich langweiliger Typ zu sein, blieb aber so erfolgreich, daß seine Kritiker schließlich einen anderen Ton anschlagen mußten. Meiner Ansicht nach ist Sampras unter anderem deswegen so erfolgreich, weil er in seiner Mitte ruht und sich nicht von Gedanken an Sieg oder Niederlage aus der Ruhe bringen läßt.

Denken Sie also daran, daß Sie einen Sieg besser nicht an die große Glocke hängen, indem Sie z. B. allen Ihren Clubfreunden wochenlang davon erzählen. Machen Sie auch nach einer Niederlage kein großes Brimborium. Bleiben Sie gelassen und in Ihrer Mitte.

Totalität erleben

Ich möchte das dritte Juwel vorstellen, indem ich mich auf Georges Gurdjieff, einen der bekanntesten und provozierendsten Mystiker unseres Jahrhunderts, beziehe. Gurdjieff lehrte, daß es vier Schichten menschlicher Energie gäbe und normalerweise niemand über die erste Schicht hinausgelange.

Er ersann eine Reihe anstrengender und ermüdender Übungen, mit denen seine Schüler in die zweite Schicht vorstoßen sollten – beispielsweise stundenlanges Ausheben eines Grabens, nur um ihn wieder zuzuschütten. Einige der Menschen, die seine Anweisungen befolgten, berichteten von außergewöhnlichen Erlebnissen, z. B. daß sie mitten im Zustand völliger Erschöpfung plötzlich mit einer gewaltigen Energie erfüllt wurden.

Solche Erlebnisse sind das Ergebnis von Totalität, davon, daß man sich bei einer Aktivität über längere Zeit hinweg total einsetzt. Eine der Begleiterscheinungen der Totalität bei einem Sport wie Tennis besteht darin, daß es viel leichter fällt, gut zu spielen, wenn man über die normale, alltägliche, erste Schicht der menschlichen Energie hinausgelangt ist.

Profis spielen in ihren Trainingsphasen oft vier oder fünf Stunden am Tag, weil sie wissen, daß in den letzten beiden Stunden, nachdem sie bereits hunderte von Bällen geschlagen haben, noch ein Durchbruch geschehen kann; Voraussetzung ist dabei, locker zu bleiben. Werden Körper und Verstand müde, zapft der Körper plötzlich eine neue Energieschicht an, mit der man den toten Punkt überwindet.

Bei dieser Art zu spielen wird sich immer wieder Ihr Verstand protestierend einmischen. Sie werden sich sagen: »Das ist Wahnsinn! Das halt' ich nicht mehr durch.« Aber wenn Sie keine ernsthaften körperlichen Leiden haben, können Sie dennoch ein Stück weitergehen und sich darauf verlassen, daß in Ihnen noch Energiereserven stecken, die bisher noch nicht erschlossen wurden.

Wenn Sie einfach nicht auf Ihren Verstand achten und weiterspielen, besteht die Chance, in den Zen-Zustand zu gelangen, in dem Sie vom Spiel gespielt werden, Ihr Verstand still ist und der Körper genau weiß, was er zu tun hat. Die Schläge und Bewegungen, mit denen Sie nicht zurechtkamen, erscheinen Ihnen dann einfach und mühelos.

Vor kurzem hatte ich unerwartet ein Erlebnis dieses Zustands, als mich eines Abends – es war schon zehn Uhr – mein Freund Stefan zu einer Tischtennispartie überredete. Stefan ist ein fanatischer Tischtennisspieler und hat in seiner zweiten Garage einen Pingpongtisch aufgestellt.

Ich hatte seit zehn Jahren keinen Tischtennisschläger mehr

in der Hand gehabt und schlug vor, zwei Sätze auszuspielen und damit den Abend zu beschließen. In den ersten beiden Sätzen schaffte ich nicht mehr als neun Punkte. Stefans Effet war so vertrackt, daß mir meine ganze Erfahrung mit Ballspielen nichts nutzte, um zu erkennen, wie er den Ball anschnitt und über das Netz zurückbrachte.

»Eine Runde geht noch«, meinte Stefan dann. Ich war einverstanden, weil ich wissen wollte, wie sich mein Spiel weiterentwickeln würde.

Wir spielten weiter, Satz für Satz, und irgendwie wurde es völlig unwichtig, daß es ein Uhr morgens war und die Nacht immer kürzer wurde. Nachdem ich drei Stunden – total aus der Übung, aber mit völliger Hingabe – gespielt hatte, begann es auf einmal, in meinem Spiel zu funken. Ich begann Stefans Drallerbälle sicher anzunehmen und wieder übers Netz zu schicken. Meine Rückhand, die mich den ganzen Abend im Stich gelassen hatte, entwickelte sich zu einer Waffe. Ich ging mehr Risiken ein, schlug Effetbälle mit mehr Zutrauen und Nachdruck und beobachtete, wie der Ball genau das tat, was ich wollte. Wie in Trance gewann ich meinen ersten Satz.

Das Spiel wurde besser und besser – nicht nur meines, sondern auch Stefans. Wir steigerten uns in einen hypnotischen Zustand, der vom Klick-Klack, Klick-Klack des Pingpongballs und dem Rhythmus unseres Atems beherrscht wurde. Als wir gegen drei Uhr morgens – wir hatten insgesamt fünf Stunden lang ununterbrochen gespielt – schließlich aufhörten, hatte ich fast die Hälfte der Sätze gewonnen.

Durch die gezeigte Totalität hatte sich mein Spiel bedeutend verbessert. Im Normalfall hätten wir nach etwa einer Stunde das Spiel beendet, wobei ich mich gefragt hätte, ob es Sinn hat, jemals wieder einen Tischtennisschläger in die Hand zu nehmen.

Doch zurück zu den richtigen, großen Courts. Man kann sich fragen, wie man sich bei einem Spiel wie Tennis, mit seinen vielen Pausen und Unterbrechungen, die Seele aus dem Leib spielen kann. Die Frage ist berechtigt, da es in der Natur des Tennis liegt, daß man sich bei einem Match selten körperlich total verausgabt, außer man zählt zu den Spitzenprofis, die in den Grand Slams Fünf-Satz-Spiele bestreiten.

Bei Club- und Freizeitspielern dauert ein Match im Durchschnitt nur eine Stunde, in der man außerdem noch viel Zeit mit dem Einsammeln der Bälle, den Seitenwechseln und den Vorbereitungen auf die Aufschläge verbringt. Der durchschnittliche Ballwechsel nimmt nicht mehr als vier Schläge in Anspruch. Es gibt also dauernd kleine Pausen, in denen man ohne Hast an die Grundlinie zurückgehen kann, um den nächsten Punkt auszuspielen.

In dieser Hinsicht unterscheidet sich Tennis völlig von anderen Sportarten, wie z. B. dem Langstreckenlaufen, bei dem man z. B. eine Stunde lang ununterbrochen in Bewegung ist. Als Läufer ist man unweigerlich gezwungen, sich völlig zu verausgaben. Totalität ist bereits ein Bestandteil der Herausforderung, die im Langstreckenlauf liegt. Im Tennis ist das ganz anders.

Daher ist es im Tennis sinnvoll, eine Übungsroutine aufzustellen, die einem wirklich Gelegenheit gibt, sich die Seele aus dem Leib zu spielen. Sie können z. B. mit einem oder mehreren Freunden ausmachen, sich alle zwei bis drei Wochen zu einem Tennis-Marathon – jeweils zwei Stunden am Vor- und Nachmittag – zu treffen, bei dem keiner aufhört, auch wenn er müde wird.

Durch die Erfahrung von Totalität beim Training werden Sie mehr Vertrauen in den vollen Einsatz Ihrer Energie gewinnen. Sie werden bemerkt haben, daß Ihr Verstand ein Geizkragen sein kann, der mit Ihrer Energie möglichst sparsam umgehen will. Er warnt Sie dauernd, nicht zu viel zu riskieren, sich nicht zu sehr zu verausgaben, keine wertvollen Kraftreserven zu verschleudern, sondern diese maßvoll einzuteilen, weil sie später noch benötigt werden würden. Später ist aber manchmal zu spät.

Inzwischen wissen Sie, daß Sie über viel mehr Energie verfügen, als Sie zuvor für möglich gehalten hatten. Sie können Ihr Bestes geben, Ihre Energie in jedem Schlag und jedem Ballwechsel total zum Ausdruck bringen, sich darauf verlassen, daß auf Sie nach dem Erreichen des Punktes der Erschöpfung ein neuer Auftrieb wartet. Bald werden Sie entdecken, daß Ihr Vertrauen durch Erlangen eines höheren Spielniveaus belohnt wird.

Spielerisch sein

In »Die vier Dämonen« (S. 123ff.) sprach ich über Michael Stich und seine beeindruckende Leistung bei den 1996er French Open, in denen er nur zehn Wochen nach einer komplizierten Operation am Fuß das Finale im Einzel erreichte. Für mich war es das beste Match dieses Turniers – und eines der bedeutendsten dieses Jahres –, das Viertelfinale, in dem Stich Thomas Muster schlug, der zu dieser Zeit der unangefochtene »König des Sands« war. Muster war auf Sandplätzen so erfolgreich geworden, daß einige Weltklassespieler zu den Turnieren, bei denen er mitmachte, gar nicht erst antraten. Jedenfalls hatte ich den Eindruck, daß das der Grund war.

Musters Taktik besteht darin, sein gewaltiges Durchhaltevermögen und seine Fähigkeit, den Ball im Spiel zu halten, zur Geltung zu bringen. Er ist kein Serve-and-Volley-Spezialist und geht auch nicht oft ans Netz vor. Er verzichtet weitgehend auf riskante Schläge. Er läuft und läuft und läuft und bringt jeden Schlag, jeden Ball wieder zurück. Die langsameren Sandoberflächen gestatten ihm, Bälle zu erreichen und zurückzuspielen, die auf einem Hartplatz nicht mehr zu erlangen wären. Seine Gegner beginnen dann irgendwann aus Frustration, Ermüdung oder Übereifer, Fehler zu machen, für die Muster die Punkte kassiert.

Niemand erwartete, daß Stich, der feinfühlige Artist, den Marathonmann Muster schlagen würde. Die Experten waren der Meinung, Stich habe nicht die geringste Chance; und als der Wettkampf begann, schien es zunächst so, als ob sie recht behielten.

Muster gewann den ersten Satz mit 6:4. Zu Anfang des zweiten Satzes gelang ihm ein Break, das ihm eine 3:2-Führung brachte. Wie gewohnt, schickte er alles wieder über das Netz retour und hetzte seinen Gegner so über den Platz, daß dieser Ermüdungserscheinungen zeigte. Bei den Seitenwechseln saß Stich nach Atem ringend auf der Bank, um sich von den Strapazen, die Muster ihm auferlegte, zu erholen. Man konnte sehen, wie sich sein Brustkorb hob und senkte.

Irgendwie gelang Stich ein Gegenbreak zum 3:3, nach dem sich das Blatt wendete. Er wurde ganz ruhig, gefaßt und schnappte nicht mehr nach Luft. Er mußte eine neue Energieschicht angezapft haben. Und meiner Ansicht nach war er in die *zone* eingetreten.

Er spielte ein dermaßen ästhetisches, wunderbares, entspanntes Tennis, daß es eine Freude war, ihm zuzusehen. Alle anderen Turnierteilnehmer schienen entschlossen, knallharte Bälle zu schlagen, indem sie jedes einzelne Gramm ihrer Muskeln zum Einsatz brachten. Mit denen hatte Stich nichts gemein. Selbst bei seinen schnellen Schlägen schien er den Ball nur zu streicheln, sich überhaupt nicht anzustrengen, spielte dabei aber mit verblüffender Präzision.

Man konnte sehen, daß Stich im Einklang mit sich war und seine sich auf dem Platz austobende Kreativität genoß. Er hatte ein so intimes Verhältnis zum Ball, daß es schien, als ob dieser darauf erpicht wäre, ihm einen Gefallen zu tun. Stich wechselte ab zwischen 200 Stundenkilometer schnellen Aufschlägen und subtilen Stops, die wie reife Tomaten hinter das Netz fielen. Selbst wenn er einen mörderischen Aufschlag hinlegte, sah das nie nach harter Arbeit aus. Ich konnte mich nur noch wundern, woher er seine Kraft bezog.

Noch bemerkenswerter war, daß Stich Muster in dessen ureigenem Spiel schlug. Er gewann Ballwechsel von der Grundlinie aus und setzte den Sandexperten genau unter den Druck, den dieser für seine Gegner gedacht hat. Im vierten Satz, in dem sich Stich von 2:5 hocharbeitete und den Tiebreak mit 7:6 gewann, war Muster an der Reihe, nervös zu werden und Bälle zu verschlagen.

Darüber hinaus gab sich Stich keine besondere Mühe, als er in diesem entscheidenden Satz 2:5 hinten lag. Er spielte weiter, als ob es um nichts Besonderes ginge, versuchte nicht, stärker anzugreifen oder sich anzutreiben – und plötzlich hatte er, scheinbar durch pures Glück, zum 5:5 aufgeholt.

Ein Fernsehkommentator, der dies verfolgte, meinte, Stich hätte Muster leichter schlagen können, wenn er aggressiver gewesen und öfter ans Netz gelaufen wäre. Kommentatoren geben oft solche Weisheiten von sich und verraten damit nur, daß sie nicht mitbekommen, was auf dem Platz wirklich vor sich geht. Tatsächlich war es so, daß Stich mit der vorgefaßten Strategie, ans Netz zu gehen, für Muster berechenbarer und somit leichter auszukontern gewesen wäre.

Stich kam durchaus ans Netz vor, aber nicht mit Regelmäßigkeit, sondern völlig unvorhersehbar. In so einem Match den richtigen Dreh zu finden – wie es Stich gelang – ist meiner Meinung nach eine Meisterleistung, die nur auf Intuition und Spontaneität zurückzuführen ist.

Was dieses Spiel zu so etwas Besonderem und Außergewöhnlichem machte, war, daß Stich sich voll seinem Vergnügen hingab. Er war wie ein Tänzer, der in seinem Tanz aufgeht und jeden Schritt und jede Bewegung als freudiges Erlebnis empfindet. Das ist für mich das Wesen einer spielerischen Einstellung, ein Beispiel dafür, wie Tennis gespielt werden kann, wenn man sich von dem tödlichen Gedanken, um jeden Preis besser sein zu müssen, befreit hat.

Damit möchte ich nicht behaupten, daß Stich bei diesem dreistündigen Match keine sorgenvollen Momente erlebt hätte. Vielleicht hat er sich auch oft gedacht: »Ich glaub', ich kann ihn tatsächlich schlagen. Ich schaff's ins Halbfinale.«

In einem dermaßen langen und wichtigen Match wird jeder Spieler zwischenzeitlich mit Angst und Ehrgeiz zu kämpfen haben. Stichs Spielfreude, seine Unbekümmertheit um den Ausgang und seine freudige Hinnahme seines Erfolgs in diesem ersten Grand Slam nach seiner Operation trugen ihn jedoch über die Ichbezogenheit hinaus. Er gewann das Match in wahrem Zen-Stil.

»Spielerisch sein« ist ein schwer zu definierender Begriff. Sie werden schon erlebt haben, daß Sie, eben weil Sie verspielt waren, das Match verloren. Mit anderen Worten, Sie blödelten herum und wurden unachtsam.

Wenn ich von »Spielerisch sein« rede, meine ich damit nicht einen Verlust an Konzentration und Wachsamkeit. Ich meine damit nicht ein nachlässiges Schlagen des Balls und daß Sie abschlaffen sollten. Damit meine ich, daß Sie sich über die »Ich oder Du«-Einstellung des Wettkampfs, den inneren Druck zu gewinnen und die Einbildung, in einem unerbittlichen Kampf zu stehen, erheben sollten.

Es erscheint zwar paradox, aber wenn Sie sich vom Zwang zu gewinnen befreit haben, erhöhen sich Ihre Siegeschancen. Wie Jerry May, Monica Seles' Therapeut bemerkte »... ist einer der psychologischen Faktoren des Erfolgs, daß sich Menschen freuen und Spaß haben können«.

Spaß haben äußert sich auf dem Tennisplatz in einer spontanen und kreativen Haltung. Da gibt es keine Planung, keine mentale Aktivität. Es stellt sich ein Strom, ein Tanz, ein Spiel Ihrer Energie ein. Sie behindern diesen Strom nicht, sondern treten zur Seite und machen ihm den Weg frei. In diesem Zustand haben Sie Vertrauen zu sich. Sie empfinden ein tiefes Glück und sind dankbar dafür, auf der Welt zu sein und diesen wunderbaren Moment erleben zu dürfen.

Juwelen gegen Dämonen

Als Spieler auf dem Zen-Pfad haben wir eine Wahl: uns an die vier Juwelen zu halten oder der Angst und den vier Dämonen zum Opfer zu fallen. Insbesondere beim Training können wir uns bewußt dafür entscheiden, lieber mit Spaß als mit Ernst, lieber mit Totalität als dem Wunsch nach Perfektion an das Spiel heranzugehen, lieber mit dem zu sein was gerade ist, als Selbstkritik zu üben.

Es gibt jedoch keine Abkürzung auf dem Weg zu Zennis. Die Dämonen versuchen, sich immer wieder durchzusetzen, vor allem beim Wettkampf. Die eigentliche Lösung liegt in einer grundsätzlichen Änderung Ihrer Einstellung zum Spiel als Ganzem. Diese Umwandlung nenne ich Zennis.

Der Bogenschütze

Ein Beamter der Stadtverwaltung besuchte eine Schule für das Zen-Bogenschießen. Als er sah, wie ein Schüler mehrere Pfeile genau in die Mitte einer Zielscheibe schoß, sagte er zum Meister: »Sieh mal an, dieser Bursche ist ja ein ausgezeichneter Bogenschütze.«

»Das mag Ihnen so vorkommen«, antwortete der Meister. »Wenn er allein für sich übt, ist er tatsächlich ganz gut. Aber sobald er an einem Wettkampf teilnimmt, bei dem es um ein paar Kupfermünzen geht, bekommt er weiche Knie. Und wenn der Einsatz eine Börse voller Silber ist, zittern seine Hände so stark, daß er kaum den Bogen halten kann.«

Zennis im Match – die *zone*

Wenn Sie mit Zennis vertrauter werden, sind Sie bald in der Lage, beim Üben mit einem Trainer oder Freund meditativ zu spielen. Sie werden fühlen, daß Sie die Kunst beherrschen, den Moment zu leben, frei zu atmen, spontan zu handeln und unbekümmert saubere Bälle zu schlagen. Sie kümmern sich nicht mehr um den Ausgang des Spiels und finden womöglich sogar Spaß daran, den einen oder anderen Ball ins Aus zu schlagen, weil Ihnen der Schlag ein gutes Gefühl gibt.

Aber ein Wort zur Warnung: Es besteht ein großer Unterschied zwischen Übungsspielen und einem richtigen Match. Die Feuerprobe für den Zennis-Spieler ist eine Situation, in der es aus irgendeinem Grund plötzlich wichtig ist, wer gewinnt. Dann ist auf einmal alles ganz anders.

Sie spielen z. B. gerade mit einem Freund, der Sie fünfmal hintereinander geschlagen hat. Bisher hat Ihnen das nichts ausgemacht – es war eben eine Lernsituation. Sie haben den ersten Satz verloren, liegen im zweiten zwei Spiele hinten und haben es plötzlich satt, immer nur zu verlieren. Sie beschließen, das Schema zu durchbrechen – diesmal wollen Sie unbedingt gewinnen.

Bei vielen Tennisspielern, und das gilt auch für mich, macht sich der Druck zu gewinnen, gut abzuschneiden, am stärksten im Team-Tennis bemerkbar. Dort vertritt man seinen Club, sein Bundesland oder, wie beim Davis Cup, sogar die ganze Nation. Wenn man nur für sich spielt und ein schlechtes Ergebnis zuwege bringt, kann man das womöglich mit einem Achselzucken abtun und sich denken: »Beim nächstenmal wird's schon besser werden.« Aber in Gegenwart der Mannschaftskameraden und angesichts der Tatsache, daß jedes Match zum Gesamtspielstand zwischen Team A und Team B beiträgt, will man seine Seite nicht im Stich lassen.

Das führt zu einem interessanten Phänomen, da man auch bei einem Team-Wettkampf ganz allein auf sich gestellt ist, wenn man ein Einzel spielt. Man muß sich völlig auf sein eigenes Spiel konzentrieren, darf nicht an die Mannschaftsmitglieder und die Gesamtsituation denken. Aber ob man will oder nicht, der Druck ist da und lastet auf einem. Jeder, der für Mannschaften gekämpft hat, weiß, wovon ich rede.

Damit will ich nicht sagen, daß dieser Druck notwendigerweise einen negativen Streßfaktor darstellt. Er wirkt sich nämlich ganz unterschiedlich aus. Manche Spieler leben unter Druck richtiggehend auf, andere werden so nervös – machen sich so viele Gedanken darüber, ihre Seite im Stich zu lassen und von ihren Mannschaftskameraden kritisiert zu werden –, daß sie kaum noch ihren Schläger gerade halten, geschweige denn ihren ersten Aufschlag ins Feld bringen können.

Ich habe über die Jahre hinweg bemerkt, daß ich zu den Spielern gehöre, die im Team, wo es um mehr als einen persönlichen Sieg geht, besser sind. Dann bin ich ausdauernder und kämpfe viel zäher als sonst.

Im Mannschaftstennis habe ich mindestens ein Dutzend Matches gespielt (und gewonnen), in denen es im letzten Satz zum Tiebreak kam. In offenen Turnieren, in denen ich nur für mich verantwortlich war, habe ich kaum jemals im letzten Satz einen Tiebreak gespielt, und zwar aus dem einfachen Grund, weil ich nicht lang genug kämpfte.

Der wesentliche Punkt, den es hier zu erfassen gilt, ist, daß das Praktizieren von Zennis in einer Trainingssituation zwar relativ einfach ist, aber in einem Match, das man wirklich gewinnen will, auf Schwierigkeiten stößt, weil man unter Druck steht: der Freund oder die Freundin sehen zu, die Eltern sitzen auf der Tribüne oder der Erfolg der eigenen Mannschaft hängt von einem ab. Dann kämpft man mit allen möglichen inneren Angelegenheiten, und das Match wird zum persönlichen Feuertest.

Die gleichen Fehler

Vor kurzem traf ich in einem Mannschaftsmatch auf einen Gegner, der in bezug auf Technik und Fitness etwa auf dem gleichen Niveau lag wie ich. Bei einem gleichwertigen Gegner ist es natürlich ziemlich wahrscheinlich, daß sich das Match in die Länge zieht und man dabei viele Höhen und Tiefen erlebt. Das ist in einem solchen Fall nicht anders zu erwarten.

Was mich überraschte war, daß ich als Reaktion auf diese Höhen und Tiefen – insbesondere die Tiefen – die Fehler machte, von denen ich glaubte, ich hätte sie mir in den letzten fünfzehn Jahren abgewöhnt. Eine Weile schien es so, als ob sich überhaupt nichts geändert hätte.

Wir spielten auf einem Sandplatz, und für mich entwikkelte sich, wenn auch mit ein bißchen Glück, alles bestens. Schnell lag ich im ersten Satz mit 4:1 in Führung. Dann kam mein Gegner, Robert, in Fahrt und brachte alles, was ich zu bieten hatte, wieder zurück. Auch wenn ich riskante Schläge wagte, nah an die Linien zielte, gelang es Robert, den Ball zu erwischen und an mir vorbeizuspielen. Was ich auch tat, ich konnte nicht verhindern, jedes Spiel zu verlieren.

Meine normale Taktik in einer solchen Situation bestand bisher darin, mit noch riskanteren Schlägen zu reagieren, indem ich versuchte, die Bälle außer Reichweite meines Gegners tief in die Ecken zu setzen. Damit begann ich dann auch bei Robert.

Dabei entwickelte sich in meinem Kopf ein Streitgespräch, das ich anhand einer Gerichtsverhandlung beschreiben möchte. Der Anwalt, der meine Entscheidung, mit hohem Risiko zu spielen, vertrat, sagte zum Richter: »Sehen Sie, mein Mandant versucht bereits alles, was er sonst auch tut, und verliert trotzdem. Also muß er mehr Risiken eingehen.«

Mein innerer Richter zeigte sich davon nicht beeindruckt und wandte ein: »Sie sollten inzwischen wissen, daß Ihrem Mandanten bei fünf Versuchen nur ein Gewinnschlag gelingt, wenn er riskant spielt. Auf diese Weise kann er niemals gewinnen.«

Der Anwalt argumentierte: »Nun, vielleicht verliert er, aber bei hohem Risiko gibt er den Ton an. Er entscheidet dann alle Ballwechsel, und nicht sein Gegner. Entweder bringen sie meinem Mandanten einen Punkt oder sind im Aus. Er muß dann nicht die Demütigung erleben, hinter jedem Ball herzuhetzen und trotzdem Punkte abzugeben.«

Der Richter antwortete: »Das stimmt zwar, aber er wird 100 %ig das Match verlieren – und seine Selbstachtung, weil er dann aufgibt, sich am Wettkampf vorbeimogelt. Wenn er sich so verhält, gibt er nicht sein Bestes.«

Ich wußte, der Richter hatte recht.

Das Muster durchbrechen

Es fällt mir schwer, mich einer Situation zu stellen, in der ich zum Laufen gezwungen werde und dennoch Punkte verliere. Ich bringe ziemlich viel auf die Waage und habe einen ziemlich kräftigen ersten Aufschlag. Wenn er »gut« ist, erwarte ich, den Punkt für mich verbuchen zu können. Es gefällt mir nicht besonders, dem zurückgeschlagenen Ball nachlaufen zu müssen – insbesondere, wenn ich auch noch ausgespielt werde.

Als Robert sieben Spiele in Serie gewann, mußte ich mich also sehr zusammenreißen, um nicht wieder in mein altes Muster zurückzufallen, immer riskanter zu spielen. Es gelang mir aber tatsächlich, etwas Neues auszuprobieren. Ich spielte etwas langsamer und verzichtete bei den ersten vier oder fünf Schlägen jedes Ballwechsels auf riskante Manöver. Ich spielte den Ball direkt auf Robert, und er brachte mich zum Laufen. Das bedeutete, daß ich eine Menge körperlicher Anstrengung auf mich nehmen mußte. Es passierte mir nicht mehr, daß ich Bälle verschlug, aber ich mußte bis an meine Schmerzgrenze gehen, um sie zu erwischen und wieder übers Netz zu bringen.

Ich achtete außerdem darauf, tief in den Bauch einzuatmen. Zwischen den anstrengenden Ballwechseln nutzte ich die fünfundzwanzig Sekunden lange Pause vor allem für diese Atmung und ließ meine Müdigkeit und meine Frustration aus mir heraus, ohne zu versuchen etwas zu ändern – und auch ohne zu meinen Mannschaftskameraden zu blicken.

Auf der physischen Ebene trug das Atmen dazu bei, meinen Körper zu entspannen und zu erfrischen. Dadurch konnte ich den Schläger bis zum Ende des Matchs frei durchschwingen. Ich wollte eigentlich nicht rennen und an die Grenze meiner Leistungsfähigkeit gehen, spürte aber, daß ich weitermachen konnte.

Auf der mentalen und emotionalen Ebene half mir das Atmen, mich selbst und die Situation, in der ich mich befand, zu bejahen. Das war wichtig für mich, da es mir einige Jahre davor unangenehm gewesen wäre, auf diese Weise zu spielen. Da hätte mir mein Macho-Ego vorgeworfen, nicht wie ein Sieger aufzutreten, den Aufschlag nicht durchzubekommen, keine Breaks zu schaffen und nicht jede Möglichkeit zum Gewinnschlag auszunutzen.

An diesem Punkt meldete sich in meinem Kopf eine weitere Stimme, bei der es sich um mein spirituelles Ego handeln mußte: »Ich dachte, Zennis ist elegant und spielerisch. Wenn du dich dermaßen am Riemen reißen mußt, kann das nicht Zen sein. Du mußt irgendwas falsch machen.«

Solche inneren Stimmen ergriffen jedoch keinen Besitz von mir. Ich erlaubte mir nicht, in eine hochriskante Spielweise auszuweichen. Ich machte mir auch keine Vorwürfe, da in dieser speziellen Situation wenig Spielraum für Eleganz und Spielfreude war.

Das ist der Grund, weshalb ich sage, die wirkliche Feuerprobe für den Zen-Spieler seien Matches, in denen er unter Druck gerät. Druck beschwört alle möglichen verborgenen Einstellungen, Ideen und Gefühle aus dem Unterbewußtsein herauf – Dinge, von denen man dachte, man hätte sie schon vor langer Zeit bewältigt, Ego-Trips, die man in einer Therapie oder einem Workshop überwunden zu haben glaubte.

Übrigens beginnt sich diese »Büchse der Pandora« nicht nur dann zu öffnen, wenn Sie verlieren, sondern auch, wenn Sie gewinnen. Ihr Spiel wird nicht nur durch den Schmerz, den Zorn und das Aufgebenwollen beeinträchtigt. Das geschieht auch durch den Wunsch zu triumphieren, seine Stärke und Gewandtheit zu demonstrieren, wenn man sich also sagt: »Jetzt hab' ich ihn. Jetzt zeige ich ihm, wer hier der Bessere ist.«

Gewinnen oder Verlieren ist hier also nicht von Bedeutung. Wenn Sie unter Druck geraten, gelangen Dinge an die Oberfläche, die der optimalen Reaktion auf die momentane Situation wahrscheinlich im Weg stehen.

Doch zurück zum Match. Ich fiel von 4:1 auf 5:7 zurück. Robert gewann den ersten Satz und auch das erste Spiel des zweiten Satzes. Er hatte seit meiner 4:1-Führung also sieben Spiele gewonnen, und ich nur eines. Daraufhin fiel ich in einen Rhythmus des Laufens, Laufens, Laufens, Schlagens und Zurückspielens.

Zurück im Match

Dann verschlug Robert einige Bälle. Tatsächlich ist es ziemlich normal, daß derjenige, der die Initiative ergreift, Fehler macht. Warum? Wenn ich mich nicht um einen Winner bemühe, den Ball einfach nur zurückschicke, dann ist der Gegner meist versucht, einen Gewinnschlag zu riskieren.

Robert verschlug immer öfter, und ich kam zurück ins Match. Dann trat das Spiel in eine neue Phase ein. Für eine Weile bot jeder Ballwechsel jedem von uns mehrere Möglichkeiten für einen Gewinnschlag, die wir aber beide nicht nutzen wollten. Manchmal ging der Ball zehnmal hin und her, bevor einer von uns einen Winner schlug. Wer den Punkt machen würde, war nicht vorherzusehen.

Ich spielte gegen mein übliches Schema, indem ich akzeptierte, daß ich geduldig bleiben und den langen Weg gehen mußte – ohne einen Gedanken daran zu verschwenden, wie das Spiel ausgehen würde. Dann war plötzlich der zweite Satz vorbei, und ich hatte ihn mit 6:4 gewonnen. Nun hing alles vom dritten und letzten Satz ab.

Zuvor hatte ich befürchtet, die Ballwechsel würden mir alle Kraft rauben, wenn es zu einem dritten Satz käme; tatsächlich fühlte ich mich aber im dritten fitter als im zweiten. Der Grund hierfür war, daß ich die Situation akzeptiert hatte. Der Kampf, der zuvor in meinem Kopf tobte, war zum Erliegen gekommen, so daß meine Energie für den Kampf auf dem Platz ungeteilt zur Verfügung stand.

Der dritte Satz war eine seltsame Angelegenheit. Nach dem 1:1 nahmen wir uns zehnmal hintereinander den Aufschlag ab, so daß wir bei 6:6 den Tiebreak erreichten. Das Match war völlig in der Schwebe.

Eintreten in die *zone*

In diesem entscheidenden Moment muß ich wohl in die *zone* gelangt sein, ganz unerwartet. Ich war tatsächlich nicht auf den Gedanken gekommen, daß ich in einem Match, das für mein Ego eine solche Herausforderung und für meinen Körper eine dermaßene Anstrengung darstellte, in diesen Zustand gelangen könnte. Daran hatte ich während des gesamten Matches kein einziges Mal gedacht.

Doch plötzlich war die *zone* da: eine dramatische Verschiebung in der Wahrnehmung, ein Moment, in dem ich ohne einen Willensakt tief in mich hineinzufallen schien. Das geschah auf ziemlich natürliche und spontane Weise und ganz von selbst.

Alles wurde sehr still, als ob ich unter Wasser spielte. Ich konnte meinen Herzschlag und das Geräusch des durch meine Venen strömenden Blutes hören. Die Geräusche der äußeren Welt schienen dagegen von sehr weit weg zu kommen.

Alles verlangsamte sich. Wie bei einer Zeitlupenwiedergabe sah ich den Ball langsam über das Netz auf mich zukommen, nahm das Muster seiner sich drehenden Nähte wahr, fühlte, wie sich mein Körper zur richtigen Schlagposition bewegte, wußte, daß der Ball auf meiner Besaitung an genau der richtigen Stelle für einen schönen Return auftreffen würde, und spürte, wo der Ball auf der gegnerischen Seite des Netzes aufkommen würde. Dabei empfand ich keinerlei Triumph, Erleichterung oder Erregung darüber, in diesem Zustand zu sein. Da war nur bei jedem Schlag das positive Gefühl – sozusagen die Bestätigung –, daß alles mühelos und poetisch vor sich gehen würde, ohne daß ich dafür zu kämpfen hätte.

Ich hatte also im dritten Satz meine Aufschlagspiele verloren, aber nun, im Tiebreak, geschah etwas Neues. Ich gewann auf einmal meine Aufschläge, aber nicht durch Schlagen von Assen. Ich servierte mit weniger Kraft als zuvor, versuchte nicht gleich einen Gewinnschlag, sondern machte nur einen lockeren Aufschlag, der den Ballwechsel eröffnete.

Normalerweise wäre mir das schwergefallen. Wie die meisten Spieler neige ich dazu, mit dem Aufschlag, vor allem dem ersten, Druck zu machen, um die Initiative zu ergreifen und einen Vorsprung zu erreichen, was beim Tiebreak natürlich besonders wichtig ist. Weniger hart zu servieren geht mir gegen den Strich, da ich aber in der *zone* war, litt ich nicht an inneren Konflikten, an Selbstzweifeln. Ich traf noch nicht einmal eine strategische Entscheidung, auf diese Weise zu spielen. Ich konnte nur feststellen, daß ich es tat, ohne darüber nachzudenken – und es funktionierte.

Beim Attackieren meiner weichen Aufschläge verschlug Robert zwei Bälle; und als es in die nun schon gewohnten langen Ballwechsel ging, gelangen mir einige schöne Bälle, wobei ich drei Vorhand-Winner schlug. Das Glück war auf meiner Seite. Bei 6:3 hatte ich drei Matchbälle.

Dann geschah etwas, das mich völlig überraschte. Beim Aufschlag hob ich mein Racket, vollführte aber nicht die übliche Ausholbewegung, also die Schleife hinter dem Rücken, sondern warf den Ball nur ein kurzes Stück hoch und schlug ihn mit einer Bewegung aus dem Handgelenk – etwa so wie einen Schmetterball.

Ich war nicht wenig überrascht, als sich herausstellte, daß das mein einziges As im dritten Satz war.

Glück, Taktik, Gott oder…?

Ich hatte ein breites Grinsen im Gesicht, als das geschah. Aber als ich zum Netz lief, um Robert die Hand zu schütteln, hatte ich nicht das Gefühl, durch meine eigene Raffinesse und mein Können den Sieg herbeigeführt zu haben. Ich hatte eher den Eindruck, jemand anders hätte das Match für mich gewonnen. Eine größere Kraft als die meine hatte das Kommando übernommen und durch mich gespielt. Ich war nur aus dem Weg gegangen und hatte das zugelassen.

»Ich glaub', ich hatte heut' einfach mehr Glück als du«, bemerkte ich, als ich sah, wie enttäuscht Robert darüber war, sein erstes Match für sein neues Team verloren zu haben. Er gab keine Antwort, zuckte nur mit den Achseln und schüttelte stumm meine Hand.

Auf mich wartete eine Überraschung, als ich dann das Match mit meinen Mannschaftskameraden besprach. Sie waren überzeugt, ich hätte während des gesamten Matches alles unter Kontrolle gehabt und eine vorgefaßte Taktik verfolgt. In meiner eigenen Realität hatte ich aber zu keinem Zeitpunkt das Gefühl, Herr der Lage zu sein. Ich hatte keine Vorstellung, wer gewinnen würde, außer bei Roberts Sieben-Spiele-Lauf, als ich bezweifelte, gegen ihn aufholen zu können.

Sie bekamen auch nicht mit, wie unangenehm es mir war, auf dem Platz rumrennen zu müssen und den Bällen hinterherzujagen.

Das Erlebnis, das ich am Ende des Matchs hatte – daß jemand anders für mich spielte –, ist Tennisspielern, die sich total verausgaben, übrigens durchaus bekannt. Sie haben den Eindruck, daß eine höhere Energie oder Kraft durch sie hindurch zur Wirkung gelangt und ihr Spiel über den normalen Umfang ihres Könnens und ihrer Leistungsfähigkeit hinausträgt.

Wenn ein Spieler solche Erlebnisse hat, ist er versucht, sie mit Begriffen des herkömmlichen religiösen Glaubens zu etikettieren. Michael Chang nennt das »mein Herr Jesus«. Tatsächlich gibt es im Tennis-Circuit ziemlich viele wiedergeborene Christen, die ihre Siege Jesus Christus zuschreiben.

Dies ist verständlich, aber meiner Ansicht nach fehlgeleitet, da dadurch ein tiefes, nachdrückliches Erlebnis einer religiösen Vorstellung untergeordnet wird. Außerdem ergeben sich dabei alle möglichen ideologischen Schwierigkeiten, da fast alle Religionen die Tendenz haben, auf die spirituelle Wahrheit Exklusivrechte zu beanspruchen. Beispielsweise glaubt jeder Christ, Jesus sei der einzige Sohn Gottes und somit der einzige Erlöser.

Will man auf diese Weise erklären, warum jemand gewinnt, so gerät man in Schwierigkeiten. Wenn heute ein Christ gewinnt und morgen ein Buddhist, was war dann mit Jesu Christi göttlicher Macht? Hat er einen Tag freigenommen, oder ist Gautama Buddha der bessere Coach? Und was ist, wenn ein Atheist gewinnt? Hat Gott dann den Gläubigen im Stich gelassen?

Zen besitzt die Weisheit, das Geheimnisvolle nicht zu etikettieren. Zen hat die Funktion, den Menschen bei der Erlangung solcher innerer Zustände zu helfen, und will diese nicht in irgendwelche Schubladen stecken. Im Zen wird auch klargemacht, daß die Verantwortung in Ihren eigenen Händen liegt. Den entscheidenden Part spielen Sie selbst.

Wie viele Erleuchtete hervorgehoben haben, ist das universelle Prinzip, das kosmische Bewußtsein – nennen Sie es, wie Sie wollen – stets bereit, seine Energie einem Menschen zur Verfügung zu stellen, und zwar unabhängig von dessen Glauben. Sie müssen nur offen für diese Energie sein und sich von ihr mittragen lassen. Die Entscheidung liegt bei Ihnen.

Dieses Gefühl der Harmonie führt übrigens nicht notwendigerweise zum Sieg. Als ich mit Robert vom Platz ging, war mir deutlich bewußt, daß ich bei all dem, was mir passierte – mein altes Schema durchbrechen, den langen Weg gehen und sogar in die *zone* eintreten – das Match durchaus hätte verlieren können.

Im Zen geht es um Sie persönlich

Zen interessiert sich nicht für Sieg oder Niederlage, sondern für Sie. Ein Sieg kann sich als Nebenprodukt ergeben, da Ihr Spiel natürlich in neue Höhen emporgehoben wird, wenn Sie in einen solch wunderbaren Zustand gelangen. Ausschlaggebend ist aber, wie Sie spielten, wie Sie auf die Situation reagierten.

Spielten Sie mechanisch und gewohnheitsmäßig oder spontan und abwechslungsreich? Versuchten Sie mit einer vorgefertigten Strategie das Match durchzuziehen, oder stellten Sie sich auf das ein, was auf dem Platz tatsächlich vor sich ging, indem Sie jede neue Situation akzeptierten und Ihr Spiel entsprechend anpaßten?

Wie ich bereits erwähnte, stellt das Match-Spiel für jeden Zen-Spieler eine Feuerprobe dar, da es einen Druck erzeugt, unter dem viele alte Verhaltensmuster heraufbeschworen werden. Die Herausforderung besteht darin zu versuchen, Ihr bestes Tennis zu spielen, während diese inneren Mechanismen eingeschaltet sind und alte Gefühle aufgewühlt werden. Das ist sozusagen ein Realitätstest für den Meditierenden – ein Spiegel und ein Vergrößerungsglas in einem.

Wenn Sie zu sehr auf Wettkampf eingestellt sind, zu ernsthaft sind, jammern und sich beschweren, kein Vertrauen zu sich haben oder aber mit einem Augenzwinkern an die Sache herangehen, so wird das seine Auswirkungen haben. Diese werden vielleicht von niemandem bemerkt werden, aber Sie selbst werden sie deutlich zu spüren bekommen.

Die wesentliche Qualität, die mit Zen auf den Court geht, ist die Nichtidentifikation, die einen befähigt wahrzunehmen, was innen und außen vor sich geht. Ein einziges auf diese Weise gespieltes Match gibt Ihnen genügend Stoff, um ein ganz neuer Spieler zu werden.

Übrigens beanspruche ich für die im Match gegen Robert eingeschlagene Vorgehensweise keine Allgemeingültigkeit. Es handelt sich nur um ein Beispiel und, wie ich hoffe, eine Ermunterung, auf Ihre Angewohnheiten und Muster zu achten und zu erkennen, wie diese Ihre Fähigkeit, ein Zennis-Spieler zu sein, beeinflussen.

Erkennen der *zone*

Ich möchte dieses Kapitel dadurch abschließen, daß ich mich noch etwas mehr über die *zone* auslasse und einige der Anzeichen, die einem Spieler bestätigen, in diesen Zustand eingetreten zu sein. Das Erkennen dieser Anzeichen hilft Ihnen, entspannt zu bleiben, ohne das Erlebnis dadurch, daß Sie aufgeregt oder besorgt werden, zu verderben.

Noch vor wenigen Jahren wäre es für einen Athleten oder Sportler riskant gewesen, über die *zone* zu reden, die mystischen Erfahrungen zu erwähnen, die sich bei ihren Bestleistungen einstellten. Solche Äußerungen hätte man damals ziemlich eigenartig gefunden. Heutzutage wird *eher* akzeptiert, daß es solche außergewöhnlichen Bewußtseinszustände gibt. Ein Hersteller von Tennisschlägern benutzte den Begriff *zone* sogar in einem seiner Fernsehspots. Außerdem gibt es inzwischen reihenweise Bücher, in denen berühmte Athleten beschreiben, wie sie an Höhepunkten ihrer Karriere in solche Zustände gelangten.

Beispielsweise hat der großartige brasilianische Fußballspieler Pélé beschrieben, wie er bei einem Weltmeisterschaftsspiel in einen phantastischen Zustand geriet, in dem er nicht einmal die Verteidiger der gegnerischen Mannschaft sah. Er sah nur die Lücken, die Freiräume, durch die er mit dem Ball zum Tor vorstoßen konnte. Auf diese Weise schoß er drei Tore. Niemand konnte sich ihm in den Weg stellen.

Ein wichtiger Aspekt der *zone* ist, daß sie nicht durch Bemühung oder Willenskraft herbeigeführt werden kann. Damit gleicht sie dem Phänomen, das man jedesmal beim Einschlafen erlebt. Die sicherste Methode, nicht einzuschlafen, besteht darin, sich dazu zwingen zu wollen. Man kann sich nur hinlegen, entspannen und darauf warten, daß der Schlaf von selbst kommt.

Mit der *zone* ist das nicht sehr viel anders. Wenn Sie darüber nachdenken, sie bewußt herbeiführen wollen, werden Sie ihr den Weg nicht ebnen. Aber Sie können ihr den roten Teppich auslegen, indem Sie die Chancen für deren Eintreten maximieren. Für mich liegt ein Schlüssel zur *zone* im Erreichen einer Stufe starker physischer Intensität. Wenn man alles gegeben hat, wenn schon mehrere Energieebenen verbraucht sind, wenn man nicht weiß, wo man die Kraft für den nächsten Punkt hernehmen soll, dann hat man plötzlich die Chance, in den Zen-Zustand zu gelangen.

Manchmal stellt sich die *zone* auch ein, wenn der Verstand den Kampf um den Sieg aufgegeben hat. Sie haben Ihr Bestes gegeben, um zu gewinnen, die eine und die andere Strategie ausprobiert, liegen aber immer noch hinten und gelangen an einen Punkt, an dem Ihnen einfach nichts mehr einfallen will. Da besteht dann die Versuchung, sich mit der Niederlage abzufinden. Wenn Sie sich jedoch keine Vorwürfe machen, offen und absichtslos bleiben, besteht die Chance, daß sich eine andere Tür öffnet und Sie die *zone* betreten können.

Meiner Erfahrung nach braucht man in solchen Momenten ein Gefühl des Vertrauens – des Vertrauens in sich selbst. Sie fallen im Match zurück, Ihr Verstand möchte sich mit Kritik und Klagen einmischen, Sie aber haben genügend Selbstvertrauen, um diese Kommentare zu ignorieren und ganz im momentanen Geschehen zu bleiben, ohne daran zu denken, was als nächstes passieren wird.

Sind Sie dazu in der Lage, können Sie plötzlich in den erhebendsten Zustand gelangen, den das Tennis zu bieten hat. Einer der wesentlichen Gründe, weshalb Spieler so selten in die *zone* eintreten, ist ihre zu starke Identifikation mit dem Geschnatter des Affen in ihrem Kopf, wie es im Zen so bildhaft dargestellt wird. Sie beherrschen nicht die Kunst, aus sich herauszutreten und den Strom ihrer Gedanken zu beobachten, ohne sich in ihnen zu verlieren. Diese Kunst kann man sich durch Meditation aneignen. Je mehr Sie meditieren, um so größer ist Ihre Chance, die *zone* zu erreichen.

Aber auch dann ist nicht vorhersehbar, wann sich ein Erleben der *zone* einstellen wird. Man kann sich beispielsweise bereits zu Beginn eines Matchs, also ohne vorherige körperliche Anstrengung, in der *zone* befinden. Mir ist das einige Male geschehen, als ich gerade eine tiefe emotionale Erfahrung gemacht hatte, wie den Tod eines guten Freundes oder den Anfang oder das Ende einer Liebesbeziehung – also bei einem Ereignis, das nichts mit der Welt des Tennis zu tun hatte.

Wenn ich in einer solchen Verfassung auf den Platz ging, hatte ich keinerlei Interesse am Ausgang des Matchs. Ich wollte gut spielen und Spaß haben, aber Gewinnen, Taktik und was jemand von meiner Leistung halten würde, war mir gleichgültig. Es gab viel wichtigere Dinge in meinem Leben, als einen Ball über ein Netz zu schlagen. Und kaum hatte ich zu spielen begonnen, glitt ich in die *zone*.

Merkmale der *zone*

Einige Leser werden sich gefragt haben, ob sie selbst schon einmal in diesem Zustand waren und wie er zu erkennen ist. Um Ihnen die Beantwortung dieser Frage zu erleichtern, möchte ich hier einige der Anzeichen und Merkmale anführen, die für die *zone* charakteristisch sind.

– Der Ball kommt Ihnen größer vor. Der auf Sie zufliegende gelbe Ball kann doppelt so groß als in Wirklichkeit erscheinen.

– Der Ball scheint langsamer auf Sie zuzukommen, so daß Sie sehr viel mehr Zeit zum Reagieren haben. Wie ich an anderer Stelle erwähnte, können Sie dabei den Eindruck haben, einer Zeitlupenwiedergabe zuzusehen; Ihre Reflexe arbeiten aber mit normaler Geschwindigkeit.

– Sie haben ein Gefühl gesteigerter Wahrnehmung, insbesondere kurz vor dem Aufprall des Balls auf die Saiten Ihres Schlägers. Der Ball wird scheinbar noch langsamer, und Sie nehmen Details wahr wie, daß Teile des Balls in hellem Licht sind und andere Teile im Schatten, daß die sich drehenden Nähte ein Muster bilden etc.

– Im Moment des Aufpralls sehen Sie vielleicht, wie der aus dem Ball kommende Staub einen Ring bildet. Auch kann es Ihnen so vorkommen, daß der Ball mit dem Schläger länger in Berührung bleibt, wenn er genau auf die Mitte des Schlägerkopfs trifft, wo die Saiten am nachgiebigsten sind.

– Sie wissen im voraus, wo der Ball landen wird, sogar bevor der Gegner seinen Schlag ausgeführt hat. Das ist wie ein sechster Sinn für die Richtung, in die der Ball fliegen wird.

– Sie erleben eine Stille in sich, als ob Sie unter Wasser spielen würden, fast als ob Ihre Ohren nicht mehr nach außen, sondern nach innen hören würden. Sie hören vielleicht Ihren Puls, Ihren Herzschlag. Die Geräusche von außen scheinen aber kilometerweit entfernt zu sein.

– Die verstandesmäßige Planung und das strategische Denken haben sich verflüchtigt. Dafür finden Sie in Ihrem Spiel einen natürlichen Rhythmus. Beispielsweise versuchen Sie nicht absichtlich, Ihren Gegner auf dem falschen Fuß zu erwischen oder auf seine schwache Rückhand zu spielen. Wahrscheinlich wird sich aber herausstellen, daß Ihnen das ganz von selbst gelingt.

– Sie spielen Ihr bestes Tennis, als ob Sie gegenüber Ihrem normalen Spiel einen Quantensprung gemacht hätten. Alles scheint einfach und mühelos zu sein, und Sie fragen sich, wie Sie jemals einen Ball verschlagen konnten. Jeder Schlag bewirkt ein tiefes Gefühl der Befriedigung – nicht weil er einen Punkt bringt, sondern wegen der Intensität des Gefühls und des Erfülltseins, das er einem gibt.

Fast jeder Tennisspieler gewinnt flüchtige Einblicke in die *zone*. Das sind die wunderbaren Erlebnisse, die uns immer wieder zu diesem Spiel zurückbringen. Das ist ein Gefühl des Überwirklichen, der Meditation, bei dem wir ein Stück unserer wahren Natur erkennen.

Man sollte auch daran denken, daß es sensible Spieler gibt, wie John McEnroe in den Achtzigern und Ilie Nastase in den Siebzigern, die erkennen, wann ein Gegner in die *zone* gleitet. Das ist der Moment, in dem sie im Bemühen, das zu verhindern, eine Ablenkung inszenieren werden, indem sie Zwischenfälle provozieren und in Wutanfälle ausbrechen.

Solche Spieler sind nicht damit zufrieden, selbst die *zone* zu erleben. Sie setzen alles daran, Ihr Erlebnis der *zone* – womöglich nicht einmal bewußt – zu zerstören, um ihren Sieg nicht zu gefährden. Wenn Sie auf einen solchen Spieler treffen, kann das die ultimative Herausforderung sein: der Versuch, in Ihrer Mitte und in der *zone* zu bleiben, während Ihr Gegner Sie zu stören versucht.

Solche Herausforderungen spiegeln wider, wie sich ein Meister des Zen in der Welt bewegt. Er ist von tausenden unterschiedlichen Ablenkungen umgeben und bleibt dennoch in seiner Mitte.

Die Knochen des Buddha

Ein Erleuchteter war schon tagelang auf Wanderschaft gewesen. Es hatte ununterbrochen geschneit, so daß er eine Unterkunft finden mußte, wenn er nicht erfrieren wollte. Er erinnerte sich an einen in der Nähe gelegenen Zen-Tempel und machte sich dorthin auf den Weg.

Völlig erschöpft erreichte er spätabends sein Ziel. Aber

auch im Inneren des Tempels war es bitterkalt. Also ging er wieder hinaus, sammelte etwas trockenes Holz, trug dieses in den Tempel und machte damit ein Feuer.

Davon wurde der Raum aber nicht viel wärmer. Schließlich nahm er die hölzerne Buddha-Statue vom Altar und legte sie in die Flammen. Er bezog neben dem Feuer sein Nachtlager, und als ihm warm war, schlief er ein.

Am nächsten Morgen wurde er vom Tempelpriester geweckt, der aufgeregt schrie: »Wie kannst du es wagen? Du hast eine heilige Statue verbrannt!«

Da sagte der Erleuchtete: »Ich werde die Knochen des Buddha aus der Asche nehmen.«

Woraufhin der Priester fragte: »Wie willst du darin die Knochen des Buddha finden?«

Der Erleuchtete gab zurück: »Was hast du dann dagegen, daß ich das Holz verbrenne?«

Das eigene Paradigma überwinden

Vor einigen Jahren wollte ich mir im Fernsehen eine Live-Übertragung der U.S. Open anschauen; die Matches wurden aber wegen Regen verschoben, so daß die Kommentatoren gezwungen waren, das Vakuum mit Gesprächen und persönlichen Anekdoten zu füllen. Einer der Interviewten war Rudi Berger, ein bekannter Schiedsrichter im professionellen Tenniszirkus, ein Mann, der Woche für Woche mit der internationalen Spielerkarawane mitreist. Unter anderem wurde Berger gefragt: »Was war der ungewöhnlichste Moment in Ihrer langjährigen Karriere als Schiedsrichter?«

Ich konnte meinen Ohren nicht trauen, als Berger meinen Namen erwähnte. Er antwortete: »Den ungewöhnlichsten Moment erlebte ich bei einem Match zwischen Peter Spang aus Deutschland und Shankar Perkis aus Israel.«

Berger beschrieb dann den Vorfall, an den ich mich sehr gut erinnern konnte. Er ereignete sich während eines engen Matches in einem der kleineren europäischen Turniere. Es stand 5:5 im dritten und letzten Satz und 15:15 im elften Spiel. Perkis hatte Aufschlag. Dabei riß die Saite seines vierten und letzten Schlägers.

Es kommt gelegentlich vor, daß einem Profispieler in einem Match die Saiten von vier Schlägern reißen. Mir selbst ist das noch nie passiert; ich nahm aber vorsichtshalber immer fünf oder sechs Schläger mit.

Perkis ging zum Rand des Platzes, um in seine Tasche zu sehen, in der sich jedoch kein weiterer Schläger befand. Er stand am Rand des Platzes und wußte nicht, was er tun sollte.

Berger lehnte sich aus seinem Schiedsrichterstuhl und sagte: »Bitte spielen Sie weiter, Herr Perkis.«

Perkis antwortete, er habe keine Schläger mehr, und stand untätig neben seiner Bank, als ob er den Gedanken, das Match fortzusetzen, aufgegeben habe. Das Seltsame war, daß Perkis nicht versuchte, sich von jemand anderem ein Racket zu besorgen. Als ich ihm eines von meinen anbot, lehnte er ab. Er wandte sich auch an keinen der Zuschauer, unter denen mehrere Tennisspieler waren.

Nach einer drei Minuten langen Pause, in der Perkis einfach nur dastand und überhaupt nichts geschah, mußte Berger ihn wegen Nichtfortsetzen des Matches disqualifizieren und mich zum Sieger erklären. Im Fernsehen sagte Berger, dies sei das einzige Mal in seiner Karriere als Schiedsrichter gewesen, daß er einen Spieler wegen einer Bagatelle disqualifizieren mußte.

Für mich hat dieser Vorfall insofern Bedeutung, als er zeigt, wie die Leistung eines Spielers durch eine psychische Barriere beeinträchtigt werden kann. Für Perkis war das Match vorbei, weil sein Vorrat an Schlägern erschöpft war. Für ihn übersetzte sich das unerwartete Ausgehen der eigenen Rackets in die Überzeugung, nicht mehr weiterspielen zu können. Andere Elemente dieser Situation, wie die Möglichkeit, sich einen Schläger auszuleihen, und daß er eine gute Gewinnchance hatte, wenn er weitermachte, schienen keine Rolle zu spielen.

Paradigmen formen das Denken

Diese Geschichte ist ein Beispiel dafür, wie unser Denken durch Paradigmen geformt wird. Deshalb habe ich sie an den Anfang dieses Kapitels gesetzt.

»Paradigma« ist ein wissenschaftlicher Terminus für eine Gruppe von Regeln oder Überzeugungen, die eine bestimmte Idee, Theorie oder Hypothese strukturieren und in einen bestimmten Rahmen stellen. Paradigmen haben großen Einfluß im Bereich der wissenschaftlichen Forschung, da durch Festlegung des Charakters einer bestimmten Untersuchung bereits deren mögliches Ergebnis eingeschränkt wird.

Ich bin kein Physiker, kann Ihnen aber ein grobes Beispiel dafür nennen, wie dies funktioniert. Angenommen, Sie suchen nach einem Elementarteilchen, das Sie Snark nennen. Bei der Suche nach Ihrem Snark haben Sie darüber bereits bestimmte Vorstellungen entwickelt: wo es zu finden ist, wie es sich verhält, wie es sich entdecken läßt, welche Funktion es hat, etc.

Solche Vorstellungen sind unvermeidbar. Wie wären Sie sonst überhaupt auf die Idee gekommen, daß Ihr Snark existiert. Ohne sie könnten Sie noch nicht einmal mit Ihrer Untersuchung beginnen.

Diese Vorstellungen erzeugen Ihr Paradigma, legen den Bereich und die Umstände Ihrer Untersuchung fest. Außerdem werden Sie, der Wissenschaftler, zu einem Teil der Untersuchung, da Sie derjenige sind, der den Rahmen Ihres Forschungsprojekts festgelegt hat.

Während der Untersuchung sammeln Sie Informationen über das Snark. Natürlich werden Sie versuchen, diese Informationen in das von Ihnen geschaffene Paradigma einzupassen. Darüber hinaus werden Sie wahrscheinlich, wenn Sie nicht sorgfältig vorgehen, Informationen, die Ihr Paradigma bestätigen bzw. Ihre Annahmen überbetonen und solche, die nicht dazupassen, außer acht lassen.

In Wirklichkeit ist das Snark womöglich ganz anders. Es kann nur zum Teil oder überhaupt nicht in Ihr Paradigma passen. Bevor niemand anderer ein neues Paradigma entwickelt und beweist, daß Sie unrecht haben, werden Sie wahrscheinlich an Ihrer Überzeugung festhalten, daß Sie aufgrund der von Ihnen gemachten Entdeckungen mit Ihren Vorstellungen richtigliegen.

Mit anderen Worten, was Sie glauben, hat einen starken Einfluß auf das, was Sie herausfinden. Die Entdeckung, daß das Herangehen an eine Untersuchung – die Grenzen, die man zieht, und die Ziele, die man sich setzt – das Ergebnis stark beeinflussen, gehört zu den wesentlichsten Erkenntnissen der modernen Physik. In unserem Leben ist das nicht anders. Die Vorstellungen über unser Leben bestimmen weitgehend, welche Erfahrungen wir machen.

Kostspielige Scheuklappen

Das Verstehen von Paradigmen ist in der Geschäfts- und Finanzwelt zu einem entscheidenden Faktor geworden, da die Vorstellung von der Funktion eines Betriebs dessen Zukunft bestimmt. Ein falsches Paradigma kann zu Verlusten in Milliardenhöhe führen.

In den 60er Jahren hatte die Schweiz weltweit einen Anteil von 90 Prozent an der Uhrenherstellung, wobei es sich hauptsächlich um die bewährte mechanische Uhr handelte. Gegen Ende der 70er Jahre beherrschten die Schweizer nur noch 15 Prozent des Weltmarkts. In ihrer Uhrenindustrie mußten 50 000 Menschen entlassen werden. Für ein kleines Land wie die Schweiz grenzten die Auswirkungen an eine Katastrophe.

Was war passiert? Die Uhr mit Flüssigkristallanzeige hatte den Weltmarkt überschwemmt.

Hinsichtlich des Verständnisses der Auswirkungen von Paradigmen ist der interessanteste Aspekt dieser Revolution die Tatsache, daß die Quartz-Uhr in der Schweiz erfunden wurde. Vorausblickende schweizerische Forscher hatten auf deren kommerzielle Verwertbarkeit hingewiesen; aber keiner der Uhrenhersteller war in der Lage, ihr Potential zu erkennen, geschweige denn die Gefahr, die sie darstellte. Sie taten diese Uhr einfach als verrückte Idee ab. Sie paßte nicht in das Paradigma der traditionellen Uhrmacherei. Sie wies nicht die Qualität und Eleganz auf und verkörperte nicht das handwerkliche Können und all die übrigen Dinge, die die Schweizer gewohnt waren.

Sie erwarben noch nicht einmal einen Schutz für diese Erfindung. Als die Idee der Quartz-Uhr auf einem internationalen Uhrmacherkongreß vorgestellt wurde, konnten daher Texas Instruments und das japanische Unternehmen Seiko die Rechte daran erwerben. Beide Firmen machten damit enorme Gewinne.

Eine profitable Innovation

Ähnliche Vorgänge sind in der Wirtschaft dauernd zu beobachten. Daher lassen heutzutage viele Unternehmen zur Verringerung des Risikos, von einer innovativeren Firma auf dem falschen Fuß erwischt zu werden, ihre Betriebe durch »Paradigmenforscher« überprüfen, die die Grundvoraussetzungen, auf denen das Geschäft aufgebaut ist, in Frage stellen und unorthodoxe Lösungen in Erwägung ziehen.

Der Ölmulti British Petroleum verdient heute in Deutschland mehr Geld mit seinen Tankstellen-Shops als mit dem Verkauf von Öl und Kraftstoffen. Das ist ein typischer Paradigmenwechsel. Als diese Idee, auch andere Waren zu verkaufen, dem Vorstand von BP unterbreitet wurde, ist sie den konservativeren Mitgliedern wahrscheinlich seltsam erschienen. Warum sollte ein erfolgreicher Ölkonzern zusätzlich eine Ladenkette aufbauen?

Die Idee war aber genial. Mit seinem Tankstellennetz verfügte BP bereits im ganzen Land über eine funktionierende Infrastruktur. Die meisten Leute sahen in diesen Filialen einfach nur Tankstellen; aber die Paradigmenforscher betrachteten sie als Ladengeschäfte und fragten sich, was man dort neben kraftfahrzeugbezogenen Artikeln noch alles verkaufen konnte. Für BP, aber auch für die Konsumenten, erwies sich diese Idee als wahrer Segen – vor allem in der Nacht und am Sonntag, wenn alle anderen Geschäfte geschlossen sind.

Warum ein Erfolgsrezept verändern?

Viele Tennisspieler werden sich noch an die Zeit erinnern, als sämtliche Tennisschläger aus Holz waren und die gleiche Größe hatten. Anfang der 80er Jahre kam ein größerer Aluminiumschläger auf den Markt, der aber nicht ernstgenommen wurde. Allmählich begannen einige Profis damit zu üben, paßten ihren Stil dem neuen Racket an und entdeckten, daß sich damit beeindruckende Ergebnisse erzielen ließen.

In diesem frühen Stadium hätten die Giganten der Tennisschlägerindustrie Entwicklungsprogramme in Gang setzen können, um ihre eigenen Versionen des neuartigen Schlägers – zuerst aus Aluminium, später aus Graphit – zu produzieren. Viele lehnten jedoch diese Idee ab. Die belgische Firma Donnay hatte z. B. Björn Borg zwecks Werbung für ihre Holzschläger unter Vertrag. Der Champion Borg hatte alle seine

Wimbledon-Titel mit einem Racket von Donnay errungen. Also schien es keinen Grund zu geben, dieses erfolgreiche und erfolgbringende Produkt zu ändern. Donnays Manager waren überzeugt, ihr Erfolgsrezept beruhe auf dem Material Holz und gelte auch für die Zukunft. Die neuen Metallschläger taten sie als eine Mode ab, die sich bald wieder legen würde. Das Ergebnis war, daß sie auf Millionen Holzschlägern sitzenblieben und nur mit knapper Not einen Bankrott vermeiden konnten.

Graphitschläger ändern das Spiel

Auch das Tennisspiel durchlief einem Paradigmenwechsel, der sich parallel zur Entwicklung neuer Schlägermaterialien vollzog. Jahrzehntelang wurde Tennis von Spielern dominiert, die sich durch Ausdauer, Finesse und Schlagsicherheit auszeichneten. Dann wurde das Spiel auf einmal durch Kraft bestimmt, da die größeren und härteren Graphitschläger es jedem ermöglichten, mit mehr Power zu spielen.

Wer in der veränderten Tenniswelt gewinnen wollte, mußte schnelle, harte und präzise »Killer-Schläge« beherrschen – insbesondere beim Aufschlag und bei der Vorhand. Selbst Spieler, in deren Repertoire bestimmte Fähigkeiten und Techniken fehlten, waren in der Lage, gewandte und vielseitige Gegner zu besiegen, wenn sie hart genug schlagen konnten. Dadurch gelang es z. B. Jim Courier, sich gegen einen begnadeten Spieler wie John McEnroe durchzusetzen.

Heute erlebt das Spiel eine weitere Wandlung. Jetzt sind Spieler tonangebend, die – wie Pete Sampras und Andre Agassi – in der Lage sind, Kraft mit Gefühl zu verbinden, Power-Schläge mit Artistik zu mischen.

Beispielsweise schlägt Sampras in manchen Matches ebenso viele gefühlvolle Volleys wie Asse. Ein Schlag kann hart sein, der nächste »streichelt« den Ball vielleicht nur.

Agassi schlägt nicht viele Asse. Aber wenn er in Form ist, gelingen ihm Dutzende von Returnwinnern, bei denen er sein Gefühl zeigt, z. B. indem er Cross-Bälle mit den unglaublichsten Winkeln spielt, wobei seine Bälle so kurz hinter dem Netz aufsetzen, daß sein Gegner aus dem Platz getrieben wird.

Diese beiden Männer repräsentieren das aktuelle Paradigma, das Power und Finesse miteinander verbindet. Damit haben sie im Weltklassetennis neue Maßstäbe gesetzt.

Allgemein läßt sich sagen, daß das Tennis und jeder, der damit zu tun hat, von Paradigmen geformt wird, durch die Einschränkungen festgelegt und Grenzen gezogen werden. Diese Einschränkungen sind nicht unbedingt schlecht. Fairplay ist ebenfalls ein Paradigma. Es setzt Grenzen, die verhindern, daß Spieler sich gehenlassen – beispielsweise handgreiflich werden – und bildet einen Rahmen, innerhalb dessen sich das Spiel auf zivilisierte Weise entfalten kann.

Persönliche Paradigmen formen Ihr Leben

Aber nicht nur wissenschaftliche Forschung, Wirtschaft und Sport werden von Paradigmen beeinflußt. Jeder von uns hat sich in seinem Leben eine Reihe von Überzeugungen und Einschränkungen angeeignet, die seine Wahrnehmung der Welt bestimmen.

Eine der einfachsten Methoden, persönliche Paradigmen in Aktion zu erleben, besteht darin darauf zu achten, was geschieht, wenn Verwandte oder Bekannte zum Essen ausgehen wollen und versuchen, sich auf ein Restaurant zu einigen. Beispielsweise aß Veronica, ein gute Bekannte von mir, jahrelang nur italienisch. Ich dagegen esse sehr gern Sushi; es gelang mir aber nie, Veronica zu japanischem Essen – oder zu einer anderen Küche als der italienischen – zu überreden. Von Pasta wußte sie, daß sie ihr schmeckt, weshalb jede Diskussion unweigerlich damit endete, daß wir wieder einmal zum Italiener gingen.

Dann mußte Veronica auf einer Geschäftsreise nach Tokio und in andere japanische Städte. Eines Abends wurde sie von ihren Geschäftspartnern ausgeführt, die natürlich ein gutes japanisches Restaurant auswählten. Also mußte Veronica aus Höflichkeit japanische Speisen zu sich nehmen, und als sie nach New York zurückkehrte, war sie wie verwandelt. Sie hatte entdeckt, daß ihr japanisches Essen schmeckte. Es lag nur an einem persönlichen Paradigma – »Wenn ich ausgehe, muß ich italienisch essen« –, daß sie nicht erkannte, daß sie auch anderes Essen als italienisches genießen konnte.

Für Menschen, die an Selbstentdeckung und persönlichem Wachstum interessiert sind, sind Paradigmen faszinierend, da das Verstehen des Paradigmas, in dem man lebt, bereits dazu beiträgt, es zu überwinden. Daß man sich seines eigenen Paradigmas bewußt ist, verleiht einem die Fähigkeit, aus ihm herauszutreten und sich somit mehr Freiheiten und Wahlmöglichkeiten zu eröffnen.

Paradigmen auf dem Tennisplatz

Im folgenden möchte ich mich nun damit beschäftigen, welche Auswirkungen persönliche Paradigmen auf dem Tennisplatz haben. Als ich vor kurzem mit Arthur, einem 42jährigen Spieler, arbeitete, bemerkte ich, daß er auf jeden Ball, den ich schnell spielte, mit einem harten Schlag reagierte und dabei versuchte, den Ball noch schneller als ich zu spielen. Manchmal funktionierte das, und der Ball zischte an mir vorbei. Meistens zielte er jedoch zu ungenau, so daß er viele Punkte verlor.

Ich fragte ihn: »Arthur, ist dir bewußt, wie du auf meine harten Bälle reagierst?« Er schüttelte verwundert den Kopf.

Daraufhin forderte ich ihn auf weiterzuspielen, da ich wollte, daß er selbst darauf käme. Nach einigen Minuten erkannte er das Schema seiner Konterschläge.

»Warum machst du das?« fragte ich. »Hast du dafür einen besonderen Grund? Ist das die klügste Methode, mit meinen harten Bällen umzugehen?«

Arthur dachte einen Augenblick nach und antwortete dann: »Na ja, das ist bestimmt nicht besonders klug, da ich eine Menge Bälle verschlage.«

Da bat ich ihn, einige Minuten lang das Spiel zu unterbrechen, sich am Rand des Platzes hinzusetzen, die Augen zu schließen und über die Sache nachzudenken. Er war einverstanden.

Nach etwa fünf Minuten öffnete Arthur die Augen und begann zu reden: »Es könnte was mit einem Männlichkeits-Trip zu tun haben. Mit meinem Image, damit, daß ich nicht schwach erscheinen möchte. Wenn du mich mit einem schnellen Ball herausforderst, muß ich mit deiner Power gleichziehen.«

Ich spürte, daß Arthur etwas Wichtiges ansprach, da ich die gleiche Tendenz auch bei anderen Männern erlebt hatte.

Ich bat ihn, mir mehr zu erzählen, und er fuhr fort: »Da ist ein Gefühl, respektiert werden zu wollen, und gleichzeitig die Angst, erniedrigt zu werden. Wenn ich den Ball nicht so hart schlag' wie du, hab' ich das Gefühl, unterlegen zu sein. Das mag ich überhaupt nicht.«

Daraus ging hervor, daß Arthur in dem Paradigma »Wenn ich herausgefordert werde, muß ich Stärke demonstrieren« gefangen war. Innerhalb dieses Paradigmas gab es für ihn keine Möglichkeit, den Ball einfach zurückzuspielen und im Spiel zu halten, eine bessere Chance abzuwarten oder mit einem Lob oder Slice zu antworten. Er hatte nur eine Option: den Ball zurückzujagen. Obwohl acht von zehn Bällen im Netz oder im Aus landeten, hatte Arthur den Impuls, immer wieder den gleichen Schlag anzuwenden.

Ein ähnliches Paradigma entdeckte ich bei Herbert, einem jungen Mann, der bei mir eine Stunde nahm, um seinen Return zu verbessern. Dies ist normalerweise der Moment, in dem man es mit dem schnellsten Ball des Gegners zu tun hat, in dem man weniger Zeit hat als in jeder anderen Situation – vielleicht mit Ausnahme eines Schmetterballs, der auf einen zugeschossen kommt, wenn man am Netz steht.

Herbert reagierte auf meine Aufschläge, indem er sie mit noch mehr Kraft zurückbringen wollte, als ich eingesetzt hatte, wobei er fast alle verschlug. Die meisten traf er nur mit dem Rahmen seines Schlägers. Wie bei Arthur gewann bei Herbert angesichts von Stärke das Paradigma »Ich muß genauso stark sein« die Oberhand.

Als mir dies klar war, schlug ich Herbert vor, aus diesem Paradigma herauszutreten und andere Antworten auf einen schnellen Aufschlag zu versuchen.

Er sagte: »Wie wär's, wenn ich den Schläger einfach nur festhalte, so wie jetzt, und den Ball auf der Mitte der Besaitung aufkommen lasse?«

»Probieren wir's mal aus«, antwortete ich.

Herbert experimentierte eine Weile damit herum, den Ball ohne Ausholbewegung, einfach nur durch Abblocken, zurückzuspielen. Er begeisterte sich schnell für diese neue Strategie, da es ihm damit gelang, die Bälle ins Feld zu bringen. Er war erstaunt, wie leicht er einen Ball durch Ausnutzung dessen eigener Energie retournieren konnte.

Ich unterstützte seine Entdeckung noch durch einige Tips. Ich riet ihm, die Knie und den Bauch zu lockern, damit er fühlen konnte, wie er die Energie des ankommenden Balls absorbierte, wie er diese in seinen Körper aufnahm und dann zurückschickte. Anschließend spielte er fast ohne Mühe und entdeckte, daß es beim Tennis nicht nur um Muskelkraft, sondern auch um eine flexible Reaktionsweise geht.

Auch ein weicher, geblockter Return kann erfolgreich sein. Die meisten Spieler sind so an Power und Geschwindigkeit gewöhnt, daß sie von einem langsamen niedrigen Ball überrascht werden. Ein guter Aufschläger rückt gewöhnlich in Erwartung, einen harten Return zu vollieren, ans Netz vor – bekommt aber einen weichen niedrigen Ball direkt vor die Füße gelegt.

Den Coach zufriedenstellen

Bei Spielerinnen habe ich oft das Paradigma festgestellt, daß sie den Coach zufriedenstellen wollen – insbesondere in dem Stadium, in dem sie noch kein Selbstvertrauen haben. Auch bei Männern habe ich dies beobachtet, aber nicht in dem gleichen Ausmaß.

Eines Tages spielte ich mit Anna, einer talentierten jungen Athletin, die die natürliche Fähigkeit hatte, jeden Ball wieder über das Netz zu bringen. Es ergaben sich zwar lange Ballwechsel, aber ich fühlte, daß sie sich dabei nicht freute, nicht frei und spontan spielte, sich nicht erlaubte, Risiken einzugehen.

Nach etwa einer halben Stunde fragte ich sie, ob ihr der Unterricht Spaß machte. Sie bejahte sofort, doch als sie sah, daß ich damit noch nicht zufrieden war, fügte sie hinzu: »Ich glaub', ich hab' mehr Anleitungen erwartet.«

»Anleitungen wofür?« fragte ich.

»Zum Beispiel, wie man ein paar Winner schlägt und nicht nur den Ball übers Netz zurückbringt, so wie ich das tu'«, antwortete sie.

»Probier's doch einfach. Wieso wartest du darauf, daß ich dir das erlaube?« fragte ich.

Im weiteren Verlauf unserer Unterhaltung begann Anna ihr Paradigma aufzudecken. Sie erkannte, daß sie auf Nummer Sicher ging, weil sie mich nicht enttäuschen wollte.

»Was tust du sonst, damit der Trainer nicht enttäuscht ist?« erkundigte ich mich.

Anna antwortete: »Ich halt' den Ball im Spiel, bring' ihn übers Netz.«

»Mit anderen Worten, du gehst keine Risiken ein.«

»Genau! Was kann für einen Trainer enttäuschender sein als zu erleben, wie sein Schüler einen Ball verschlägt?« antwortete sie.

Ich gab zurück: »Zeig mir doch mal, wie du spielen würdest, wenn dir meine Meinung völlig egal wär'.«

»Okay!« rief Anna. Sie war ganz aufgeregt wegen dieser neuen Möglichkeit.

Sofort änderte sich Annas Spielweise. Sie schlug den Ball mit mehr Kraft und mehr Varianten. Sie ging Risiken ein. Sie lachte, schrie, fluchte. Sie wurde total quirlig und spielte zum Teil großartiges Tennis. All diese Lebensenergien waren blokkiert gewesen, als sie versuchte, es dem Trainer recht zu machen.

Was kann man daraus lernen?

Meiner Ansicht nach ist der Begriff des Paradigmas ein vorzügliches Instrument zur Bildung eines Abstands zwischen Ihnen und Ihren Verhaltensmustern. Sie können dann erkennen, daß diese Muster nicht Sie selbst sind. Wenn Sie beispielsweise zu sehr auf die Macho-Tour spielen und dies negative Auswirkungen auf Ihr Spiel hat, können Sie zu sich sagen: »Das bin nicht wirklich ich. Das ist nur ein Paradigma.« Dadurch können Sie sich viel leichter von Ihrem Verhaltensmuster lösen und Ihr Spiel verändern.

Im Alltagsleben haben Sie kaum Gelegenheit, aus Ihrem Paradigma hinauszutreten und auf neue Ideen oder neue Aspekte Ihrer Person zu kommen. Familienmitglieder, Freunde, Kollegen, Vorgesetzte..., alle erwarten von Ihnen ein vorhersehbares Verhalten. Wenn Sie deren Erwartungen nicht erfüllen und sich auf einmal unorthodox benehmen, müssen Sie mit Ablehnung rechnen.

Wer im Netz solcher Paradigmen gefangen ist, für den kann das Betreten des Tennisplatzes ein Gefühl der Freiheit und Kreativität bedeuten. Auf dem Platz kann man sich selbst entdecken. Man kann die Paradigmen, zusammen mit der Bürokleidung, im Umkleideraum lassen und neue Seiten seines Selbst erforschen und Einsichten gewinnen, die einen wesentlichen Beitrag zur Verbesserung der Lebensqualität leisten.

Sie können z. B. lernen, mit einer spielerischeren Haltung auf den Platz zu gehen. Sie können Experimente anstellen, wie Sie unter Druck entspannt, wachsam und in Ihrer Mitte bleiben. Sie können neue Wege finden, mit Partnern zusammenzuarbeiten, mit Gegnern, Sieg und Niederlage, Verlust und Gewinn umzugehen und Unsicherheit und sich schnell verändernde Situationen akzeptieren zu lernen. Sie können verstehen lernen, welche Paradigmen Sie formen und Ihren Einstellungen und Ihrem Verhalten Grenzen setzen.

Einige häufige Paradigmen

Ich möchte hier einige Paradigmen aufzählen, die einem im Tennis und im Alltag häufig begegnen.

- Mache dich nicht lächerlich.
- Laß die Finger von Dingen, die du nicht kennst.
- Du mußt immer den Eindruck erwecken, die Lage im Griff zu haben, egal was passiert.
- Fairplay ist eine schöne Sache für den, der am Gewinnen ist; aber wenn es mit dir abwärts geht, mußt du hart ran.
- Wer besser werden will, muß viel üben.
- Gefühle zu zeigen ist ein Zeichen von Schwäche und macht dich zum Verlierer.
- Spielereien sind Zeitverschwendung.
- Wenn du es zu etwas bringen willst, muß du hart arbeiten.

Auf dem Tennisplatz kann man sich mit diesen Paradigmen auseinandersetzen. Mit etwas Geschick gelingt es einem dann, die dabei gemachten Erfahrungen in andere Bereiche des Lebens einzubringen.

Eine hemmende Überzeugung

Betrachten wir nun einmal, wie sich eines dieser Paradigmen auf dem Platz auswirkt, und zwar »Laß die Finger von Dingen, die du nicht kennst«. Gemeint ist damit, daß man bei dem bleiben soll, was sich bezahlt macht, wie es auch in dem

Sprichwort »Schuster, bleib bei deinen Leisten« zum Ausdruck gebracht wird.

Ralph ist ein Tennis-Freak mittleren Alters, der über massenhaft Freizeit verfügt. Einige Jahre lang spielte er fast jeden Tag, aber in letzter Zeit sehe ich ihn nicht mehr so oft auf dem Platz. Er leidet an Tennis-Blues. Er kommt in der Clubrangliste an bestimmten Spielern nicht vorbei und muß befürchten, daß ihm seine Position von neuen Spielern streitig gemacht wird.

Sein Problem kommt am deutlichsten zum Vorschein, wenn er gegen Karl spielt, einen Kollegen, der seinen Ehrgeiz anstachelt. Wenn sie miteinander spielen, will er um alles in der Welt gewinnen, da er weiß, daß anschließend in der Bar darüber geredet wird, wer diesmal gewann, wie das Spiel lief etc.

Ein Jahr zuvor, als Ralph und Karl begannen, zusammen zu spielen, blieb Ralph fast immer Sieger, da er über mehr Erfahrung und die bessere Technik verfügte. Er beherrschte es, den Ball im Spiel zu halten und seine Vorhand auf die schwächere Rückhand seines Gegners zu spielen. Er wandte stets den gleichen, aber effektiven Rückhand-Slice an und konnte sich darauf verlassen, mit seinem hohen Lob einen Punkt zu machen, wenn Karl zum Netz vorrückte.

Jetzt, ein Jahr später, ist die Situation ganz anders. Ralph spielt immer noch wie zuvor, mit der gleichen Grundtechnik, wohingegen Karl sich erheblich verbessert hat. Durch Verlieren unzähliger Matches wurde er motiviert, seine Spielweise kritisch zu betrachten und neue Schläge und Gegenzüge zu entwickeln. Karl weiß jetzt z. B., daß er Ralphs Rückhand ohne großes Risiko angreifen kann, weil die Antwort wahrscheinlich ein Lob ist und er dabei schon an die Stelle laufen kann, von der aus er mit einem Schmetterball einen Punkt macht.

Für Ralph stand es nun so schlecht wie ein Jahr zuvor für Karl. Frustriert erzählte mir Ralph, daß ihn seine Rückhand im Stich lasse und er deswegen allmählich genug vom Tennis habe.

»Das hat nichts mit deiner Rückhand zu tun«, widersprach ich ihm. »Die ist genausogut wie vor einem Jahr, als du dich so gefreut hast, nun auch diesen Schlag in deinem Repertoire zu haben. Du hast dich aber auf deinen Siegen ausgeruht und versäumt, dein Spiel weiterzuentwickeln. Du hast im Gegensatz zu deinem Freund Karl die Neugier verloren. Weißt du, was du brauchst, um mit Karl mitzuziehen?«

Ralph antwortete sofort: »Ich brauch' einen Rückhand-Passierschlag und muß mit dem Ball kreativer umgehen, wenn ich die Initiative ergreife. Einfach nur die Bälle übers Netz schieben, bringt's nicht mehr.«

Damit war Ralph praktisch schon aus seinem Paradigma »Schuster, bleib bei deinem Leisten« hinausgetreten. Er mußte nur noch ein paar Trainerstunden nehmen, um einen Rückhand-Topspin und womöglich noch einige andere Schläge zu lernen. Für ihn wäre z. B. die in Kapitel »Sieben ungewöhnliche Zennisübungen« beschriebene Übung »ROT, GRÜN« (S. 76) eine günstige Methode, einen kreativeren Stil zu entwickeln.

Eine wunderbare Gelegenheit

Der springende Punkt ist, daß wir beim Tennisspielen eine wunderbare Gelegenheit haben, unsere Paradigmen in Aktion zu erleben und dabei versuchen können, aus ihnen hinauszutreten. Dadurch üben wir im Kleinen, die Hürden zu überwinden, die uns im Großen begegnen. Wir lernen, eine Erfolgsserie, wie sie Ralph ein Jahr lang hatte, zu genießen, aber auch, daß sich über kurz oder lang alles ändern wird.

Man geht nie über den gleichen Fluß, weil er immer wieder anderes Wasser führt. Wir müssen lernen, mit dem Strom unserer Energie mitzuschwimmen, jede neue Situation zu verstehen und entsprechend zu reagieren. Für Menschen mit vorgefaßten Ideen stellt das ein Problem dar, da sie zuerst versuchen werden, den Fluß mit Stauwehren zu verlangsamen. Wer aber vorgefaßte Meinungen als Paradigmen erkannt hat, wird die Fähigkeit, mit dem Strom zu schwimmen, wiedergewinnen.

Mit neuen Rollen experimentieren

Zum Abschluß dieses Kapitels möchte ich einige Übungen vorschlagen, die Ihnen helfen, sich selbst außerhalb Ihres derzeitigen Paradigmas zu erforschen.

Denken Sie zuerst an einen Spieler aus der internationalen Tennisarena oder aus Ihrem Bekanntenkreis, der Sie an Ihre eigene Spielweise erinnert. Das kann Michael Chang, Andre Agassi, Monica Seles oder Steffi Graf sein. Dies wird Ihnen helfen, sich über das Paradigma, in dem Sie sich gerade befinden, klarer zu werden.

Der nächste Schritt besteht darin, an einen Spieler zu denken, dessen Stil mit dem Ihren möglichst wenig zu tun hat. Wenn Sie z. B. eher ein Serve-and-Volley-Spieler sind, wie Bekker oder Sampras, sollten Sie einen Spieler wählen, der sich auf seine Ausdauer und Beständigkeit verläßt, wie Thomas Muster oder Björn Borg. Wenn Sie ein Grundlinienspieler sind, wie Muster, suchen Sie sich jemanden aus, der oft zum Netz vorrückt, wie Sampras. Frauen, die wie Steffi Graf oder

Martina Navratilova gern die Initiative ergreifen, sollten eine Konterspielerin wie Arancha Sanchez oder Chris Evert wählen. Mit anderen Worten, gehen Sie zum anderen Extrem.

Haben Sie eine klare Vorstellung von dem Spieler erlangt, der Ihnen am wenigsten gleicht, dann sollten Sie auf den Platz gehen und alles daransetzen, in dessen Stil zu spielen. Hängen Sie Ihre alte Vorstellung vom Tennisspielen an den Nagel, und versetzen Sie sich voll und ganz in den Spieler, den Sie sich ausgesucht haben.

Dies kann eine faszinierende und unterhaltsame Methode zur Erweiterung Ihres Paradigmas sein. Selbst wenn Sie feststellen, daß Ihnen Ihre alte Spielweise besser liegt, werden Sie etwas dazugelernt haben. Und da Sie sich mit einer Rolle vertraut gemacht haben, die Ihnen früher oder später sowieso einmal aufgezwungen wird, werden Sie letzten Endes bessere Ergebnisse erzielen. Selbst Steffi Graf muß manchmal zur Konterspielerin werden, wenn sie auf eine starke Gegnerin trifft. Selbst Arancha Sanchez muß gelegentlich die Initiative ergreifen, wenn sie nicht verlieren will.

Zusätzlich zum Experimentieren mit Spielstilen können Sie verschiedene Charaktere ausprobieren. Wenn Sie beispielsweise ein aufbrausender explosiver Typ wie McEnroe sind, können Sie versuchen, so gelassen und distanziert wie Sampras zu sein. Wenn Sie dagegen ein introvertierter Typ sind, sollten Sie versuchen, aus sich herauszugehen – bei einem verschlagenen Ball schreien und schimpfen und bei einem Gewinnschlag in Jubelrufe ausbrechen. Keine dieser Rollen ist besser als die andere. Sie benutzen einfach den Tennisplatz als Spielwiese zum Experimentieren, zur Erlangung größerer Flexibilität.

Die Regeln ändern

Eine Sache, die mir an den 1996er Olympischen Spielen in Atlanta gefiel, war die Einführung von Beach-Volleyball, das im Freien auf Sand gespielt wird. Dabei besteht jede Mannschaft nur aus zwei Spielern. Dieser Sport wurde geschaffen durch Hinaustreten aus dem Paradigma, das besagt, beim Volleyball müssen auf jeder Seite des Netzes fünf Akteure stehen.

Seien Sie ebenso aufgeschlossen. Spielen Sie z. B. einmal drei gegen drei. Das kann sehr viel Spaß machen, vor allem, wenn Sie auch noch die Regeln dahingehend ändern, daß der Ball vor dem Zurückspielen zweimal auf dem Boden aufkommen und zweimal geschlagen werden darf.

Sie können auch das Netz höher machen, indem Sie einen Meter darüber eine Schnur spannen. Sie spielen dann mit einer zwei Meter hohen Barriere Tennis.

Sie können ein Match spielen, bei dem nur ein Aufschlag zugelassen ist. Auf diese Weise wird der Aufschlag von einer Waffe zu einer neutralen Eröffnung umgewandelt.

All dies sind Mittel zum Hinaustreten aus den Paradigmen, die das Tennisspiel beherrschen, Mittel, mit denen Sie nicht nur dem Spiel, sondern auch Ihren eigenen Haltungen auf den Zahn fühlen.

Für den Zennis-Spieler ist das Wesentliche beim Umgang mit Paradigmen die Erkenntnis: Ich bin nicht das, was ich von mir denke. Ich bin nicht auf meine Identität, Überzeugungen und Haltungen festgelegt. Ich bin viel mehr. Ich kann mich auf unerforschtes Territorium begeben, indem ich aus alten Paradigmen hinaustrete und für mich neue erschaffe.

Diese neuen Paradigmen sind dann Ihr eigenes Kunstwerk. Insofern ist der Tennisplatz ein wunderbares Künstleratelier.

Die Abkürzung

Ein Suchender kam zu einem Zen-Meister und bat um Unterweisung. Der Meister lud ihn dazu ein, sich einer Gruppe von Schülern anzuschließen, die verschiedene Methoden der Meditation und der Erlangung von Selbst-Bewußtheit übten.

»Wie lange üben die schon?« erkundigte sich der Neuling.

»Manche einige Wochen, manche einige Monate und manche einige Jahre«, antwortete der Meister.

Der Neuling schüttelte ungeduldig den Kopf. »Muß das so lange dauern?« fragte er. »Hast du keine Methode für mich, die sofort Erleuchtung bringt?«

»Natürlich, wenn das dein Wunsch ist«, antwortete der Meister. »Es gibt eine kurze, einfache und sehr direkte Methode. Versuch einfach, vom heutigen Sonnenuntergang bis zum morgigen Sonnenaufgang nicht an rote Affen zu denken.«

»Das werd' ich tun!« rief der Neuling aufgeregt.

Der Meister sagte: »Komm morgen zu mir und berichte mir, welche Fortschritte du damit gemacht hast.«

Nach einer qualvollen Nacht, in der der Neuling an nichts anderes als an rote Affen denken konnte, kam er am folgenden Tag zurück und bat demütig um die Erlaubnis, sich den anderen Schülern anschließen zu dürfen.

Die Zennis-Unterstützungsgruppe

Warum spielt man Tennis? Meine persönliche Antwort darauf ist: Ich mag meinen Körper bewegen, mich lebendig fühlen, mich selbst herausfordern, mutig an etwas herangehen, mit anderen Menschen direkt und spielerisch interagieren und das Gefühl erleben, daß ich immer noch wachse, über mich, meine Mitmenschen und das Tennisspiel immer noch etwas dazulerne.

Wenn Sie Tennis auch auf diese Weise spielen möchten, bietet es sich an, eine Gruppe von Spielern zu bilden, die Ihre Absichten teilen: eine Zennis-Gruppe, ein regelmäßiges Treffen von Freunden, für die das Spielen ein Pfad zur Selbst-Bewußtheit ist. Bei der Bildung einer solchen Gruppe sollte man daran denken, daß es sich dabei um ein Gebilde handelt, das auf vier Säulen ruht: Austausch, Spielen, Meditieren und Feiern.

Austausch

Wenn Sie durch das Fenster von Zennis in sich hineinschauen, werden Sie bald bemerken, was alles in Ihrer inneren Welt geschieht. Sie werden erkennen, wie facettenreich Ihre Psyche ist, wie viele Geheimnisse und ungelöste Rätsel auf Ihrer Reise der Selbsterforschung noch auf Sie warten.

Bisher haben Sie vielleicht jede seltsame, ungewohnte und unangenehme Erfahrung, die während eines Matches oder danach an die Oberfläche gekommen ist, beiseite geschoben.

Diese Erfahrungen, Gefühle und Einblicke können aber zu Ihrer Schatztruhe werden. Sie können die Tür zu größerem Selbstverständnis und tieferer Selbsterkenntnis öffnen.

Für die meisten Menschen ist es eine große Hilfe, über diese Erfahrungen zu sprechen. Natürlich braucht man hierfür jemanden, der ein guter Zuhörer ist. Erst dann kann man wirklich aus sich herausgehen. Wenn man das, was in einem vorgeht, mit einem anderen Menschen austauscht, kommen oft die überraschendsten Dinge zum Vorschein.

Es geht nicht so sehr darum, daß Sie vom Zuhörer ein nutzbares Feedback erhalten, was sich natürlich als Nebenprodukt durchaus ergeben kann. Es geht mehr darum, durch die Präsenz und die Zuneigung des anderen Menschen dazu herausgefordert zu werden, tiefer in sich hineinzuhören und nach Worten zu suchen, die auf die Dinge, die Sie austauschen möchten, ein helleres Licht werfen.

Die Zennis-Gruppe bietet eine Atmosphäre, in der Sie sich so geben können, wie Sie wirklich sind. Um gesellschaftliche Konventionen brauchen Sie sich nicht zu kümmern. Jeder fühlt sich ermutigt, einen Schritt nach vorn zu machen und davon zu sprechen, was beim Spielen in ihm vorgegangen ist. Man könnte diese Gruppe einen heiligen Ort nennen in dem Sinne, daß ihr der Zweck zugrunde liegt, Menschen »gesammelter« zu machen, Menschen ihrer Buddha-Natur näher zu bringen.

Am Anfang schränkt man die Größe einer Zennis-Gruppe am besten auf drei bis acht Mitglieder ein, damit jeder bei jedem Treffen zu Wort kommt. In größeren Gruppen entsteht leicht ein Ungleichgewicht – einige wortgewandte Mitglieder dominieren den Austausch, und die nervöseren und unsichereren bleiben stumm.

Der Moderator

Es ist günstig, wenn jemand als Moderator fungiert. Bei dieser Aufgabe sollten sich die Mitglieder ablösen, beispielsweise wöchentlich. Der Moderator sorgt dafür, daß jeder eine Gelegenheit zum Sprechen erhält und die anderen ihn durch aufmerksames Zuhören unterstützen.

Dies erfordert von allen Teilnehmern eine gewisse Reife. Wer zu sehr mit sich selbst und dem, was er sagen will, beschäftigt ist, kann einem anderen nicht richtig zuhören. In ein volles Glas kann man nichts einschenken. Jeder Teilnehmer ist deshalb herausgefordert, immer wieder leer und somit offen für Neues zu werden.

Deshalb sollte man das Treffen mit einer kurzen Meditation beginnen. Man kann z. B. zu Anfang fünf Minuten lang kauderwelschen – irgendwelchen Unsinn reden – und dann fünf Minuten lang absolut still sein. Die Kauderwelschübung ist in »Übungen abseits vom Tennisplatz« (S. 106f.) im einzelnen beschrieben.

Der Moderator muß sich bewußt sein, daß seine Aufgabe viel Gespür erfordert. Er muß z. B. rechtzeitig verhindern, daß das Treffen in eine philosophische Debatte ausartet. Gelegentlich wird er gezwungen sein, die Mitglieder daran zu erinnern, nicht zu verallgemeinern, sondern echte aktuelle Erfahrungen auszutauschen. Außerdem muß er dafür sorgen, daß unterschiedliche Erfahrungen und Sichtweisen nebeneinander stehenbleiben können, daß kein Standpunkt sich gegen einen anderen durchsetzt.

Oft wird ein Mitglied, das seine auf dem Platz gemachten Erfahrung mitteilen will, beginnen, indem es etwas sagt wie: »Ich mach' immer Doppelfehler, wenn ich eine Chance zu gewinnen hab'. Es ist unglaublich, daß mir das in einem

Match passiert, nachdem ich im Training so gute Ergebnisse erziele.« Dies ist ein guter Ausgangspunkt. Der Moderator kann dann dem Teilnehmer durch Fragen wie »Was geht in dir vor, wenn du an der Aufschlaglinie stehst?« helfen, etwas tiefer zu schürfen.

Bei dem Treffen wird man anfangs Erklärungen zu hören bekommen wie: »Meine Technik ist nicht gut genug.« Allmählich stellen sich aber emotionalere Aussagen ein wie: »Ich möchte diesen Typ unbedingt schlagen, hab' aber Angst zu versagen.«

Dies wird für die anderen Teilnehmer zu einer Gelegenheit, ähnliche Erfahrungen auszutauschen. Derjenige, der das Gespräch in Gang gesetzt hat, kann sich inzwischen entspannen und versuchen, den Ursprung seiner Angst zu ergründen, indem er darüber nachdenkt, in welcher anderen Lebenssituation ihm dieses Gefühl begegnet ist, wann er ähnliche Erfahrungen gemacht hat, etc.

Die richtige Haltung: Offenheit und Neugier

Die Atmosphäre, in der diese privaten Angelegenheiten zur Sprache kommen, muß nicht unbedingt deprimierend oder melancholisch werden. Wenn etwas Schmerzliches oder Peinliches ausgetauscht wird, werden sich natürlich Tiefe und Intensität einstellen; die Teilnehmer sollten aber ihrer Neigung, in den Beichtstuhl zu treten, abschwören. Sie bitten nicht um Vergebung für ihre Sünden. Sie machen sich keine Vorwürfe, aus dem Rahmen zu fallen. Sie sind nicht in einer Therapie. Sie betrachten mit der offenen Neugier eines Wissenschaftlers etwas, das in ihnen gerade vor sich geht, um das Wachstum ihrer Freiheit und ihrer Einsicht zu fördern.

Zu vermeiden ist auch, daß bei solchen Treffen durch Sarkasmus und Witzeleien eine Stammtischatmosphäre herbeigeführt wird. Dies kann leicht geschehen, da in der Welt des Sports nicht gerade zimperlich miteinander umgegangen wird. Wenn jemand eine schmerzliche persönliche Erfahrung mitteilen möchte, kommt von anderen Spielern oft eine sarkastische Bemerkung. Der andere Spieler hätte wahrscheinlich auch einiges Schmerzliche zu berichten, will dies aber nicht zugeben. Sarkasmus ist, auch wenn er nicht böse gemeint ist, ein Mittel, sich nach außen hin abzuschotten. In einer Zennis-Gruppe hat er nichts verloren, da er die Entwicklung gegenseitigen Vertrauens verhindert.

Wenn der Austausch in der Gruppe auf die richtige Art und Weise geleitet wird, erzeugt er zwischen den Teilnehmern eine dynamische, positive Energie. Sie beginnen, sich richtig gut zu fühlen. Dies liegt daran, daß beim Aufdecken und Austauschen von Erfahrungen, die sonst verborgen bleiben würden, in jedem gewaltige Kräfte freigesetzt werden, die einen wacher und lebendiger machen. Und jeder Teilnehmer trägt durch seine Mitwirkung zu einer Steigerung der kollektiven Gruppenenergie bei.

Die Zennis-Gruppe wird in die richtige Richtung gelenkt, wenn dafür gesorgt wird, daß die Mitglieder bei den Treffen einander beistehen. Dadurch wird die Gruppe als Ganzes energetischer. Es wird schwierige Momente, öde Momente, Momente, in denen man nicht weiß, was als nächstes geschehen wird, geben, aber das allgemeine Gefühl wird sein, daß man gemeinsam von einer durch den Austausch erzeugten Energiewelle emporgetragen wird.

Außerdem kann die Tatsache, daß Ihre Freunde Ihre sogenannten Schwächen und wunden Punkte kennen, eine große Hilfe beim Ringen mit Ihren inneren Dämonen sein. Das mag

Ihnen zuerst seltsam erscheinen, da wir in einer Kultur leben, in der der Mythos des einsamen Wolfs immer noch eine gewisse Faszination ausübt, in der die Grundhaltung – vor allem die der Männer – darauf hinausläuft, keine Verwundbarkeit zu zeigen und nicht um Hilfe zu bitten, sondern mit allem selbst fertig zu werden, wenn es hart auf hart geht.

Meiner Meinung nach ist das Gegenteil richtig. Man braucht sehr viel Mut, um anderen Menschen seine Gefühle zu offenbaren.

Beispiele für Erfahrungsaustausch

An dieser Stelle möchte ich einige Beispiele dafür geben, wie Spieler einander helfen können, indem sie ihre auf dem Tennisplatz gemachten Erfahrungen in einer Zennis-Gruppe austauschen.

Renate, eine junge Frau aus Landshut, beklagte sich darüber, daß sie immer bis zum letzten Moment wartet, um mit ihrem Schläger die Ausholbewegung zu beginnen. Sie tat das so spät, daß sie oft keine Chance hatte, den Ball vor ihrem Körper zu treffen und infolgedessen häufig verschlug.

Als sie in der Gruppe über diese Angewohnheit sprach, wurde sie gefragt: »Beschränkt sich deine Neigung, dich spät auf etwas vorzubereiten, auf den Tennisplatz, oder ist das sonst auch so?«

Zuerst sagte Renate, das wäre nur beim Tennis so; aber etwas später, als sich das Gespräch in eine andere Richtung bewegt hatte, begann sie plötzlich verlegen zu lachen und teilte der Gruppe mit: »Was ich gesagt hab', stimmt nicht. Ich seh' jetzt, daß das ein Verhaltensmuster ist. Ich hasse es, Entscheidungen treffen zu müssen. Ich wart' immer bis zum letzten Moment und entscheide dann oft aus Panik heraus, nicht mit klarem Verstand. Ich hab' Angst, mir könnte was entgehen, wenn ich mir nicht alle Möglichkeiten offenhalte.«

Viktor, ein anderer Teilnehmer, sagte, daß es ihm schwerfiel, den Tennisball in den Zaun zu schlagen – eine Übung, die ich meinen Schülern empfehle, damit sie sich ihrer Körperkraft bewußt werden. Nachdem er eine Weile darüber nachgedacht hatte, was ihn daran hinderte, einfach draufzudreschen, beschrieb er, wie er dazu erzogen wurde, anderen Menschen gefällig zu sein, seine eigenen Wünsche und Bedürfnisse zurückzustellen, da anderen zu helfen als wichtiger erachtet wurde.

Als wir später auf dem Platz die Übung wiederholten, war Viktor wie ausgewechselt. Nachdem er sein Verhaltensmuster erkannt hatte, hatte er keine Hemmungen mehr, seine Kraft zu zeigen. Auf einmal hatte er Spaß daran, seine ganze Energie auszuleben.

Alexander, ein 45jähriger Spieler, der sehr auf Wettbewerb eingestellt war, beschrieb ein Doppel, in dem er sich für den schwächsten Spieler hielt. Er sah dieses Match als wichtig an. Er kannte die anderen Spieler und war nervös, weil er sich nicht sicher war, ob er mit diesen mithalten konnte. Er hatte keinen eigenen Schläger dabei, da er nicht mit einer Einladung zum Spielen gerechnet hatte. Also mußte er sich einen Schläger ausleihen.

»Als ich das Racket in die Hand nahm, bekam ich fast einen Anfall. Das Ding sah aus, als ob es für Kinder gemacht wär'. Es war sehr klein, und die Saiten sahen aus, als ob in ihnen überhaupt kein Leben stecken würde«, erklärte Alexander. »Ich schaute zu meinem Partner rüber und sagte ihm, daß ich damit nichts anfangen kann, daß er auf sich allein gestellt sei. Als ich mich aber damit abgefunden hatte, daß das Racket nichts taugte und ich nichts auf die Beine stellen konnte, verließ mich meine Nervosität, und ich wurde ganz entspannt. Zu meiner Überraschung spielte ich dann wirklich gutes Tennis. Meine Schläge funktionierten, meine Bälle kamen ins Feld. Wir verloren zwar, aber ich hatte das Gefühl, ich hatte genauso gut gespielt wie die anderen.«

Die Erfahrung der Entspannung, die Abwesenheit von Zielgerichtetheit, zu denen Alexander sonst nie fand, hatten sein Spiel beflügelt, weil sie ihm gestatteten, seinem Potential gerecht zu werden.

Inszenierung von Scheinkämpfen

Bei einem anderen Gruppentreffen hatten Ivo und Michael, zwei Mittdreißiger, zuvor gegeneinander ein Match ausgetragen. Sie meinten, daß das nicht so gut gelaufen sei.

Ich forderte sie dazu auf, sich in einem Abstand von drei Metern einander zugewandt hinzustellen, zog zwischen ihnen auf dem Boden eine Linie – als Ersatz für das Netz – und bat sie, ihre Schläger in die Hand zu nehmen und so zu tun, als ob sie damit Bälle schlagen würden. Ich forderte sie auf, dabei einander anzusehen und ihre Gefühle mit Tönen oder Worten zum Ausdruck zu bringen. Die anderen Gruppenteilnehmer saßen in einem Kreis um sie herum, wie das Publikum bei einem Match.

Zu Beginn kamen sich Ivo und Michael etwas komisch vor; aber durch die Aufmunterung der Gruppe gelang es ihnen, sich in diese Übung hineinzuversetzen und zu ihrem Ausdruck zu finden. Ivo begann mit einem aggressiven Angriffsspiel und sagte Dinge wie »Da hast du's!« oder »Jetzt hab' ich dich. Du bist erledigt!«

Michael war viel defensiver. Er sagte z. B.: »Ich bin immer noch dabei. So leicht geb' ich nicht auf.«

Ihre Stimmen wurden lauter, ihr Atem heftiger, und wir hatten den Eindruck eines echten Kampfes.

Als sich ein gewisser Grad der Intensität eingependelt hatte, bat ich sie aufzuhören, die Augen zu schließen und dem nachzuspüren, was ihn ihnen vorging. In dieser Stille erkannte ich, daß Michael tief betroffen war. Aus einem seiner Augenwinkel stahl sich eine Träne davon. Als ich ihn bat, sich mitzuteilen, sagte er, daß er noch ganz lebendig vor Augen sah, wie er mit seinem älteren Bruder Fußball spielte. Er konnte sich noch so sehr anstrengen, hatte aber gegen seinen Bruder keine Chance zu gewinnen, da dieser zu groß, zu schnell und zu stark war.

Michael fuhr fort, indem er berichtete, daß er beim Spiel gegen Ivo sich nicht dazu in der Lage fühlte, seine ganze Energie auszunutzen, und überzeugt war, nie gewinnen zu können. Damit wurde ihm und der ganzen Gruppe klar, daß seine alten Gefühle der Hilflosigkeit immer noch seine Spielweise als Erwachsener bestimmten. Er trug die Demütigung, die er bei seinem Bruder erlebt hatte, immer noch mit sich herum.

Ich schlug ihm vor, daß er, wenn solche Gefühle wieder einmal während eines Matchs an die Oberfläche treten, diese möglichst bewußt wahrnehmen solle, indem er ihnen Raum lasse und dabei tief in den Bauch einatme. Ich riet ihm, dann mit dem Spielen aufzuhören, sich auf die Bank zu setzen, die Augen zu schließen und seinen Gefühlen freien Lauf zu lassen.

»Dafür brauchst du eine Umgebung, in der du dich sicher fühlen kannst. Du mußt mit jemandem spielen, der versteht, was los ist und dich in deinem Prozeß unterstützt«, sagte ich ihm.

Als Ivo an die Reihe kam, sagte er, daß es ihm gefallen hatte, der Überlegene zu sein. Ihn störte aber, daß Michael ihm keinen richtigen Kampf geboten hatte. »Nach einer Weile hatte ich das Gefühl, ich wär' gemein zu Michael. Deshalb hielt ich meine Energie zurück. Dadurch hatt' ich dann an dem Match keinen Spaß mehr«, berichtete er.

Ich erklärte Ivo, daß es nicht das Gleiche ist, ob man mit Totalität spielt oder ob man sich aggressiv verhält. Ich erklärte: »Du brauchst nicht das Gefühl zu haben, deinen Gegner zu vernichten, um mit ganzer Kraft zu spielen.«

Aufgrund des durch Ivo und Michael ausgelösten Prozesses beteiligten sich alle Gruppenmitglieder an Scheinkämpfen und tauschten danach ihre Erfahrungen aus. Solche Übungen können tiefe Einsichten in unsere Lebensweise, unsere Haltungen und unbewältigte frühere Erlebnisse vermitteln. Da das Tennis imaginär ist, führen diese Scheinkämpfe außerdem sofort über das übliche Niveau, die ewigen Diskussionen über Schlagtechniken, hinaus.

Übrigens weist nicht jede in der Zennis-Gruppe gemachte Einsicht oder Erkenntnis psychologische Dimensionen auf. Es kann sich auch um etwas ganz Einfaches handeln, wie Alexanders Verständnis der Wirkung, die das Entspannen beim Spielen eines Matchs haben kann. Sie müssen nicht mit bedeutenden Enthüllungen aufwarten, wenn Sie an der Reihe sind, sich mitzuteilen. Und widerstehen Sie der Versuchung, zum Psychoanalytiker zu werden.

Spielen

Es ist wichtig zu erkennen, wie sich der Austausch zum Spielen verhält. Schließlich ist es das Spielen auf dem Platz, das Ihre innere Realität zum Vorschein bringt, die Gefühle und

Haltungen erzeugt, über die Sie später sprechen werden. Daher sollten die Mitglieder der Zennis-Gruppe regelmäßig miteinander spielen.

Oft ist es schwierig, mehrere Spieler zusammenzubringen, da fast jeder, wegen des Berufs, der Familie und anderen Verpflichtungen, unter Zeitdruck steht. Ein guter Anfang wäre aber bereits gemacht, wenn es Ihnen gelingt, pro Woche einen zweistündigen Termin für das Spielen zu organisieren, der zu einer regelmäßigen Einrichtung wird. Die anderen Gruppenmitglieder wissen dann, wo und wann sie jemanden zum Spielen finden.

Bei diesen Zusammenkünften kann man im Grund zwei Dinge tun: entweder mit den in diesem Buch beschriebenen Übungen experimentieren oder eben Wettkämpfe austragen. Beim Wettkampf werden eher persönliche Dinge an die Oberfläche treten; und die Übungen werden eher zu neuen Erfahrungen und einer tiefgreifenderen Entspannung führen.

Zur Erlangung eines Gleichgewichts kann man sich darauf einigen, ein Monat lang Übungen auszuführen und im darauffolgenden Monat Matches zu spielen etc.

Teamtennis

Angesichts der geringen Anzahl der Gruppenmitglieder und der wenigen Zeit, die man fürs Spielen zur Verfügung hat, scheint es so zu sein, daß man nicht viel auf die Beine stellen kann. Tatsächlich gibt es aber eine Reihe von Variationen, mit denen man experimentieren kann, vor allem, wenn man nicht nur einen, sondern zwei Plätze zur Verfügung hat.

Wenn Sie zu viert sind, können Sie zwei, und wenn Sie zu acht sind, vier Mannschaften bilden. Sie können ein kleines

Turnier veranstalten, in dem die Teams in einem Zeitraum von mehreren Tagen oder Wochen Einzel und Doppel spielen.

Bei einem Wettbewerb mit vier Mannschaften spielt Team A gegen Team B zwei Einzel und ein Doppel. Wer zwei dieser drei Matches gewinnt, ist Sieger. Gleichzeitig spielt Team C gegen Team D. Zum Schluß treffen die Sieger beider Gruppen aufeinander, ebenso die Verlierer.

Schneller mit Tiebreak

Sie können die für solche Turniere benötigte Zeit gewaltig verkürzen, wenn Sie die Matches als Tiebreak spielen. Profis tun das manchmal in Schaukämpfen, und es hat sich gezeigt, daß dies als alternative Form des Wettbewerbs wunderbar funktioniert. Beim Tiebreak gewinnt der Spieler, der zuerst, aber mit mindestens zwei Punkten Abstand, sieben Punkte macht. Das Tiebreak-Spiel kann also 7:5, 8:6, 9:7 etc. enden. Nach den von uns geänderten Regeln entspricht es einem ganzen Satz. Zum Gewinnen des Matchs braucht man also zwei Tiebreak-Siege.

Auf diese Weise dauert ein Match höchstens 15 Minuten. Sie brauchen für zwei Einzel und ein Doppel daher nicht länger als eine dreiviertel Stunde.

Wenn Sie mit acht Spielern in zwei Teams beginnen, sind beide Gruppen etwa um die gleiche Zeit fertig. Dann spielen die beiden Sieger-Teams im Finale und die anderen zwei um den dritten und vierten Platz. Das ganze Turnier ist also in zwei Stunden leicht zu bewältigen.

Diese Änderung der Regeln hat außerdem den Vorteil, daß sie mehr Leben ins Spiel bringt. Man trifft schneller auf andere

Gegner, die Energie bleibt im Fluß, und meist stellt sich auch eine Atmosphäre ein, in der die Freude am Spiel zum Zuge kommt.

Jeder gegen jeden

Eine andere Möglichkeit ist das Rundum-Spiel. Dabei spielt jedes Mitglied der Zennis-Gruppe nacheinander gegen alle anderen. Die jeweiligen Gegner machen unter sich, gemäß ihrem Terminkalender, den Zeitpunkt für ihr Match aus. Dies ist eine gute Lösung, wenn die Gruppe keine Gelegenheit hat, sich regelmäßig auf dem Platz zu treffen.

Dabei bietet es sich an, ein Tagebuch zu führen. Wenn in einem Match etwas Wichtiges geschieht und Ihre nächste Gruppensitzung erst wieder in ein oder zwei Wochen ist, können Sie es aufschreiben und beim nächsten Mal austauschen.

Bei diesem Rundum-Spiel sieht man sich freilich nicht oft. Deshalb sollte man dafür sorgen, daß sich die ganze Gruppe zumindest einmal im Monat auf dem Tennisplatz trifft. Auf diese Weise bleibt die Gruppenenergie dynamisch und lebendig.

Meditieren

Das Thema Meditation habe ich in »Die Transformation emotionaler Energie« (S. 101 ff.) behandelt. Darin schlug ich einige Meditationstechniken vor, die man allein oder in Gegenwart anderer anwenden kann.

Erst durch Meditation erlernt man die Kunst, nach innen zu sehen und seiner inneren Realität bewußt zu werden.

Man wird dadurch auch losgelöster und schafft mehr Abstand zwischen sich selbst und den Dingen, die einem widerfahren.

Es wäre nicht schlecht, wenn die Gruppe regelmäßig jeden Tag eine halbe Stunde meditieren würde. Angesichts des Zeitdrucks, unter dem fast alle von uns stehen, wird das aber kaum durchführbar sein. Meditieren kann man jedoch auch allein. Die beste Zeit dafür ist der frühe Morgen, wenn die Sonne aufgeht. Falls Sie zu den geistig Tätigen gehören, die auf die Stille der Nacht angewiesen sind, um gedankliche Netze zu spinnen oder zu zerreißen, werden Ihnen aber andere Tageszeiten lieber sein.

Machen Sie untereinander aus, daß Sie bei einem Treffen auch meditieren, sei es auch nur für zehn Minuten am Anfang und am Ende. Es wird Ihnen zuerst komisch vorkommen, sich zu treffen und dann nur schweigend zusammenzusitzen, aber durch die Meditation wird in Ihrer Zusammenkunft eine höhere Qualität zum Vorschein kommen.

Feiern

Eine Zennis-Gruppe bietet eine gute Ausrede, spontaner und mit mehr Enthusiasmus zu leben, als man das sonst für sich allein tun würde. Man kann sagen, der Sport wird als Gelegenheit genutzt, sich selbst zu feiern. Und im Grunde geht es beim Sport um Spaß.

Zum Zelebrieren brauchen Sie nicht zu warten, bis Sie ein Match oder ein Turnier gewonnen haben. Sie können sich über dieses alte Schema hinwegsetzen, wenn Sie verstanden haben, daß es bei jedem Wettbewerb Sieger und Verlierer gibt. Wenn Sie mit Totalität gespielt haben, wird es auch bei einer

Niederlage viele Momente, in denen Sie erstklassig spielten, viele Schläge, die Ihnen Befriedigung verschafften, und viele große Punkte, die Sie für sich verbuchen konnten, gegeben haben.

Wenn Sie gewonnen haben, sollten Sie Ihren Gegner feiern, dessen Bemühungen Ihnen dazu verhalfen, diesen Sieg zu erleben. Ohne ihn hätte es kein Match, keinen Wettkampf und keine Gelegenheit zum Testen Ihres Könnens gegeben.

Auf diese Weise werden das Gewinnen und Verlieren weniger bedeutsam. Natürlich bleibt der Wettkampf eine Herausforderung und ein aufregendes Ereignis; aber Sie werden sich nicht mehr als Versager vorkommen, wenn Sie verlieren, oder als Held, wenn Sie gewinnen.

Sie können auf dem Platz Wettkämpfe veranstalten, die mehr Spielereien als richtigen Matches gleichen. Ich möchte hier einige vorstellen, die mir und meiner Gruppe besonders viel Spaß gemacht haben.

In den Eimer

Kaufen Sie einige Flaschen Champagner. Stellen Sie einen großen Mülleimer auf die Aufschlaglinie des Platzes. Die Aufgabe besteht darin, den Ball von der anderen Seite des Netzes in den Eimer zu schlagen. Jeder Teilnehmer zahlt eine gewisse Summe in eine gemeinsame Kasse ein (auf diese Weise beteiligen sich die Spieler an den Kosten für den Champagner). Jeder hat sechs Versuche und kann wählen, ob er den Ball von der Aufschlaglinie oder von der Grundlinie in den Eimer schlagen will. Im ersten Fall gibt es als Belohnung ein Glas Champagner, im zweiten eine ganze Flasche.

Linkshändiges Tennis

Spielen Sie ein Match linkshändig. Linkshänder spielen natürlich rechtshändig.

Affentennis

Dieses Spiel ist in »Sieben ungewöhnliche Zennis-Übungen« (S. 80ff.) beschrieben.

Die Hand wechseln

Spielen Sie ein Match, bei dem Sie einen Schlag mit der rechten und den nächsten Schlag mit der linken Hand ausführen.

Volleyball-Tennis

Spielen Sie ein Match im Stil von Volleyball, d. h. wenn der Ball auf Ihre Seite des Netzes kommt, brauchen Sie ihn nicht sofort zurückzuschlagen. Sie können ihn zweimal mit dem Schläger berühren, und der Ball darf zweimal aufsetzen. Das macht besonders viel Spaß in Doppeln, da man dann dem Partner den Ball vorlegen kann. Dies wird zu einem echten Geschicklichkeitstest, wenn man nicht um Punkte spielt, sondern versucht, den Ball möglichst lang im Spiel zu halten.

Mini-Tennis

Spielen Sie Mini-Tennis, indem Sie nur die Aufschlagfelder benutzen. Dies bringt die Spieler näher zusammen und läßt weniger Powerplay zu. Die Schläge müssen mit mehr Feingefühl ausgeführt werden. Insgesamt ist eine eher spielerische Einstellung gefragt.

Gegenseitiges Unterrichten

Geben Sie sich gegenseitig Tennisstunden. Dies ist eine großartige Methode, einander kennenzulernen. Auch wenn Sie erst seit kurzem Tennis spielen, werden Sie überrascht sein, wie viel Sie dazu beitragen können, daß Ihr Partner sein Spiel besser versteht.

Agieren Sie eine halbe Stunde lang als Trainer für Ihren Partner. Konzentrieren Sie sich auf einen Aspekt, mit dem Ihr Partner Schwierigkeiten hat. Sie brauchen sich nicht als Experte zu erweisen und technische Ratschläge zu geben, die Sie der neuesten Tenniszeitschrift entnommen haben. Seien Sie natürlich und ganz Sie selbst. Sie können sehr einfache Fragen stellen, wie z. B.:

»Welches Gefühl hast du bei diesem Schlag gehabt?«

»Warst du damit zufrieden?«

»In welchem Körperteil hast du eine Anspannung gespürt?«

Sie können Feststellungen treffen wie: »Du hast etwas besorgt ausgesehen, als du dich auf den Aufschlag vorbereitet hast« oder »Ich hab' den Eindruck, du hältst beim Aufschlag den Atem an.«

In die Rolle des Trainers zu schlüpfen ist selbst schon ein gutes Training, da Sie dabei total präsent, im Hier und Jetzt, offen und aufnahmebereit sein und Ihrem Partner Ihre ungeteilte Aufmerksamkeit schenken müssen. Dies sind auch die wichtigsten Eigenschaften, die ein Coach aufweisen sollte.

Diese Übung trägt außerdem dazu bei, das Gefühl der Unterlegenheit – »Weil er besser spielt als ich, habe ich ihm nichts anzubieten« – und somit die Bildung einer Hierarchie zu beseitigen. Wenn Sie Ihrem Partner helfen, helfen Sie darüber hinaus auch sich selbst, weil Sie dabei auch an Ihrem eigenen Spiel arbeiten.

Ein Wort zum Schluß

Gegen Ende dieses Kapitels möchte ich noch etwas zum Gesamtziel der Zennis-Gruppe sagen. Zusammen lernen Sie eine völlig neue Art, Tennis zu spielen und vielleicht sogar Ihr Leben zu sehen, und zwar inmitten eines Wettbewerbsklimas, in dem auf Sich-mit-anderen-Messen, Gewinnen, Anerkennung, Erfolg und Ruhm großer Wert gelegt wird.

Das sind starke Verlockungen für die Psyche. Machen Sie sich also keine Illusionen über die Atmosphäre, in der Sie mit Zennis experimentieren. Außerdem gehören Sie wahrscheinlich einem Club an, in dem auf normale Weise gespielt wird, so daß Sie sich zu Anfang unbehaglich fühlen werden.

Wenn Sie aber zusammen Spaß haben und sich fit und lebendig fühlen, werden Sie nicht von den Einstellungen, die Sie allerorts antreffen, überwältigt werden, sondern vielleicht sogar neue Mitglieder für Ihre Gruppe gewinnen. Zen ist ein spielerischer und humorvoller Zugang zum Leben. Wenn Sie und Ihre Freunde sich gut fühlen und sich darüber freuen, das Abenteuer der Selbsterkenntnis mit einigen gleichgesinnten Spielern zu erleben, so reicht dies aus, Sie auf dem richtigen Weg zu halten.

Mit einem Pfeil

Ein Jäger war im Wald auf der Spur von Rehen, als er auf einen Zen-Meister traf, der seinen Schülern gerade Anweisungen gab.

Der Meister erkundigte sich bei ihm: »Wie viele Rehe kannst du mit einem Pfeil töten?«

»Eins natürlich, und das auch nur, wenn ich Glück hab'«, antwortete der Jäger.

»Das ist nichts«, sagte der Meister. »Mit einem Pfeil kann ich das ganze Rudel erlegen.«

»Was für eine furchtbare Verschwendung von Leben!« rief der über diese Vorstellung entsetzte Jäger aus.

Im gleichen Augenblick erkannte der Jäger, daß der Meister nicht von der Rehjagd sprach, sondern davon, die Ignoranz der Menschen durch den Pfeil der Bewußtheit auszurotten. Der Jäger gab dem Meister seinen Bogen und sagte: »Schieß bitte mit deinem Pfeil auf mich«, kniete sich nieder und bat darum, als Schüler angenommen zu werden.

Eine neue Vision des Wettkampfs

Als ich ein Teenager war, dachte ich manchmal, ich sei Superman. Mit sechzehn war ich ein ganz guter Tennisspieler; aber der Sport, in dem ich mich hervortat, war Handball. Ich war wirklich gut darin, vor allem im Tore schießen. Das Wichtigste in meinem Leben war, in jedem Spiel mindestens zehn Tore zu erzielen. Da Handballspiele oft um die 20:18 ausgehen, machte ich also bei vielen Gelegenheiten für meine Mannschaft die Hälfte der Punkte. Meist warf ich zehn Tore, und der nächstbeste Schütze etwa vier.

Ich gehörte noch zu den Junioren, wurde jedoch schnell in die Erwachsenenmannschaft aufgenommen, in der ich mich innerhalb von drei Monaten zum besten Spieler entwickelte. Ich trainierte wie ein Besessener, versuchte, höher zu springen, härter zu werfen und schneller zu laufen als alle anderen. Damals hätte ich es nicht zugegeben, aber die Motivation für diese Mühe war der Wille, der Star der Handballmannschaft unserer Stadt zu werden.

Ich war im Alter von elf Jahren mit meinen Eltern in diese Stadt gezogen. Zuvor hatte ich nie Probleme in der Schule gehabt, außer daß sie mich manchmal langweilte. Nun mußte ich einige Schikanen über mich ergehen lassen und fühlte mich als Außenseiter. Die anderen Jungs betrachteten mich wahrscheinlich als Eindringling. Somit wurde Handball für mich zu einem Mittel, meine Fühler auszustrecken und Menschen zu begegnen.

Ich genoß die Anerkennung, die ich von den anderen Spielern und unseren Fans erhielt und fühlte mich als etwas Besonderes; und meine größte Befriedigung war, wenn meine Mannschaftskameraden sagten: »Auf Peter kann man sich verlassen. Der macht immer seine Tore.«

Ich dachte nie darüber nach; aber für mich stand das Gewinnen eines Handballspiels in direktem Zusammenhang damit, Respekt und Anerkennung zu gewinnen. Als Spieler geachtet zu werden erhöhte mein Selbstwertgefühl.

Ich glaube, das trifft auf die meisten jungen Menschen zu. In diesem Alter, in dem die Hormone aus der Haut schießen und man nicht weiß, was man mit seiner Kraft anfangen soll, ist man auf Gelegenheiten und Herausforderungen versessen, bei denen man Dinge tun kann, die den Beifall der anderen finden.

Wenn man jedoch in Ruhe darüber nachdenkt, erkennt man, daß diese Einstellung einige grundsätzliche Fragen aufwirft, nicht nur zu den Ambitionen junger Sportbegeisterter, sondern auch zu dem Wertesystem, das wir uns zusammen mit dem von uns ausgeübten Sport aneignen.

Das Bedürfnis nach Anerkennung

Warum sollten wir überhaupt öffentliche Anerkennung brauchen, um uns gut zu fühlen?

Ist es nicht ein bißchen seltsam, daß unser Selbstwertgefühl von der Unterstützung und Bestätigung durch andere Menschen abhängen sollte? Und was geschieht, wenn diese Unterstützung ausbleibt? Sollen wir uns minderwertig fühlen, wenn uns die anderen nicht verstehen oder anerkennen?

Ich sage nicht, daß es für junge Menschen schlecht sei, Herausforderungen anzunehmen, ihre Stärke zu testen und Spaß daran zu haben, im Wettkampf gegeneinander anzutreten. Ich sage einfach, daß es unnötig ist, diese Aktivitäten mit dem Verlangen nach Anerkennung in Verbindung zu bringen.

Meiner Ansicht nach hat das Bedürfnis, außerhalb von uns selbst nach Bestätigung zu suchen, etwas mit unserer Erziehung zu tun, daß uns von früher Kindheit an beigebracht wurde, unseren Wert nicht an unserer Individualität zu messen – einfach daran, wie wir sind –, sondern daran, wie gut wir bei der Erfüllung der Ideale und Erwartungen der Gesellschaft abschneiden. Diese ist eine alte und wirkungsvolle Überlebensstrategie sozialer Gruppierungen. Sie beruht auf der Annahme, daß sich der Einzelne der Gruppe unterordnen muß, damit diese als Ganzes bestehen kann.

Als wir z. B. noch stammesgebunden lebten, mußte ein junger Mann vor allem jagen und kämpfen können. Diejenigen, die sich darin auszeichneten und somit zum Gemeinwohl des Stammes beitrugen, wurden geehrt. Diejenigen, die dazu nicht in der Lage waren, wurden verachtet.

Wenn man darüber nachdenkt, stellt man fest, daß sich nicht viel geändert hat, insbesondere im Bereich des Sports. Wer dem Stamm Sieg und Ehre bringt, wird als Held gefeiert. Niemand interessiert sich für die Verlierer. Schlagen Sie die Sportseiten einer x-beliebigen Zeitung auf, und Sie wissen, was ich meine.

Als ich begann, meine Motive für meinen Wunsch, mich im Sport auszuzeichnen, zu ergründen, erkannte ich mein Bedürfnis nach Anerkennung und welche Mühen ich auf mich nahm, um diese zu erhalten. Allerdings wäre ich auch ohne diese Motivation ein guter Handballer gewesen, da ich ein natürliches Talent für Ballspiele hatte. Ich hätte auch ohne das dringende Bedürfnis, akzeptiert und anerkannt zu werden, an der Energie, der Spannung, dem Teamwork, dem Werfen und Gewinnen Spaß gehabt.

Der Sprung in die Weltrangliste

Mit neunzehn hatte ich das Gefühl, meine Zeit mit Handball sei vorüber, und konzentrierte mich ganz auf Tennis, das mir ein unerforschtes Gebiet an Möglichkeiten bot. Ich hatte keinen Trainer, sondern übte viel mit einem Freund. Wir studierten durch Beobachtung die erfolgreichen Spieler und probierten dann deren Techniken im Training und in Matches aus.

Als ich zwanzig war, gab ich Stunden in einer Tennisschule in Bayern. Eines Tages hielt mich der Besitzer, ein früherer Profi, an und sagte: »Was hast du eigentlich hier verloren? Du könntest bei Turnieren mitmachen, ATP-Punkte kassieren und richtiges Geld verdienen.«

Ich war überrascht, daß mich jemand für so gut hielt, um in die Weltrangliste zu kommen. Es dauerte aber nicht lange, bis ich davon träumte, meinen Namen auf dem Computerausdruck der 500 besten Spieler zu lesen.

Im darauffolgenden Winter flog ich mit meinem Freund und Tennispartner Stefan nach Südkalifornien, um an einer Satellitentour teilzunehmen: fünf Turniere in fünf Wochen in fünf Städten in der Nähe von Los Angeles. Es war ein harter Wettbewerb, aber auch eine wunderbare Erfahrung, da sich in den 28 Matches, die ich bestreiten mußte, mein Spiel gewaltig verbesserte.

Ich ging aus dem Qualifikationsfeld von 256 Spielern als einer derjenigen hervor, die zum Masters in Las Vegas eingeladen wurden, wo ich den zehnten Platz erreichte. Das bedeutete, ich hatte einen ATP-Punkt gewonnen, und eine Woche später erhielt ich die Belohnung für meinen Ehrgeiz. Mein Name tauchte auf folgende Weise in der Weltrangliste auf:

Nr. 1 Björn Borg

Nr. 2 Jimmy Connors

... Nr. 500 Peter Spang (zusammen mit etwa 50 anderen Spielern, die ebenfalls einen Punkt hatten).

Damals gab es nur zehn deutsche Spieler, die ATP-Punkte hatten. Ich war stolz auf meine Leistung, fühlte aber zu meiner Überraschung auch eine gewisse Lustlosigkeit in mir. Ich hatte mein Ziel erreicht. Was nun? Ich hatte nicht das Gefühl, mich in der ATP-Hierarchie weiter nach oben arbeiten zu müssen. Ich flog zurück nach Deutschland und spielte einige Jahre lang wieder Mannschaftstennis und kleinere Turniere.

Niki Pilic

Dann traf ich Niki Pilic, den berühmten Spieler und Coach aus dem ehemaligen Jugoslawien. Er zeigte Interesse daran, mit mir zu arbeiten, und brachte seine Überzeugung zum Ausdruck, daß ich das Potential habe, unter die 100 Besten zu kommen, obwohl ich spät angefangen hatte. Außerdem erzählte er mir, daß ich seiner Meinung nach talentierter war als die deutschen Davis-Cup-Spieler, die er damals trainierte.

Pilics Glaube an mein Talent verlieh mir neue Energie und Entschlossenheit. Bald übte und trainierte ich wie nie zuvor und erreichte in der Weltrangliste allmählich die vielversprechende Position 250. Es gab Zeiten, in denen ich dauernd müde und erschöpft war. Ich war eindeutig übertrainiert, wie man das heute nennt; aber durch das Tempo meines Fortschritts blieb ich motiviert.

Nach etwa sechs Monaten wurde mir allmählich klar, welchen Preis ich für meine Karriere zahlte. Einerseits war ich erstmals in meinem Leben eine echte Liebesbeziehung eingegangen und hatte keine Lust mehr, Woche um Woche im Profizirkus zu verbringen, in Hotelzimmern zu wohnen und kleine Turniere zu spielen, und dabei dauernd daran zu denken, daß zu Hause eine schöne Frau darauf wartete, mich in ihre Arme zu nehmen.

Andererseits waren die Spieler, mit denen ich mitreiste, meist jünger als ich, ehrgeizige 17- und 18jährige, die nach Tennis verrückt waren, ihre ganze Energie dafür einsetzten und nach Siegen lechzten – so wie ich als junger Handballspieler. Ich konnte kaum etwas finden, das ich mit ihnen teilte. Damals begann ich mich für viele andere Dinge – vegetarisches Essen, ökologische Themen, die Politik hinter Sportereignissen – zu interessieren und fand auf der Tour niemanden, mit dem ich darüber reden konnte.

Ein Spieler auf der Tour braucht ein Gefühl der Kameradschaft in den langen Stunden zwischen den Matches und dem Training. Wenn das nicht vorhanden ist, ist Profitennis eine einsame Angelegenheit. Das ist nicht nur meine Erfahrung. Das ist etwas, das sehr viele Spieler betrifft, etwas, von dem die Öffentlichkeit normalerweise nichts erfährt.

Die Medien interessieren sich vielleicht für eine Liebesaffäre zwischen Thomas Muster und Fergie, der Herzogin von York, oder dafür, was Andre Agassi anhatte, als er mit Brooke Shields auf einer Party in Manhattan aufkreuzte, aber definitiv nicht für die Langeweile und Einsamkeit der Nachwuchsspieler, die in einer langweiligen Stadt die Zeit totschlagen und darauf warten, in einem zweit- oder drittklassigen Turnier an die Reihe zu kommen.

Trotzdem arbeitete ich an mir weiter. Ich spielte gut und erreichte einen neuen persönlichen Höchststand, als ich mit Pilics Anleitung die Bayerischen Hallenmeisterschaften gewann.

Der Wendepunkt

Dann geschah etwas, das meine Prioritäten völlig über den Haufen warf. Betsy, eine alte Freundin, die in Kalifornien in der Stadt Ojai lebte, rief an und teilte mir mit, daß bei ihr ein fortgeschrittener Gebärmutterhalskrebs festgestellt wurde und die Ärzte ihr gesagt hatten, daß sie wohl sterben werde.

Von einem Moment auf den anderen entschied ich mich, daß ich bei ihr sein wollte. Innerhalb von ein paar Stunden saß ich in einem Flugzeug, das nach Los Angeles flog. Ich verbrachte mehrere Wochen in ihrem Haus – ohne Training, Übungen oder Matches – , redete mit ihr, saß ruhig neben ihr, während sie schlief, oder machte mit ihr kleine Spaziergänge.

Das wurde für mich zu einer Zeit, in der ich über mich nachdenken konnte, vor allem, als ich in Betsys Bibliothek ein Buch des erleuchteten Philosophen J. Krishnamurti entdeckte. Der Titel des Buchs lautete schlicht *Life!*. Ich kann mich heute nicht mehr an den Inhalt erinnern, aber ich weiß noch, daß es mich – wie natürlich auch die Nähe des Todes meiner Freundin – auf Bahnen lenkte, die nichts mit Tennis zu tun hatten.

Aber das überwältigendste Erlebnis in Ojai war etwas, das ich mir damals noch nicht vorstellen konnte. Als sie von der Welt Abschied nahm, zeigte mir Betsy auf verschiedenartigste Weise – mit ihren Augen, ihrem Lächeln, ihren Worten –, wie glücklich sie war, daß ich sie besuchte, daß mir unsere Freundschaft so viel wert war, alles in Europa liegen und stehen zu lassen, um nach Kalifornien zu kommen.

In diesem Zusammensein, diesem einfachen Dialog zwischen zwei Freunden, erlebte ich eine tiefe Liebe und Anerkennung, die ganz offensichtlich nichts damit zu tun hatte, daß ich Tennisspiele gewann. Diese erhielt ich einfach so. Ich mußte nur dort sein und ihre Hand halten. Das war ein zutiefst erfüllendes Erlebnis, die grundlegende Erkenntnis, daß so zu sein, wie ich bin, völlig ausreicht.

Aufgrund einer gütigen Laune des Schicksals blieb Betsy am Leben; und als sich ihr Zustand weitgehend stabilisiert hatte, kehrte ich nach Europa zurück. Dort stieß ich auf ernste Probleme bei dem Versuch, in die Profiszene zurückzukehren. Ich war nicht in Form. Ich mußte mich voll ins Training stürzen, um die notwendige Fitness wiederzuerlangen. Pilic schwor darauf, aus den Spielern alles herauszuholen.

Nach ein paar Wochen war ich so weit, daß ich mich fragte: »Warum tu' ich mir das an?« Die Antwort war klar: für das Ranking, für die Chance, unter die einhundert Besten zu kommen. Ziemlich unbefriedigend. Außerdem konnte ich mich mit Pilics wohlgemeintem, aber aggressivem Ansatz, man müsse erst durch die Hölle gehen, um richtig gut zu werden, nicht abfinden.

Was ich in Ojai erlebt hatte, hatte mich verändert. Das Bedürfnis nach Anerkennung war mir nicht mehr so wichtig. Ich mußte nicht irgend jemanden besiegen, um mich gut zu fühlen. Ich erkannte, daß ich, wenn ich meinen Ehrgeiz wegsteckte und meine wirklichen Gefühle zum Tragen kommen ließ, mit dem Profitennis nichts mehr am Hut hatte. Es war Zeit aufzuhören.

Pilic und ich verkehrten nach wie vor freundschaftlich miteinander. Eines Tages gestand er ein, daß er einen Fehler gemacht hatte, weil er mich nicht als »Künstler«, sondern als »Arbeiter« trainiert hatte. Für ihn sind Deutsche »Arbeiter«, die man antreiben muß. Aber ich glaube nicht, daß die Sache anders ausgegangen wäre. Ich war mit meinen 25 Jahren begierig darauf, die Welt außerhalb des Tenniszirkus zu erforschen.

Ein neuer Ansatz

An diesem heiklen Punkt gibt es für den Profi im Grunde nur zwei Wahlmöglichkeiten: den Schläger an den Nagel hängen und sich völlig – oft begleitet von Gefühlen der Enttäuschung, Bitterkeit und des Bedauerns – aus dem Tennis zurückzuziehen, oder, wenn die Liebe zum Tennis immer noch stark ist, einen kreativen Weg zu finden, diesen Sport fortzusetzen.

Ich schlug den zweiten Kurs ein und begann, wie ich bereits erwähnte, eine Karriere als Coach. Aber es ging nicht nur darum, vom Spieler auf Coach umzuschalten. Die Änderung war viel tiefgreifender. Meine gesamte Beziehung zu dem Spiel, mein gesamter Zugang zum Sport, meine gesamte Einstellung zum Wettkampf unterlief eine Transformation. Vor allem wollte ich herausfinden, ob es Werte gab, die meine Motivationen, die mich im Teenager-Alter angetrieben hatten, ersetzen konnten.

Wenn ein Spieler sich in den Augen der anderen nicht beweisen und sich keine Anerkennung durch Besiegen seines Gegners erwerben muß, was bleibt dann noch? Gibt es eine weniger primitive, erfreulichere Art, sich aneinander zu messen?

Zwei Gespräche mit Tim Gallwey, der *Tennis und Psyche. Das innere Spiel* schrieb, halfen mir, eine neue Perspektive zu finden. Ich hatte sein Buch gelesen und wollte unbedingt mit ihm reden. Als ich 1987 mit meiner Frau verlängerte Flitterwochen in Südkalifornien verbrachte – wir lebten drei Monate lang in Beverly Hills –, verschaffte ich mir Gallweys Telephonnummer und rief ihn an. Einige Tage später trafen wir uns in seinem Haus in Malibu.

Zu Anfang spielten wir auf seinem Privatplatz eine Stunde

lang Tennis. Obwohl ich etwas über seinen Ansatz zu Tennis lernen wollte, erwachten in mir ironischerweise meine Wettkampfinstinkte. Ich war entschlossen, ihn und seine Methode zu schlagen. Da er älter und ich noch gut in Form war, bereitete mir das kein Problem.

Am Ende lachte Gallwey und sagte: »Es ist schwierig zu praktizieren, was man predigt, wenn man auf einen starken Gegner trifft.« Daß er um seine Niederlage kein Aufhebens machte, gefiel mir. Dann begannen wir unser Gespräch.

Bei der Vorstellung eines Modells für eine neue Sportethik benutzte Gallwey – wie in seinem Buch – das Beispiel des Surfers, der aufs Meer hinausschwimmt, um sich mit den Wellen zu messen. Sobald ein Wellenreiter ein bestimmtes Können erreicht hat, nimmt er nicht einfach irgendeine Welle. Er wartet auf die richtige Welle, die Welle, die eine angemessene Herausforderung für seine Fähigkeiten darstellt.

Wenn man dies auf das Tennisspiel überträgt, dann entspricht die richtige Welle dem richtigen Gegner. Ein guter Gegner ist einer, bei dem man sein Potential ausschöpfen kann. Am Ende des Matchs kann man ihm für das Erlebte danken, ob man nun gewonnen oder verloren hat, weil er einen dazu gebracht hat, sein Bestes zu geben. Dann ist das Händeschütteln wirklich ein Zeichen der Dankbarkeit, und nicht die leere Geste, die man so oft im Fernsehen sieht.

Gallweys Beispiel des Surfers und der Welle ist eine gewisse Hilfe, da es im harten Wettkampf ein Element der Kooperation entdeckt. Die wirkliche Antwort auf meine Fragen erhielt ich durch die meditativen Momente, die ich zuerst als Spieler, dann als Coach und später mit Hilfe von Meditation erlebte.

Die Zen-Perspektive

Meditation brachte mich dazu, das Leben aus der Zen-Perspektive zu sehen. Ich lernte die Kunst, die äußere Welt als Widerspiegelung meiner inneren Realität zu betrachten.

Im Zen gibt es keinen Wettbewerb. Natürlich gibt es einen Tennisplatz, einen Gegner, einen Spielstand und ein Drama, das aufgeführt wird. Tatsächlich geht es aber nur um Sie. Es geht um Sie und Ihre Bewußtheit, um Sie und Ihr Leben, um Sie und Ihr Potential: wie nah Sie dem vollen Ausdruck Ihrer Kreativität, Ihres Talents und Ihres Wesens kommen.

Sie spielen vielleicht gegen jemanden, der ein besserer, gleich guter oder schlechterer Spieler ist als Sie. In gewisser Weise spielt das keine Rolle. Sie brauchen nicht auf die richtige Welle zu warten; und in einem Turnier können Sie sich sowieso nicht den Gegner aussuchen. Sie müssen gegen denjenigen antreten, der Ihnen zugelost wurde.

Was für den Zennis-Spieler bei jedem Spiel – überhaupt bei jeder Handlung des täglichen Lebens – zählt, ist die innere Erfahrung. Wenn Sie mit sich selbst zufrieden und in Ihrer Mitte sind, wenn Sie entspannt, wachsam und munter sind, dann wird diese innere Harmonie in Ihrem Spiel zum Ausdruck kommen.

Es mag Ihnen so vorkommen, als ob die Zen-Haltung von den Wertvorstellungen der heutigen Spitzenprofis Lichtjahre entfernt sei. Manchmal erlebt man aber Ereignisse, die ein völlig neues Licht darauf werfen, wie dieses Spiel gespielt werden kann.

Wimbledon: eine stehende Ovation

Beispielsweise spielte 1996 im Wimbledon-Viertelfinale der Afro-Amerikaner Malivai Washington gegen Alexander Radulescu, einen jungen Deutschen. Es war ein enges Match vor 6.000 Zuschauern, das sich auf einen spannenden Höhepunkt hin entwickelte. Im fünften Satz stand es 4:4, und Washington hatte Aufschlag, als er einen Rückhand-Volley auf die Linie schlug. Der Schiedsrichter sah den Ball im Aus und entschied »0:15«. Radulescu hatte damit eine gute Chance zu einem Break und zum Sieg – das Halbfinale und 150 000 $ Preisgeld rückten für ihn in greifbare Nähe.

Doch Radulescu ging zum Schiedsrichter und korrigierte die Entscheidung. Er erklärte: »Der Ball war gut.« Da erhob sich spontan das ganze Publikum und gab ihm eine stehende Ovation, die mehrere Minuten dauerte. Diese Geste wurde zu einem der Ereignisse dieses Turniers, über das am meisten gesprochen wurde. Radulescus sportliches Verhalten und sein Sinn für Fairplay wurden von den britischen Medien in den höchsten Tönen gelobt.

Ich beurteile den Vorfall anders. Ich bin überzeugt, daß Radulescu nicht an Fairness oder sein Ethos dachte, als er die Entscheidung des Schiedsrichters korrigierte und Washington den Punkt gab.

Für mich war das die spontane Reaktion von jemandem, der in diesem Moment über so viel inneren Reichtum verfügt, daß er es nicht nötig hat, aus dem Wunsch zu gewinnen, einem anderen den Punkt zu stehlen. Radulescu hatte, in einem Zen-Sinn, bereits gewonnen. Er war mit sich zufrieden. Er spielte als Nobody im Viertelfinale des wichtigsten Tennis-Events der Welt, und er spielte großes Tennis – mit Abstand das beste in seiner Karriere als junger Profi.

Da sich Radulescu zum ersten Mal in einer solchen Situation befand, hatte er die wunderbare Unschuld an sich, die sich normalerweise verflüchtigt, wenn ein Spieler länger dabei ist. Wenn man die Top-Ten erreicht, wenn von einem erwartet wird, ins Viertelfinale zu kommen, wenn man weiß, daß einen die Medien in die Mangel nehmen, falls man keine gute Show bietet, kann man es sich nicht leisten, Punkte zu verlieren, indem man Fehlentscheidungen zugunsten des Gegners korrigiert.

Dann hat man mehr von einem Geschäftsmann an sich, der haarscharf kalkulieren muß. Man muß dann an alle möglichen Folgen denken, wie z. B. die Reaktion der Sponsoren. Was werden sie sagen, wenn man einen wichtigen Punkt abgibt und dann das Match verliert? Für die ist es doch wichtig, daß ihr Logo im Halbfinale oder besser noch im Finale zu sehen ist. Und man muß sich fragen, ob sie, unter solchen Umständen, den Vertrag erneuern werden.

Washington war von Radulescus Geste gerührt und sagte: »Ich hab' noch nie erlebt, daß ein Spieler in einem solchen Match, in einem solchen Turnier, einen Punkt zu seinem Nachteil korrigiert hat. Ich danke Alex für seine Fairness. Ich weiß nicht, ob ich das gleiche getan hätte.« So eine einfache Sache, eine Korrektur einer Fehlentscheidung! Aber die Welt des Tennis ist so geschäftsmäßig geworden, daß so etwas als Sensation angesehen wird.

Das Publikum gab Radulescu eine stehende Ovation, weil es gerührt war, weil es spürte, daß es an etwas Außergewöhnlichem teilhatte. Dies als Fairplay abzuhaken, geht völlig an dem Zauber dieses Ereignisses vorbei.

Die Freiheit, ein Individuum zu sein

Das alles hat nichts mit Moral oder Ethik zu tun. Radulescu war einfach er selbst, und für mich ist das die goldene Regel von Zennis. Es geht nicht darum, daß ein Spieler ein fairer Sportler ist, sondern darum, daß er er selbst ist. Er sollte die Freiheit besitzen, in der Art, in der er spielt, individuell, natürlich und aufrichtig zu sein. Dann wird alles, was er tut, unterhaltsam, mitreißend und ergreifend sein.

Ein Grund, warum Tennis die Zuschauer heutzutage nicht mehr vom Hocker reißt, ist die Konformität des Verhaltens der Profis. Die Leute beschweren sich, aus gutem Grund, daß es vor ein paar Jahren in der Profiszene schillerndere Charaktere gab: Spieler und Spielerinnen wie Jimmy Connors, John McEnroe, Martina Navratilova und Chris Evert. Diese Beschwerden fanden keine tauben Ohren, da die Sponsoren, die Manager, die Leute, die in diesem Spiel das Sagen haben, die Zuschauer bei der Stange halten müssen, wenn sie weiterhin von der Tennisindustrie profitieren wollen.

Also fragten sie sich, wo die interessanten Typen sind. Dabei scheinen sie nicht erkannt zu haben, daß sie selbst für die Verbindlichkeit und Uniformität der Spieler verantwortlich sind. Sie kritisieren somit ihr eigenes Werk.

Es läuft auf den Erziehungsfaktor hinaus, darauf, wie die jungen Spieler trainiert werden. Kaum jemand weiß, daß überall Talentsucher unterwegs sind, die schon unter den zehn- bis zwölfjährigen Spielern nach den besten suchen und denen, die zu Hoffnungen berechtigen und genügend Potential aufweisen, Verträge in die Hand drücken. Das Spiel hat fast von Anfang an geschäftliche und finanzielle Aspekte.

Beispielsweise wurde Tommy Haas, den Nick Bollettieri als den »talentiertesten Allround-Spieler, den ich in meinen sechsunddreißig Jahren als Coach je unter meinen Fittichen hatte« bezeichnete, als Zwölfjähriger zu Bollettieris Tennisakademie in Florida geschickt, wo er fern von seiner bayerischen Heimat sechs Jahre lang lebte und trainierte. Sein Vater, ein Tennislehrer, finanzierte die Ausbildung seines Sohnes, indem er fünfzehn Partner auftrieb, von denen jeder über einen Zeitraum von fünf Jahren hinweg insgesamt 15 000 $ investierte. Als Gegenleistung erhält jeder ein Prozent von Haas' Einnahmen aus Turnieren.

Diese Geschichte ist ziemlich typisch. Die Jugendlichen mit dem meisten Talent besuchen Tennisschulen, in denen sie alle das gleiche essen, das gleiche trinken und das gleiche lernen. »Kümmer dich nicht um Finesse, bemüh dich um Power. Kümmer dich nicht um deine Rückhand; lauf um den Ball herum und drisch ihn mit deiner Vorhand. Kümmer dich nicht darum, wenn du dich unsicher oder unterlegen fühlst. Agiere immer siegesbewußt.«

Am Ende hat man fünfzig junge Spieler, die alle gute Athleten, ausgebildete Profis, zu mentaler Stärke erzogen sind und in den Turnieren alle das gleiche Verhalten an den Tag legen. »Du hast einen Ball verschlagen? Macht nichts. Nur nichts anmerken lassen. Du kennst doch die Methode. Wende dich ab, schau auf die Saiten deines Schlägers, und geh selbstsicher zur Grundlinie zurück, so als ob *du* den Punkt gemacht hättest! Denk wie ein Sieger!«

Niemand tut etwas Unerwartetes, Spontanes oder Menschliches. Niemand bricht aus dem Schema aus. Und höchstwahrscheinlich wird das Finale zwischen zwei Spielern ausgekämpft, die den Ball mechanisch und mit Kalkül schlagen; und das nächste Turnier wird nicht sehr viel anders sein.

Kein Wunder, daß die Zuschauer manchmal gelangweilt sind. Sie möchten Teil von etwas Wirklichem sein, gewinnen aber oft den Eindruck, einer Inszenierung beizuwohnen. Sie möchten inspiriert werden. Wenn das nicht geschieht, hätten sie das Turnier ja auch in der Zeitung verfolgen können. Sie möchten Herz und Seele spüren. Deshalb liebten sie Radulescu – weil er etwas tat, das sie selbst auch gern getan hätten.

Zugegeben, einige Spitzenspieler, wie Agassi, sind in der Lage, eine Show hinzulegen. Sie verstehen es, nach einem schlechten Ball den Schläger komödiantenhaft an den Kopf zu halten, so als ob sie sich erschießen wollten, weil sie so einen dummen Fehler gemacht haben. Oder jemandem im Publikum den Schläger anzubieten, so als ob sie sagen wollten: »Es ist wohl gescheiter, wenn Sie für mich spielen.« Wenn man jedoch solche Gesten ein paarmal gesehen hat, gewinnt man den Eindruck, daß das nicht spontan, sondern einstudiert ist.

Eine neue Sichtweise des Spiels

Es gibt nicht viel, das ich, als Einzelner, tun kann, um eine positive Änderung im internationalen Tennis herbeizuführen. Aber ich möchte einen Anstoß dazu geben, das Spiel aus einem anderen Blickwinkel zu betrachten. Ich möchte Tennisliebhaber dazu ermutigen, sich eine eigene Meinung darüber zu bilden, welche Spieler unterhaltsames Tennis bieten und bei welchen Matches es sich lohnt zuzusehen, und sich nicht einfach nur nach den Medien zu richten, die ausschließlich die Top Ten oder die Top Twenty im Auge haben. Ich möchte, daß Sie nach den Matches Ausschau halten, in denen Spieler Herz, Humor und Gefühl zeigen und sich die Gegner beim Shakehand umarmen, einander bei guten Schlägen applaudieren und sich selbst spontan und unverfälscht zum Ausdruck bringen.

Meine Vision für den Wettkampf ist, daß alle Profispieler bereits mit dem Gefühl, Sieger zu sein, auf den Platz gehen. Ich meine natürlich nicht, daß dies auf »mental toughness« beruhen sollte, sondern daß sie dies tun, weil sie Meditierende sind, weil sie ihre innere Welt erforscht und die Schätze gefunden haben, die sie in die Lage versetzen, ganz sie selbst zu sein und sich und das Leben zu lieben.

Aus diesem Zen-Zustand heraus können sie auf völlig neue Weise spielen. Die Schlüsselbegriffe sind hier Respekt, Liebe und Würde, zuerst in bezug auf sie selbst und dann – was sich von selbst ergeben wird – in bezug auf andere Spieler. Wenn der internationale Wettbewerb zu einer Bühne wird, auf der diese Qualitäten dargeboten werden, dann werden mehr Zuschauer zu den Turnieren kommen, als die Stadien fassen können, weil sie wissen, daß sie etwas Inspirierendes und Erhebendes erleben werden.

Außerdem möchte ich, daß die Interviews nach den Matches auf ganz andere Weise gehandhabt werden. Zur Zeit hastet der Sieger von einem Fernsehinterview zum anderen – alles muß schnell gehen, tiefere Inhalte bleiben auf der Strecke –, während der Verlierer in der Menge verschwindet und erst wieder beim nächsten Turnier gesehen wird.

Die beiden Spieler sollten ihre inneren Prozesse viel intensiver und in größerem Umfang mitteilen. Sie könnten sich z. B. nach dem Match hinsetzen, die Augen schließen, einige Minuten lang meditieren und dabei das Geschehene in sich aufnehmen. Dabei kann auch das Publikum mitmachen.

Dann könnte *ein* Interviewer, der alle Fernsehsender repräsentiert, etwa fünf Minuten lang mit den beiden Wettkämpfern sprechen. Dabei sollte er sie dazu auffordern, ihre Erfahrungen – nicht nur die Vorhand- und Rückhandschläge, sondern auch die psychologischen oder spirituellen Einsichten, die sie während des Matchs hatten, die Herausforderungen, denen sie sich stellen mußten – untereinander auszutauschen.

Ich glaube, diese Art Interview würde vor allem auch sehr jungen Spielern nützen, da diese vom Fernsehen am meisten beeinflußt werden. Wenn sie sehen, wie ihre Vorbilder, die Champions, offen sowohl über ihre im Wettkampf erlebten Zweifel, Ängste und Schwächen als auch über ihre Momente des Muts, der Großzügigkeit und des Triumphs reden, so ermutigt das den Nachwuchs dazu, das gleiche zu tun. Wenn sie nur oberflächliche und kaltschnäuzige Charaktere zu sehen bekommen, werden sie versuchen, sich genau wie diese zu verhalten. Cool ist langweilig und oft hohl.

Jedem Spieler Ehre erweisen

Ich wünsche mir auch eine Zeremonie am Ende jedes Grand-Slam-Turniers, bei der alle Spieler geehrt werden. Schließlich sind es die Bemühungen von 128 Teilnehmern, durch die die Champions geschaffen werden. Ohne sie gäbe es keine Sieger. Daher wäre es angemessen, daß sich alle Spieler auf dem Centre Court versammeln und die Champions jedem einzelnen für die Teilnahme eine Medaille überreichen und ihm ihren Dank aussprechen.

Aber die Zennis-Perspektive reicht weit über die Grand Slams hinaus. Es geht nicht nur um große Turniere und darum, den Profispielern die Ehre zu erweisen. Es geht darum, ein allgemeines Klima zu schaffen, in dem jeder, der zum Tennisschläger greift, sich selbst respektiert und in Erfahrung bringen will, wie ihm das Spiel bei der Erforschung seiner eigenen Persönlichkeit helfen kann.

Es geht darum, Tennisspieler dazu zu ermutigen, die erfrischende Wirkung der Meditation ins Spiel mitzunehmen, und darum, daß Meditierende die Würze des Tennis in ihre Meditation einbringen.

Letztendlich geht es um Sie – um die Herausforderung, jeden Moment Ihres Lebens auf vitale, spontane und freudige Art und Weise zu leben.

Kontakte

Zen Sports
Franz-Joseph-Str. 20
80801 München
Tel./Fax: 089/38799800
email: info@ZenSports.de
www: http://www.ZenSports.de

Register